Willi Hoffsümmer

Familiengottesdienste für die Lesejahre A–C

Mit Symbolen und Geschichten

Matthias-Grünewald-Verlag · Mainz

All denen, die in der Verkündigung mehr Herz und Sinne ansprechen möchten

Der Matthias-Grünewald-Verlag ist Mitglied der Verlagsgruppe engagement

Die Deutsche Bibliothek – CIP Einheitsaufnahme

Ein Titelsatz für diese Publikation ist bei Der Deutschen Bibliothek erhältlich

Umschlaggestaltung: Harald Schneider-Reckels & Iris Momtahen
Satz: dtp studio mainz · Jörg Eckart
Druck und Bindung: Fuldaer Verlagsagentur

ISBN 3-7867-2389-3

Inhalt

Vorwort

Nach zehn Jahren habe ich mich mit neuen Ideen wieder den in der Leseordnung vorgesehenen Evangelien der Sonntage (und zum Teil den Lesungen) gestellt. Im Unterschied zu den drei Bänden „Bausteine für Familiengottesdienste der Lesejahre A – C“ wurden Spiele und Bilder fast nicht berücksichtigt. Bei den 171 Entwürfen für Sonntage ist hier nur Weihnachten eine Ausnahme. In der Regel wird nicht auf andere Bücher verwiesen.

Wenn der Akzent auf Symbole und symbolische Geschichten gelegt wurde, heißt das nicht, dass Sie jeden Sonntag etwas zum Vorzeigen mitbringen sollen. Auch wenn Sie nur davon erzählen, spricht diese Anschaulichkeit mehr Sinne an. Die Vorschläge sind auch deshalb so kurz gefasst, damit Sie sich selbst mit Ihrem Glaubensverständnis einbringen und so nicht nur Rezepte weitergegeben werden.

Es liegt mir bei den Familiengottesdiensten am Herzen, auch die oft wenigen Kinder anzusprechen, damit sie den Gottesdienst nicht „absitzen“ und sich bald gelangweilt abwenden. Die Gratwanderung zwischen Erwachsenen, Kindern und Jugendlichen gelingt nach meiner Erfahrung am leichtesten über die Anschauung, die die Herzenstüren öffnen soll.

Gutes Gelingen dabei wünscht Ihnen
Ihr
Willi Hoffsümmer

Kurztitel und Abkürzungen

Zeitschrift:
„PuK“ = Der Prediger und Katechet, Erich Wewel Verlag, Anzinger Str. 15, D-81671 München

Bücher des Autors, die unter folgenden Kurztiteln zitiert werden und ebenfalls im Matthias-Grünewald-Verlag erschienen sind:
„Kurzg. 1“ = Kurzgeschichten 1: 255 Kurzgeschichten für Gottesdienst, Schule und Gruppe
„Kurzg. 2“ = Kurzgeschichten 2: 222 Kurzgeschichten für …
„Kurzg. 3“ = Kurzgeschichten 3: 244 Kurzgeschichten für …
„Kurzg. 4“ = Kurzgeschichten 4: 233 Kurzgeschichten für …
„Kurzg. 5“ = Kurzgeschichten 5: 211 Kurzgeschichten für …
„Kurzg. 6“ = Kurzgeschichten 6: 155 Kurzgeschichten für …
„9 x 10“ = 9 x 10 Symbolpredigten durch das Kirchenjahr
„Umkehr“ = Umkehr. 25 Bußfeiern (11 für Kinder, 3 für Jugendliche und 11 für Erwachsene)
„Anschaulich verkündigen“
= Anschaulich verkündigen. 30 Ideen zur kreativen Gottesdienstgestaltung
„Kommuniongeschichten“
= Kommuniongeschichten – Brot fürs Leben

Abkürzung:
L. = Der Gottesdienstleiter oder die Gottesdienstleiterin

Vorwiegend benutzte Literatur

1. Anton Dinzinger/Heidi Ehlen, Wir feiern ein Fest. Kinder- und Familiengottesdienste im Kirchenjahr Lesejahr A, Bergmoser + Höller Verlag AG, Aachen 1998 (hier „Dinzinger A“ genannt).
2. Anton Dinzinger/Heidi Ehlen, Weil Gott uns liebt. Kinder- und Familiengottesdienste im Lesejahr B, Bergmoser + Höller Verlag AG, Aachen 1999 (hier „Dinzinger B“ genannt).
3. Anton Dinzinger/Heidi Ehlen, Freut euch alle. Kinder- und Familiengottesdienste im Lesejahr C, Bergmoser + Höller Verlag AG, Aachen 1997 (hier „Dinzinger C“ genannt).

4. Anton Dinzinger/Heidi Ehlen, Gottes bunter Regenbogen. Thematische Gottesdienste im Jahreskreis für Schule und Gemeinde, Konkrete Liturgie, Verlag Friedr. Pustet, Regensburg 2000 (hier „Dinzinger/Ehlen“ genannt).
5. Bistum Essen (Hg.), Mit Matthäus den Glauben feiern. Bibelgespräch und Gottesdienstgestaltung, Anregungen für die Vorbereitung von Familiengottesdiensten 1998 (hier „Essen 1“).
6. Bistum Essen (Hg.), Mit Markus den Glauben feiern. Bibelgespräch und Gottesdienstgestaltung, Anregungen für die Vorbereitung von Familiengottesdiensten 1996 (hier „Essen 2“).
7. Bistum Essen (Hg.), Mit Lukas den Glauben feiern. Bibelgespräch und Gottesdienstgestaltung, Anregungen für die Vorbereitung von Familiengottesdiensten 2000 (hier „Essen 3“).
8. Hermann-Josef Frisch, In Gemeinschaft feiern. Wortgottesdienste für Familien mit Kindern, Lesejahr A, Patmos Verlag, Düsseldorf 1998 (hier „Frisch A“).
9. Hermann-Josef Frisch, Zum Geheimnis finden. Wortgottesdienste für Familien mit Kindern, Lesejahr B, Patmos Verlag, Düsseldorf 1999 (hier „Frisch B“).
10. Hermann-Josef Frisch, Vom Leben erzählen. Wortgottesdienste für Familien mit Kindern, Lesejahr C, Patmos Verlag, Düsseldorf 1998 (hier „Frisch C“).
11. Kindermessbörsen der Jahrgänge ab 1993, Verlag Kindermessbörse, Hildesheim (hier „Kibö“ genannt).
12. Zeitschrift „Der Prediger und Katechet“, Erich Wewel Verlag, Donauwörth, Jahrgänge 1992 bis einschließlich 2001 (hier „Puk“ genannt).
13. Willi Hoffsümmer,
„88 Symbolpredigten durch das Kirchenjahr“;
„9 x 10 Symbolpredigten durch das Kirchenjahr“;
„Anschaulich verkündigen. 30 Ideen zur kreativen Gottesdienstgestaltung“;
„5 x 7 Ideen für Familiengottesdienste durch das Kirchenjahr“;
„70 Symbolpredigten für Familiengottesdienste durch das Kirchenjahr“;
„In Geschichten das Leben spiegeln“;
„Kurzgeschichten für Gottesdienst, Schule und Gruppe“, Band 5 und 6;
vereinzelt auch „Kurzgeschichten 1 – 4“.

LESEJAHR A

Advents- und Weihnachtszeit

Zyklus mit Blumen für Advent und Heilige Nacht

1. Advent: ***Tulpenzwiebel*** (für jeden?): Sie enthält bereits die Blüte, obwohl nur die Zwiebel (= Verheißung im Alten Testament) zu sehen ist. Im Neuen Testament erleben wir die Blüte, die uns in Jesus vor Augen steht. Der wiederkommende Christus = Fruchtstand der Tulpe. (Die Zwiebel einpflanzen und zu Weihnachten – blühend – mitbringen.)
2. Advent: ***Rose*** aus dem „Rosenstock Maria“ = Reis aus der Wurzel Jesse (Jes 11,1.10). Es ist ein Ros entsprungen (GL 132).
3. Advent: Rose von Jericho = ***Auferstehungsblume*** = die Wüste blüht wieder (Jes 35,1.2: hier auch Lilie genannt), wenn sie Wasser = Worte Jesu erhält.
4. Advent: ***Christrose***. Eine Legende berichtet, Gott habe im Stern nicht nur Hirten und Magier den Weg zum Jesuskind gezeigt, sondern er habe auch überall, wo die Strahlen des Sterns von Bethlehem die Erde berührt haben, eine Blume mit großer, weißer Blüte und dunkelgrünen Blättern wachsen lassen: die Christrose. Sie sollte auch noch anderen den Weg zeigen, die Christus suchen. Solch eine Christrose leuchtet in diesen Tagen im Winterwald der Berge und in vielen Gärten mitten im Schnee.
Heilige Nacht: Blühende ***Barbarazweige*** zeigen, die am 4.12. in Wasser gesetzt wurden: Es blüht etwas mitten in der Kälte = Geburt Christi.

Erster Adventssonntag

1. Symbolpredigt zur ersten Lesung: Jes 2,1–5

Sie schmieden Pflugscharen aus ihren Schwertern. –
Ein ***Stacheldraht, aus dem eine Rose wächst*** (Friedenssymbol vom KZ Auschwitz). An diesem Symbol aufzeigen, wo schon „Mauern" gefallen sind und eine Politik des Friedens den längeren Atem zeigte. Dabei hilft auch folgende Kurzgeschichte:
Ein jordanischer Fanatiker hatte am 13. März 1997 in Naharajim an der israelisch-jordanischen Grenze das Feuer auf eine Gruppe jüdischer Schulmädchen eröffnet und dabei sieben von ihnen getötet. König Hussein, der jordanische Monarch, hatte drei Tage nach dem Massaker jede der Familien in Israel besucht und sich persönlich entschuldigt.
Die Mutter eines der ermordeten Mädchen, Ruchama Cohen, sagte der Zeitung: „Der König war ein guter Mensch, und ich erinnere mich genau, wie er nach der Katastrophe in unser Haus kam, vor mir auf die Knie fiel und weinte. Deshalb habe ich jetzt mein Baby ‚Jordanien' = ‚Jarden' genannt, als Dank an den König."
Diese Geste des Friedens geschah kurz vor dem Tod des Königs von Jordanien im Februar 1999.
(Ähnlich in „Kurzg. 5", Nr. 127 und in „Kurzg. 6", Nr. 97, 99 und 101.)
Aber leider bleiben noch genügend Stacheldrahtzäune (aktuelle Beispiele!), bis hin in unsere christlichen(!) Gemeinschaften.

2. Symbolpredigt zur zweiten Lesung: Röm 13,11–14a

Legt als neues Gewand Jesus Christus an. –
Ein Kind wird im ***Bekleidungshaus*** Gottes angezogen (nach Kol 3,12–14): mit „aufrichtigem (= ehrlichem) Erbarmen" (= Wärme) = mit einem ***Wollpullover***; mit „Güte" = mit einer ***Herzbrille***; mit „Demut" (= Dien-Mut) = mit einer ***Arbeitsschürze***; mit „Milde" = mit einem großen, warmen ***Schal***; mit „Geduld" = mit einem ***Helm***; mit „Ertragen" = mit einem ***Regenschirm***; mit „Vergeben" = ***Handschuhe***. Schließlich mit „Liebe, die alles zusammenhält" = mit einem roten Band = breitem ***Gürtel***. (Gerhard Dane)

3. Symbolpredigten zum Evangelium bzw. zum Beginn des Advents:

a) Im Advent die Herzen öffnen. – Gut sichtbar liegen ***Herzen*** aus, die geöffnet werden können. In den einzelnen liegt Folgendes: Scherben (= was alles nicht gelungen ist, das darf ich bei Jesus abgeben); Steine (= die Liebe ist versteinert, kann nicht mehr teilen; Jesus möchte ein Herz „aus Fleisch" schenken); Fernsehprogramme (= ich bin besetzt; alles Religiöse zu langweilig?); Papierstreifen aus dem Reißwolf (= krause, böse, gleichgültige Gedanken; für Jesus ist kein Platz mehr?); ein langer Wunschzettel (= so viele Wünsche und Ansprüche an andere!) ... Das letzte Herz ist leicht (es enthält nur etwas Watte); hier ist noch Platz! Ist es dein oder mein Herz? *(L. legt ein Jesuskind hinein und legt dieses Herz offen auf den Altar:)*
   Wäre Jesus tausendmal in Bethlehem geboren und nicht in dir, er wäre umsonst geboren. (Angelus Silesius)
b) Eine Tür zu neuem Leben öffnen. – Eine große ***Tür*** steht im Altarraum, ist aber noch verschlossen. Sie wird umgedreht und wir sehen: Drei große Riegel mit den Aufschriften „Angst", „nicht teilen", „gleichgültig" oder Ähnliches versperren den Durchgang. Sie werden beseitigt, damit die Tür durchschritten werden kann. Eventuell erhalten die Kinder eine kleine Papiertür, die man öffnen kann. (Nach „Dinzinger/Ehlen", S. 153)

Zweiter Adventssonntag

1. Symbolpredigten zur ersten Lesung: Jes 11,1–10

Aus dem Baumstumpf wächst ein ***Reis*** hervor. –
a) Siehe in diesem Buch: Advents- und Weihnachtszeit, Lesejahr A, Zyklus mit Blumen: 2. Advent, Seite 11.
b) Eine dürre, große ***Wurzel*** liegt vor dem Altar. In sie wird ein ***Tannenzweig*** als Zeichen der Hoffnung gesteckt, dass sich im Vertrauen auf Gott etwas ändern kann. Eine brennende ***Kerze*** wird auf den Stumpf gesetzt: Das Volk, das im Dunkel lebt, sieht ein helles Licht ... (Jes 9,1.5a.6a). Heilige wie Luzia erinnern uns immer wieder an dieses Licht. Eine rote ***Weihnachtssternpflanze*** wird hineingestellt: Gott hat uns in seinem Sohn sein Herz geschenkt.

Eine blühende ***Rose*** wird hineingesteckt = das Reis aus der Wurzel Jesse. Bald dürfen wir wieder singen: Es ist ein Ros entsprungen (GL 132).

2. Symbolpredigten zum Evangelium: Mt 3,1–12

Schon ist die Axt an die Wurzel der Bäume gelegt (Mt 3,10). –

a) Eine ***Axt*** und ein ***Spaten***. – Johannes d.T. drohte mit diesem Bild. In Jesus haben wir den vor Augen, der immer wieder umgräbt und eine neue Chance gibt (vgl. Lk 13,6–9). Wer ihm folgt, gräbt tiefer. Er räumt Schutt weg, füllt Gräben auf. Die Postkarte Nr. 5629 im Kunstverlag D-56653 Maria Laach zeigt Jesus mit einem Spaten, als er Maria Magdalena nach der Auferstehung erscheint.

b) „Bereitet dem Herrn den Weg." „Ich taufe euch mit Wasser" (Mt 3,3.11) – Ein ***Brunnen*** mit vielen dicken ***Steinen*** darin: Weil er verstopft ist, kann kein Wasser fließen. Die dicken Steine mit entsprechenden Aufschriften wie „hartherzig", „keine Zeit" ... werden herausgeholt. Die „Wellen", die dann über den Brunnenrand gelegt werden, tragen gegenteilige positive Aufschriften – gemäß Vers 8: Bringt Frucht, die eure Umkehr zeigt. (Dazu eine Bußfeier in „Anschaulich verkündigen", Nr. 22)

c) Die Gegensätze zwischen Axt und Umkehren/Früchte-Bringen werden ins Auge genommen. Eine ***Babuschka-Puppe*** (= russisches Mütterchen mit mindestens sieben kleineren Puppen) wird mit dem Kommentar auseinander genommen: „Mal sehen, was alles in uns steckt": das Lamm und der Wolf, die Maus und der Löwe, der Clown und der Depressive, der Engel und der Teufel, der Rebell und das Mauerblümchen ... Beim letzten innersten Püppchen: Unter all den gegensätzlichen Veranlagungen hier die Sehnsucht nach Geborgenheit; nach einem Arm, der mich begleitet; nach einer Seele, die die Hände faltet. Was besitze *ich* ganz drinnen?

Dritter Adventssonntag

1. Symbolpredigt zur ersten Lesung: Jes 35,1–6a.10

Die Wüste soll wieder blühen! –
Die ***Auferstehungsblume,*** die selbst nach jahrelanger Trockenheit durch etwas Wasser wieder grünt. Vgl. in diesem Buch: Advents- und Weihnachtszeit, Lesejahr A, Zyklus mit Blumen: 3. Advent, Seite 11.

2. Symbolgeschichte zur zweiten Lesung: Jak 5,7–10

Haltet geduldig aus! –
Warten können. – Eine Geschichte aus China erzählt: Ein Mann hatte seinen kleinen Acker gut vorbereitet, gepflügt und gesät. Er wunderte sich nur nach ein paar Wochen, dass die Saat so langsam aufging. Bei seinem Nachbarn sah er schon kräftigen grünen Wuchs! Von Tag zu Tag wurde seine Geduld geringer. Er konnte vor Sorge nicht mehr schlafen. Schließlich hatte er eine wahnwitzige Idee. Er lief zu seinem Feld und begann, die kleinen zarten Halme etwas in die Höhe zu ziehen. Das war natürlich eine mühsame Arbeit, aber schließlich war er fertig. Er traf unterwegs seinen Nachbarn und sagte ihm, dass er seinem Korn beim Wachsen geholfen habe. Neugierig geworden, liefen sie zu seinem Feld und sahen alles zerstört und verwelkt. – Und noch lange lachte man im Dorf über den Mann, der nicht warten konnte. –
Kaum einer kann noch warten: Überall leuchten schon die Tannenbäume, stehen Krippen. Aber die *inneren* Fortschritte werden vernachlässigt. Wir können für uns das Richtige versuchen, dürfen aber auch mit unserem inneren Wachstum Geduld haben.

3. Symbolpredigten zum Evangelium: Mt 11,2–11

Johannes d.T. im Gefängnis will wissen, ob Jesus der Messias ist.

a) ***Kaleidoskop:*** Johannes sitzt auf den Bruchstücken seiner Existenz und schaut visionär auf Jesus. In einem Kaleidoskop liegen auch nur Splitter und Bruchstücke, aber gegen die Sonne Gottes gehalten entstehen wunderbare Bilder. Träumen ist wichtig – wie die Propheten es taten. Jesu Antwort ist ebenfalls visionär: Blinde sehen ... In der Vision auf Tabor, im Bild des barmherzigen Vaters, der den verlorenen Sohn noch vor seinem Schuldbekenntnis umarmt, blitzt etwas von dem auf, was uns in Gottes Herrlichkeit erwartet, die in dem Kind in der Krippe aufleuchtete. (Dazu eine Bußfeier in „Umkehr", Nr. 21)

b) ***Nuss:*** Um an ihren Kern zu kommen, muss die harte Schale aufgebrochen werden. Johannes erlebt die harte Schale der Wirklichkeit, glaubt aber weiter an den Kern seiner Botschaft von Gerechtigkeit und Frieden. Die Wirklichkeit ist auch für uns eine harte Nuss: Immer noch gibt es so viel Ungerechtigkeit, Aggression, ja Mobbing! Aber den Kern der Botschaft Christi, die Traumziele der Menschheit, darf ich nicht aus dem Auge verlieren. Gott hat dazu den ersten Schritt getan, als er in Jesus ein wehrloses, hilfsbedürftiges Kind wurde.

Vierter Adventssonntag

1. Symbolpredigt zum Evangelium: Mt 1,18–24

Ein Engel stimmte Josef um. –
Gebastelte ***Engel,*** die anschließend in eine Tanne gehängt werden (die zum 4. Advent meist schon in der Kirche aufgestellt sind – wenn auch ohne Schmuck). – So wie der Engel mit einem „Rippenstoß" Josef auf den richtigen Weg brachte – andernfalls hätte Maria gesteinigt werden können –, so brauchen wir heutzutage auch Engel, die uns bei Entscheidungen helfen können und auch schon einmal umstimmen. Oft haben solche Engel keine Flügel, d.h. es begegnen uns Menschen, die uns beflügeln, zum Beispiel

- im Engel der Gelassenheit, der ruhig auf Kritik und Missgunst antwortet; der besitzen kann, als besäße er nicht;
- im Engel der Zuversicht, der weiß, dass Gott letztlich alles lenkt und seine Engel aussendet, die uns über Löwen und Nattern schreiten lassen;
- im Engel der Begeisterung, der uns mitreißt und neu belebt;
- im Engel des Verzichts, der nicht lebensfeindlich eingestellt ist, aber den richtigen Weg kennt, Lust am Leben zu gewinnen und mit allen Sinnen zu genießen;
- im Engel der Versöhnung, der keine Spaltung zulässt;

– im Engel der Heiterkeit, der uns mit seiner Fröhlichkeit ansteckt … (Anselm Grün nennt in „50 Engel für das Jahr" noch viele weitere!) Danke für die Engel mit oder ohne Flügel – Geleitschutz Gottes aus der Ewigkeit.

2. Symbolpredigt zu Mt 1,20–22; auch erste Lesung: Jes 7,14

Die Jungfrau wird ein Kind gebären. –
Fünf flache Kieselsteine, die nacheinander in ein Kreuz aus weichem Ton gesteckt werden. – Im Marienwallfahrtsort Medjugorje im ehemaligen Jugoslawien erinnerte Maria an die fünf Steine, mit denen David in den Kampf gegen Goliath ging. David brauchte nur *einen* Stein für seinen Sieg; wir brauchen mehrere, weil das Ungeheuer des Bösen so viele Köpfe bekommen hat und weil unser Gottvertrauen viel geringer ist. Die wichtigste Waffe, sagt Maria, ist das *Gebet.* Solange wir uns in die Gegenwart Gottes versetzen, prallt das Böse ab. Dann nennt sie den Empfang der *Eucharistie* als intensivste Begegnung zwischen Liebenden; weiter die *Bibel,* der Liebesbrief Gottes; sie kann unserer Seele Flügel schenken. Der vierte Stein ist das *Fasten,* der bewusste Verzicht, der unsere Sinne zügelt. Als Letztes empfiehlt Maria die *Buße,* die Umkehr von allem, was uns unzulässig bindet, die unser Herz mehr auf Gott ausrichtet.

Weihnachten

1. Symbolpredigten zu den Evangelien

a) Einen wertvollen ***Bilderrahmen*** in einem entsprechenden Geschäft ausleihen; eine stilisierte ***Sonne***, ein ***Herz***, eine ***Krippe*** mit etwas Stroh. – Der Rahmen ist wertvoll und wunderschön. Aber was bewirkt er ohne ein Bild darin? Er ist wie das Brauchtum um Weihnachen, das ans Herz gehen kann; aber oft wird dieser Rahmen abgelehnt, nicht das Bild. Was ist denn das Zentrale von Weihnachten? *(L. hält eine Sonne hinein:)* Dieses Kind ist die göttliche Sonnenwende, die alle Eispanzer schmelzen kann. *(L. hält ein Herz in den Rahmen:)* In diesem Kind zeigt Gott sein liebendes Herz. Vor einem Kind braucht sich niemand zu fürchten. *(L. zeigt* *die Krippe mit Stroh:)* Gott wählte für seinen Sohn eine Notunterkunft, weil er zeigen will, dass die Armen seine Lobby sind. Zusammengefasst: Gott ist barm-herz-ig! An diesem Weihnachtsbild können wir kopfschüttelnd vorbeigehen oder davor niederknien. (Nach H.A. Höntges)

b) Eine ***Weihnachtspyramide***. – In ihr drehen sich Maria und Josef, Hirten, Weise und Engel um die „Mitte", das Kind in der Krippe. Es könnte Dreh- und Angelpunkt auch unseres Lebens werden; dann treibt uns das mörderische Karussell des Konsums, der Pflichten und Erlebnisse nicht bis in den Herzinfarkt. Es braucht nur ein wenig aufsteigende Kerzenwärme, Liebe des Herzens, um uns in Bewegung zu setzen. Dann können die großen Flügel unserer Lebenspyramide die schönsten Lichtspiele an die Decke unserer Existenz werfen. (Nach Wolfgang Raible)

c) Ein kunstvoll geflochtener ***Korb*** *(mit Deckel oder Tuch)*. – In diesem Korb sind die schönsten Weihnachtsgeschenke enthalten. Aber ich kann sie nur mit dem „dritten Auge" erfassen; wir haben ja schon erfahren, dass die materiellen Geschenke, die unsere beiden Augen sehen, oft nicht das Richtige sind oder bald nur herumstehen. Das „dritte Auge" sieht weiter: Wir sehen ja nur mit dem Herzen gut! Was aber kann ich dem Herzen schenken? Wird die Familie durch die schöne Wohnung, die super Ferienreisen, das tolle Auto zusammengehalten? Geschenke für das Herz kann ich nicht kaufen oder sehen, aber sie machen Friede und Freude von innen her möglich. Es erübrigt sich also, in diesen Korb hineinzusehen, ob etwas darin ist, sondern fragen wir uns: Was kann ich dem Herzen schenken? (Hierzu eignet sich die Kurzgeschichte „Vom Korb mit den wunderbaren Sachen", „Kurzg. 4", Nr. 23.)

d) Eine halbe ***Nussschale***, in der eine kleine ***Krippe*** zu sehen ist. – An manchen Weihnachtsbäumen hängen goldene Nüsse; in ihnen liegt ein Kern, aus dem ein mächtiger Baum wachsen kann – wie das Reis aus der Wurzel Jesse (Jes 11,1–10). *(L. zeigt das Christkind in der Nuss:)* Verschiedentlich, vor allem in Süddeutschland und Österreich, stellen KunstgewerblerInnen eine kleine Krippe in die halbe Nussschale, um damit auszudrücken: Hier stößt du auf den wesentlichen Kern! Bleib im Leben nicht bei den Schalen stehen! Dieser Jesus hat uns sogar die härteste Nuss geknackt, die uns im Leben vorgelegt wird: den Tod. Darum bleib nicht bei den Schalen von Weihnachten stehen, bei all den Geschenken, wunderbar geschmückten Tannenbäumen und herrlichen Krippen, sondern mach dich auf die Suche nach dem Kern von Weihnachten, nach dem, der uns retten kann aus aller Bedrängnis und Traurigkeit des Herzens.

e) ***Krippe*** und ***Stern***. – Weihnachten müssten wir eigentlich zweimal feiern, denn das Fest hat – wie eine Ellipse – zwei Brennpunkte. *(L. zeigt eine Krippe:)* Die Krippe ist der erste Brennpunkt = Gott ist Mensch geworden. Der Himmel berührt die Erde! Und weil das Kind in eine harte Krippe in einem armseligen Stall gelegt wird, hat er als wirklicher Mensch auch mit Leid und Tod zu rechnen. *(L. zeigt einen Stern:)* Der zweite Brennpunkt ist das Fest, an dem Jesus allen Völkern als König und Gott erscheint. Die orthodoxen Kirchen feiern erst am Fest der „Erscheinung des Herrn" Weihnachten, weil sie diesen Akzent mehr betonen wollen: Der Stern des Gottessohnes überstrahlt selbst die Sonne an Glanz. (Nach Franz-Rudolf Weinert)

2. Symbolgeschichte

Das Kind im steinernen Trog. – Im letzten Weltkrieg machte sich ein deutscher Landser auf, um an einem grau verhangenen Morgen das zerschossene russische Dorf nach übrig gebliebenen Sachen zu durchsuchen. Er fand auch einige welke Kartoffeln und zwei Fetzen eines handgewebten Teppichs. Im Halbdunkel unter dem zusammengefallenen Kirchenschiff traf er auf einen russischen Soldaten, der im Licht einer Öllampe gebückt über einem der Steinsärge stand. Genauso schnell wie der Deutsche die Pistole hochriss, legte der andere den Zeigefinger an die Lippen. Daraufhin trat der Landser behutsam näher und erblickte ein neugeborenes Kind, in alte Kleidungsstücke gehüllt. Lange standen die beiden so und schauten es an. Dann glitten ihre Augen zu den Waffen. In dem Moment bewegte sich das Kind im Schlaf. Der Deutsche steckte die Pistole in den Stiefelknecht, der Russe schob seine Maschinenpistole auf den Rücken. Die Mutter des Säuglings trat hinzu, bettete das Kind in ihre Arme und drehte den beiden Männern ohne Feindseligkeit den Rücken zu. Und die legten nieder, was sie hatten: Der Deutsche die Teppichfetzen und die welken Kartoffeln; der Russe ein Stück Brot, eine Zwiebel und sein Feuerzeug. Dann gingen sie zur Tür, trennten sich und tauchten im weißen Nebel unter. (Stark verkürzt nach Helmut Harms)

Fest der Heiligen Familie
(Sonntag in der Weihnachtsoktav)

1. Symbolpredigt zur zweiten Lesung: Kol 3,12–21

Siehe in diesem Buch: 1. Advent, Lesejahr A, 2. Lesung, Seite 12.

2. Symbolpredigten zum Evangelium: Mt 2,13–15.19–23

Jesus, bei Maria und Josef geborgen (auf „Familie" bezogen). –

a) Ein ***Netz,*** das Kinder halten. – Das Netz der Familie kann Kinder halten, damit sie bei Ängsten und Schwierigkeiten nicht abstürzen. In den Wirren der Flucht konnte sich auch Jesus geborgen wissen bei Maria und Josef.
Eltern müssen alles versuchen, dieses Netz zu halten; auch der Staat, der im sozialen Netz nachhilft. Wenn Familien auseinander fallen, zeigt das Symbol des Netzes, was passiert und wie hart ein Kind aufschlagen kann. Das Netz ist nach oben offen: „Wenn mich auch Vater und Mutter verlassen, der Herr nimmt mich auf", heißt es in einem Psalmwort (Ps 27,10). Der Glaube an Gott kann auch dann noch auffangen.

b) Eine ***Klammer*** (Wäsche-, Notizklammer). – Die Metallfeder hält beide Teile zusammen. Bleibt sie gespannt, kann sie vieles festhalten: Gegenstände, Wäschestücke … Auf Beziehungen gedeutet: ein Kind. Kinder brauchen dieses Gefühl, sicher gehalten zu sein. Eltern, bei denen sich die Klammer von Glaube, Hoffnung, Liebe, Sympathie, Vertrauen … lockert, können Kindern weniger Halt bieten; oft fallen sie heraus, streben zu früh in eine Selbstständigkeit oder auf die Straße. Eltern dürfen einander nicht klammern, weil sich der andere dann eingeengt oder überfordert fühlt. Sie sollten „erwachsen" sein, damit sich beide im Halten der Kinder ergänzen. Bei der kirchlichen Trauung wurde die Stola, die geschmückt ist mit dem Zeichen Jesu, um die ineinander gelegten Hände von Mann und Frau geschlungen, was heißen soll: Gott möchte noch Halt geben, wo die Griffe sich lockern – wenn er zugelassen wird.

c) ***Rucksack*** mit Gegenständen. Dieser Rucksack mag an einen schönen Wanderausflug der Familie erinnern. Ich packe jetzt einmal hinein, was eine Familie zu einem guten Miteinander braucht:

Zuerst dieses ***Brot*** als Zeichen dafür, dass genügend Geld da sein muss, damit eine Familie das Lebensnotwendige hat, sich „satt essen" kann. Diese ***Trinkflasche*** soll auf das hinweisen, was eine Familie zur „sprudelnden Quelle" macht: Werte wie klares Wasser, an denen sich ein Kind orientieren kann. Das fängt mit der Sprache an! Diese ***Kerze*** gibt bei extremen Kältegraden draußen in einem kleinen Zelt genügend Wärme ab, damit niemand erfriert: Von der Nestwärme zehrt der Mensch ein Leben lang! Wenn bereits im Umfeld des Elternhauses Freundschaften möglich werden, wird das Kind fähiger, auch im späteren Leben Freundschaften einzugehen. Dieser ***Kompass*** zeigt die Richtung zum Ziel an. Der innere Kompass einer Familie hilft, Gutes und Böses zu unterscheiden, Wahrheit und Lüge der Gesellschaft zu erkennen. Der ***Regenbogen*** (oder ineinander gelegte = sich versöhnende Hände), der uns bei der Wanderung staunen lässt, ruft uns zum versöhnlichen Miteinander auf: Frieden untereinander kostet die wenigsten Nerven. Das Kreuz (oder ein Engel), das uns an Wegbiegungen begegnet, ist das große Pluszeichen – auch für eine Familie, wenn sie dazu aufblickt. – Mit solch einem gepackten Rucksack kann die Wanderung beginnen und gelingen!

3. Symbolgeschichten

a) Salz statt Schläge. – Mit Jugendlichen ist es wie mit Ziegen: Selbst ein haushoher Zaun würde sie nicht am Ausreißen hindern. Sie lassen sich nicht einsperren, sie durchbrechen aus Prinzip jeden Zaun. Viel wichtiger als eine Vergitterung ist unsere Gegenwart auf der Wiese, gepaart mit liebevollen Worten und etwas Salz in der Tasche. Mit Steinen und Prügeln werden sie nur verscheucht, und es braucht unendlich viel Zeit, sie wieder einzufangen. Ziegen brauchen beides: Liebe und Strenge. Und Jugendliche, die Freiräume brauchen, sind nicht anders. (Ernst Sieber)

b) Wir glauben an dich. – Ein Vater von drei Kindern wurde arbeitslos. Es gelang ihm nicht, eine neue Stelle zu finden; überall Abbau und Entlassungen. Er wurde mutlos und traurig. Selbst der Trost seiner Frau half ihm nicht viel.
Eines Morgens fand er auf seinem Schreibtisch den Inhalt der Sparschweine seiner Kinder. Mitten in dem Häufchen von Kupfer- und Silbermünzen lag ein Zettel, auf dem in kindlich ungelenker Handschrift stand: „Lieber Vater, wir glauben an dich – Per, Age,

Olaf!" Ein Lächeln glitt über seine Züge und er murmelte: „Euer Glaube soll nicht betrogen werden!"
Als er später ein großer Verleger wurde, hing der zerknitterte Zettel gerahmt hinter seinem Schreibtisch. „Meine Kraftquelle", pflegte er vertrauten Besuchern zu sagen und deutete auf die Worte: „Wir glauben an dich!" (Verkürzt nach Olaf Sörmund)

Zweiter Sonntag nach Weihnachten

1. Symbolpredigt zum Evangelium: Joh 1,4–5.9

Das wahre Licht, das jeden Menschen erleuchtet, kam in die Welt.
Eine ***Sonne*** wird in die Krippe gelegt oder an die ***Krippe*** geheftet. Es werden Strahlen angeheftet mit folgenden Aussagen: Wer sich diesem Licht zuwendet, lässt seine Schatten (= Schuld) hinter sich. / Die ganze Finsternis der Welt kann dieses Licht nicht löschen. / Diese Sonne im Kind in der Krippe hat genügend Strahlen für alle Menschen. –
Es gibt viele Lichtquellen in unserer Welt: Dieses Licht bleibt uns treu, auch wenn es einmal „Wolken" verdecken. – Wer hier Licht und Wärme erfährt, kann davon weitergeben.

2. Symbolgeschichte zum Evangelium

In einem kleinen Juradorf in der Schweiz erkrankte im Herbst des Jahres 1958 ein achtjähriges Mädchen an Leukämie. Die Ärzte gaben ihm noch höchstens zwei Monate, sodass die Eltern ihm die letzten Wochen des Lebens so schön wie möglich machen wollten. Das Mädchen hatte aber nur einen Herzenswunsch: noch einmal wunderschöne Weihnachten feiern!
Der Vater wandte sich in seiner Verzweiflung an den Lehrer des Dorfes und der kam mit anderen Männern auf die Idee: Wir feiern Weihnachten bereits am 2. Dezember; Ostern werde ja auch unterschiedlich gefeiert!
Aber Weihnachten kann man nicht alleine feiern! Zunächst war es schwer, die Geschäftsleute davon zu überzeugen, die ja ihr übliches Weihnachtsgeschäft machen wollten. Aber schließlich willigte sogar der Pfarrer ein. Alle Dorfbewohner bastelten und buken ab

Mitte November; die Christbäume wurden früher aufgestellt und ein Elektriker legte eine direkte Leitung in die Wohnung des Mädchens, damit auch im Radio Weihnachtslieder zu hören waren.
So konnte am 2. Dezember ein wundervolles Weihnachtsfest gefeiert werden. Zwei Tage später starb das Mädchen. Am 24. Dezember wurde in dem kleinen Dorf nicht mehr Weihnachen gefeiert. (Stark verkürzt nach Werner Wollenberge, Janine feiert Weihnachten)

Sonntag nach Erscheinung – Taufe des Herrn

1. Symbolpredigt zur ersten Lesung: Jes 42,3

Das geknickte Rohr zerbricht er nicht. –
Die Kinder erhalten einen ***Strohhalm*** und einen ca. 50 cm langen Faden. Sie zerbrechen den Halm in der Mitte und können jetzt ein ***Kreuz*** legen: So hat Jesus alles „durchkreuzt“, was es bisher gab: Er verurteilt nicht, sondern gibt dem „geknickten Rohr“, dem Schuldigen, eine neue Chance. – Jetzt werden beide Hälften des Kreuzes noch einmal gebrochen und übereinander gelegt: Sie ergeben einen achtstrahligen ***Stern***, der mit dem Faden umwickelt wird *(gegenseitig helfen!)*. Der Stern soll sagen: Bei Gott hast du immer eine neue große Zukunft, wenn dir etwas Leid tut. Im Evangelium wird von diesem großartigen Neuanfang berichtet: der Taufe Jesu durch Johannes. Die Taufe auf den Namen Jesu ist für unser Leben eine Sternstunde.

2. Geschichte zur ersten Lesung: Jes 42,3

Von einem Strafgefangenen, dessen Entlassung naht. – Da der Kontakt mit zu Hause immer spärlicher geworden ist, bettelt er um ein Zeichen: Hängt bitte in den Apfelbaum auf dem Hügel hinter dem Haus ein großes, buntes ***Tuch*** zum Zeichen, dass ich heimkehren darf. Als die Bahn die letzte Kurve vor seinem Heimatdorf nimmt, starrt er gespannt nach vorne: Im Apfelbaum hingen tausend bunte Tücher und signalisierten ihm Verzeihung und Neuanfang. (Nach einem amerikanischen Lied)

3. Symbolpredigt zum Evangelium: Mt 3,13–14

Taufe Jesu – unsere Taufe. –
Aufgestellt ist ein Weihwasserkesselchen, ein Aspergill mit Weihwasser, eventuell ein Fläschchen (in Apotheke erfragen) voll Weihwasser für jedes Kind; Schalen mit Wasser. – Der Gottesdienst beginnt mit dem „Asperges“: L. besprengt die Anwesenden mit Weihwasser in Erinnerung an die Taufe. – L. zeigt ein ***Weihwasserkesselchen:*** Es gibt noch Christen, die sich morgens und abends der Freundschaft Gottes bewusst werden und sich mit Weihwasser segnen. Folgendes könnte bei einem ökumenischen Gottesdienst noch eindrucksvoller werden: L. segnet die Schalen mit Wasser, die dann durch die Reihen gereicht werden. Jeder zeichnet mit diesem Weihwasser dem Nachbarn ein Kreuz auf die Stirn – als Erinnerung an die gemeinsame Taufe und den Schutz Gottes, unter dem alle stehen (= Taufgedächtnisgottesdienst). Die Kinder können sich das Fläschchen mit Weihwasser zur Erinnerung mitnehmen.

4. Symbolische Anti-Geschichte zur Taufe Jesu,

der dabei ganz hinabstieg. Heute will alles hoch hinaus! –
Eine Schar junger Bären wollte ins Gelobte Land, ins Honigland, geführt werden. Zuerst zeigte ihnen aber der alte Bär, der einwilligte, was er alles zu leisten im Stande wäre. Er kletterte an einer Tanne immer höher. Er kam auch höher, als je ein Bär gekommen war, aber dann schwankte der Baum hin und her und ein Sturm forderte seine ganze Kraft heraus. Danach vermochte er die blutenden, eingebohrten Tatzen nicht mehr aus dem schwankenden Baum herauszuziehen. Bevor er elendig zugrunde ging, rief er den jammernden Jungen noch zu: „Meine große Tat ist jetzt mein Verderben. Ihr könnt besingen, dass ich auf dieser Tanne als der allerhöchste Bär verreckt bin!“
(Nach Joh. Heinrich Pestalozzi)

Fasten- und Osterzeit

Zyklen zu den ersten Lesungen der Fastensonntage und zu den Evangelien der Fastenzeit und Ostern
Siehe: Erster Fastensonntag.

Erster Fastensonntag

1. Zyklus zu den ersten Lesungen der Fastensonntage

Gestalten der Bibel. – (Die Figuren immer größer abbilden, weil sie sich Jesus immer mehr nähern.) Heute: *Adam* als Typus „der Mensch“, darüber ein Gottessymbol wie Licht, Auge oder Hand. Weil der Mensch aus Gott kommt, braucht er die Beziehung zu ihm. Jede Störung dieses Verhältnisses muss geheilt werden. (Verändert nach „Frisch A“ im gesamten Zyklus)

2. Zyklen zu den Evangelien der Fastenzeit und Ostern

a) Wir bauen einen ***Turm*** zu Gott. Heute: Wir sagen nein zu den Verlockungen „Haben-Wollen“, „Berühmt-Sein“, „Mächtig-Sein“. Dann kann Gott Platz in uns finden. Auf dem ersten Baustein des Fastenturmes steht: *„Nein in der Versuchung“.* (Nach „Dinzinger A“)
b) ***Was uns Jesus bedeutet.*** Heute: Auf eine entstehende Collage wird als Erstes ein ***Brot*** mit Strahlen und eine ***Bibel*** geheftet: Wir brauchen noch eine andere Nahrung als nur Brot, damit unser Leben gelingt. (Nach „Frisch A“)
c) Einen ***Rucksack*** packen für die Wanderung des Lebens zum Gipfelkreuz. Als Erstes wird ***Brot*** eingepackt = wir brauchen Nahrung für den Leib, aber auch das Brot, das Jesus uns reichen will.
d) Wir gestalten ein ***Hungertuch*** zum Symbol ***Wüste***. Heute: Eine weite Wüste. Wir brauchen Stille, um mit Gott ins Reine zu kommen; das stärkt gegen alle Versuchungen.

3. Symbolpredigten zum Evangelium: Mt 4,1–11

Versuchungen in der Wüste des Lebens. –

a) Zwei Seelen in meiner Brust: ein großes ***rotes und*** gleich großes ***schwarzes Herz***. – Gerade noch himmelhoch jauchzend, dann zu Tode betrübt. Jetzt werden Situationen geschildert, bei denen das rote (positive) oder schwarze (negative) Herz hingehalten wird, auch bei Situationsschilderungen aus dem Leben Jesu. Beispiele: Auf Drogen hereinfallen; ein Kamerad bei der Feuerwehr oder Polizei fehlt bei keinem Einsatz und wird doch gemobbt; praktizierende Christen in Ruanda oder Kosovo, die aber fähig sind zum Völkermord; Jesus im Umgang mit den Randsiedlern der Gesellschaft, aber schreiend am Kreuz. Heute: Er ringt mit der Versuchung und entscheidet sich für uns.
b) Ein gemalter großer ***Eisberg*** und ein großes ***Herz***. – Wer den Versuchungen zu Besitz, Ansehen und Macht nicht widersteht, sammelt im Herzen Eis an. Gott möchte uns ein neues Herz geben (Ez 36,24–28). Eine mitgefeierte Fastenzeit bietet genug Chancen dazu. Jesus entscheidet sich für das Leben und die Liebe = das große Herz in den Eisberg setzen.

Zweiter Fastensonntag

1. Zyklus zu den ersten Lesungen der Fastensonntage

Gestalten der Bibel. Heute: *Abraham* zeigt auf den Sternenhimmel: Durch ihn sollen alle Menschen der Erde Segen erlangen (Gen 12,3).

2. Zyklen zu den Evangelien

(Vgl. Erster Fastensonntag)

a) Wir bauen einen ***Turm*** zu Gott. Heute ist auf dem zweiten Baustein ein Berg mit ***Sonne*** zu sehen. Hier erlebten die Jünger in der größeren Nähe Gottes Freude, Friede, Geborgenheit. Sie wollten gar nicht mehr fort. Vorgeschmack der himmlischen Herrlichkeit.
b) ***Was uns Jesus bedeutet.*** Heute wird auf die Collage eine ***Sonne*** geheftet, deren Strahlen drei kniende Männer trifft: In Jesus wird

Gottes Herrlichkeit sichtbar, jetzt schon Licht und Segen auf unserem Weg.

c) Einen ***Rucksack*** packen. Heute eine ***Kerze*** einpacken. Sie gibt entzündet genügend Wärme, um in einem Zelt bei extremen Kältegraden nicht zu erfrieren. Was auf dem Berge Tabor geschah, kann in unserem Herzen ein Hoffnungslicht entzünden, das in den Dunkelheiten und Tal-Erfahrungen des Lebens nicht zu erlöschen braucht.

d) Auf das ***Hungertuch*** zum Symbol ***Wüste*** wird heute eine ***bifokale Brille*** geheftet: Durch die obere Hälfte kann ich gut in die Ferne schauen; als Christ sogar über den Horizont dieser Welt hinaus. Durch die untere Hälfte sehe ich die Wirklichkeit, in die ich etwas von dem Licht auf dem Berge hineintragen darf.

3. Symbolpredigten zum Evangelium: Mt 17,1–9

Die Verklärung Christi. –

a) Eine ***Sonne***. – Ein verzweifelter Mensch, der alles verloren hatte, schrieb im Krieg an die Wand eines zerstörten Hauses: „Ich glaube an die Sonne, auch wenn sie nicht scheint." Heute hören wir eigentlich eine Ostergeschichte: Mitten in die Angst vor der Zukunft das wunderbare Erlebnis auf dem Berg. Die Jünger wollen gar nicht mehr fort. Der Tag der Woche, an dem wir uns das ins Bewusstsein rufen, heißt deshalb „Sonnentag": Sonntag. Ohne diese österliche Sonne verliert das Christentum seine Kraft.

b) Ein ***Veilchen*** (Blume des Jahres 2002) blüht zwischen Eisbergen und bringt das Eis an *einer* Stelle zum Tauen. Als es vor Überanstrengung stirbt, denkt es: „Einer musste doch mit dem Duften anfangen. Wenn hier einmal Millionen Veilchen blühen, wird man auch Häuser bauen können und Kinder spielen lassen." Aber ohne die Sonne, die sich heute als Herrlichkeit Gottes erweist, gelingt das nicht. Darum hefte ich sie mitten in unsere Bemühungen, das Eis zwischen uns und in aller Welt zu tauen.

Dritter Fastensonntag

1. Zyklus zu den ersten Lesungen der Fastensonntage

Gestalten der Bibel. – Heute: *Mose,* der mit einem Stab an einen Felsen schlägt, aus dem daraufhin Wasser fließt. Wir brauchen auch heute solche Männer und Frauen, die uns heil durch die Wüste des Lebens führen.

2. Zyklen zu den Evangelien

(Vgl. Erster Fastensonntag)

a) Wir bauen einen ***Turm*** zu Gott. – Auf dem dritten Baustein ist ein *überquellender* ***Brunnen*** zu sehen. Die Samariterin spürte: Jetzt gibt es nicht nur Wasser gegen den Durst, dieser Jesus stillt den Durst nach Liebe und Geborgenheit. Im Wasser der Taufe begann das, was im Osterwasser aufleuchtet und uns im Weihwasserkessel(chen) in der Kirche oder zu Hause an unsere Erlösung erinnert.
b) ***Was uns Jesus bedeutet:*** Ein ***Taufbrunnen*** wird auf die Collage geheftet = Jesus ist für uns das Wasser des Lebens.
c) Einen ***Rucksack*** packen: Heute eine ***Wasserflasche*** einpacken: Wasser belebt, wenn unsere Kräfte erlahmen. Am Jakobsbrunnen spricht Jesus vom lebendigen Quell, den jeder fließen lassen kann, wenn er irgendwie anderen Mut zum Weiterwandern macht.
d) Auf das ***Hungertuch*** zum Symbol ***Wüste*** wird ein ***Brunnen*** in einer Oase geheftet, auf dessen Rand eine ***Bibel*** liegt: Die Heilige Schrift enthält lebendiges Wasser mit Worten und Begebenheiten, die uns trösten.

3. Symbolpredigten zum Evangelium: Joh 4,5–42

Gespräch am Jakobsbrunnen. –

a) Ein ***Brunnen,*** aus dem viele beschriftete ***Steine*** herausgeholt werden, damit das Wasser wieder fließen kann. Viele Steine haben die Quellen, aus denen solch ein Brunnen gespeist wird, versiegen lassen. Hier dieser Plumpsstein erinnert mich an all die Schulfächer oder die Arbeiten am Arbeitsplatz, die mir nur schlecht gelingen *(jeweils den Stein weglegen)* und die die Herzkranzgefäße verengen; dieser Stolperstein erinnert an die Missgunst mancher Leute; hier der Stein des Spottes, den ich erfahre, weil ich noch in die Kirche gehe. Diesen Stein der Verdächtigung oder der Vorurteile habe ich schon oft geworfen wie damals die Pharisäer auf die Ehebrecherin … All diese Steine lassen die Quellen meines Herzens nicht mehr fließen. Ich möchte mit der Samariterin am Jakobsbrunnen sprechen: Herr, lass dein lebendiges Wasser all diese Steine herausschwemmen!

b) Dieses braune, vertrocknete Farnknäuel, ***Auferstehungsblume*** und auch „Rose von Jericho" genannt, dürstet – wie wir – nach dem Wasser der Zuwendung, der Hoffnung und Liebe. Solche vertrockneten Knäuel können Jahre (ja, Jahrtausende in Pharaonengräbern) überdauern; sobald sie aber mit Wasser in Berührung kommen, blühen sie auf *(L. gießt heißes(!) Wasser darüber).* Weil sie sich dann wieder öffnet, wird sie auch „Auferstehungsblume" genannt. Das Wasser, das Jesus am Jakobsbrunnen austeilte, will uns täglich ein wenig auferstehen lassen. (Die Kinder dürfen ab und zu nach vorne kommen, um die Veränderungen der Auferstehungsblume zu beobachten.)

Vierter Fastensonntag

1. Zyklus zu den ersten Lesungen der Fastensonntage

Gestalten der Bibel. – Heute: Der kleine *David mit einer Harfe.* Gottes Maßstäbe sind anders als die unter Menschen, die sich an Kraft, Größe, Reichtum, Ehre und Aussehen orientieren. Gott schaut ins Herz. Die Salbung mit Öl macht ihn zum Gesalbten, zum Messias.

2. Zyklen zu den Evangelien

(Vgl. Erster Fastensonntag)

a) Der vierte Baustein des ***Turmes*** zeigt ein sehendes ***Auge.*** Einem „Blinden" werden Binden von den Augen genommen, auf denen steht: Wut, Neid, Stolz, Undankbarkeit. Die Augen am Brunnen auswaschen heißt: Wasch dein altes Leben ab mit all seiner Blindheit.

b) ***Was uns Jesus bedeutet:*** Jesus ist uns Licht auf dem Weg. Verschiedene ***Kerzen*** sind zu sehen, die bisher die besonderen Tage unseres Lebens ausgeleuchtet haben: Tauf-, Kommunion-, Hochzeitskerze. Es kann auch schon die Osterkerze hinzugefügt werden!
c) In den ***Rucksack*** eine ***Taschenlampe*** packen: Mit ihr kann ich mich auch im Dunkeln orientieren. Wer der Sonne Jesus Christus folgt, braucht nicht im Finstern umherzugehen (Joh 8,12) oder blind gegen ein Hindernis zu laufen.
d) Auf das ***Hungertuch*** zum Symbol ***Wüste*** wird ein ***Baum*** *mit tiefer Pfahlwurzel* geheftet. Dazu das Evangelium Lk 13,6–9 (= 3. Fastensonntag Lesejahr C): Der Feigenbaum, der keine Früchte bringt, bekommt eine neue Chance, wenn er die Wurzeln noch tiefer in die Erde zu den Wassern des Lebens streckt, die seit der Taufe besonders fließen.

3. Symbolgeschichten zum Evangelium: Joh 9,1–41

Heilung des Blinden. –
a) Am ***Kreuz*** wird es hell. – Stundenlang waren die Wanderer schon unterwegs. Dichter Nebel nahm ihnen den Blick für die Schönheiten eines Berges. Da begegnete ihnen ein Einheimischer, der ihnen Mut machte, sozusagen die Augen öffnete: „Geht weiter. Ihr müsst bis zum Kreuz hinauf. Dort ist alles hell!“ So war es: Am Gipfelkreuz strahlte die Sonne. Und unter einem herrlich blauen Himmel waren die anderen Berge wie zum Greifen nahe.
b) Blindenheilung. – Es hatte vierzehn Tage gedauert, bis sie das Fieber im Griff hatten. Im Fieberwahn hatte er alles nur verschwommen wahrgenommen. Er hätte sterben können, sagten sie später. Seine Frau hatte immer wieder seine Lippen befeuchtet, zigmal das Bettzeug gewechselt, die Tasse an den Mund gehoben, seine Hand gehalten. – „Schau, wie verschieden das Grün ist an den Bäumen da draußen“, sagte er zu seiner Frau, die mit einem Tablett hereinkam. „Ja“, antwortete sie, „das hast du früher nie gesehen.“ „Ich habe manches nicht gesehen“, meinte er, nahm ihre Hand und schaute in ein übermüdetes Gesicht mit liebevollen Augen. (Nach Anton Jansen)

Fünfter Fastensonntag

1. Zyklus zu den ersten Lesungen der Fastensonntage

Gestalten der Bibel. – Heute: Der Prophet *Ezechiel* mit einer Schriftrolle. Propheten (wie Jesaja, Jeremia) haben Mahnungen ausgesprochen, aber dem Volk Israel auch Mut gemacht und Wege in die Zukunft gezeigt. Sie wurden zu Wegweisern, die wir auch heute in gotterfüllten Personen suchen (wie Dietrich Bonhoeffer, Johannes XXIII. usw).

2. Zyklen zu den Evangelien

(Vgl. Erster Fastensonntag)

a) Der fünfte Baustein des ***Turmes*** zu Gott zeigt ein sprießendes ***Samenkorn***. So wie Jesus seinen Freund Lazarus aus dem Grab holte, so muss auch ein Weizenkorn erst ins Dunkel der Erde, um zu neuem Leben zu erwachen. Jetzt können Weizenkörner in Schalen gesät werden, um sie an den nächsten Sonntagen zu beobachten.
b) ***Was uns Jesus bedeutet:*** Neues Leben. Ein sprossender blühender ***Zweig*** wird auf die Collage geheftet.
c) In den ***Rucksack*** wird ein Tütchen mit ***Sonnenblumenkernen*** gelegt. „Wenn morgen die Welt untergeht, will ich heute noch ein Apfelbäumchen pflanzen“, sagte Martin Luther. Samen ist Zeichen der Hoffnung. Alles verwandelt sich, um zu neuem Leben zu erstehen.
d) Auf das ***Hungertuch*** zum Symbol ***Wüste*** werden viele stilisierte ***Blumen*** geheftet. Die Wüste blüht, weil Gott uns aus den Gräbern herausholen kann (vgl. 1. Lesung und Evangelium).

3. Symbolpredigten zum Evangelium: Joh 11,1–45

Auferweckung des Lazarus. Tod – Leben. –

a) Ein ***Vortragekreuz,*** das auf der Vorder- *und* Rückseite eine Christusdarstellung zeigt, damit bei einer Prozession oder Wallfahrt die Teilnehmenden Christus vor Augen haben. Auch Altarkreuze haben des Öfteren eine doppelte Ansicht. Das vordere Kreuz zeigt die Todesseite: den Leidensmann, der schmerzgekrümmt an den Nägeln hängt. Die Rückseite zeigt die Lebensseite des Siegers über den Tod, der im heutigen Evangelium seinen Freund Lazarus erweckt – und uns am Ende des Lebens. Darum ist im Kreuz Heil, Leben und Hoffnung (GL 205,1). (Nach Herbert Zerkowski)

b) Eine ***Blumenzwiebel*** oder eine ***Nuss*** für jeden. In der Natur keimt es mit aller Macht. Immer wieder vollzieht sich da das Lebensgeheimnis: Ich muss warten können, dann loslassen, wagen, vertrauen und mich entfalten. Wenn ich die Schale durchbreche oder den Keim entfalte, wird mein altes breites Ich in mir runzelig, aber es öffnet sich für das Lächeln der Sonne. In der Erde verwurzelt, wachse ich dem Himmel entgegen. Bereit sein zur Verwandlung und sich dabei Jesus anvertrauen, dem Herrn über Leben und Tod.

Palmsonntag

1. Zyklus zu den ersten Lesungen der Fastensonntage

Gestalten der Bibel. Heute: Der *Leidensknecht,* der Jesus so nahe kommt.

2. Zyklen zu den Evangelien (und heute die Passion)

a) Auf dem sechsten Baustein des ***Turmes*** zu Gott sind ein ***Palmzweig*** und eine ***Dornenkrone*** zu sehen: Zwischen Palmsonntag und Karfreitag findet auch unser Leben statt.
b) ***Was uns Jesus bedeutet:*** Ein ***Palmzweig*** und ein zuschlagender ***Stock***. Wir haben in guten und bösen Tagen einen Bruder an unserer Seite, der das auch durchgemacht hat.
c) In den ***Rucksack*** wird ein ***Kreuz*** gelegt: Jesus durchkreuzt, was ist, und setzt neue Maßstäbe. Ihm begegnen wir an den Wegkreuzen, um uns zu erinnern.
d) Auf das ***Hungertuch*** zum Symbol ***Wüste*** wird eine ***Palme*** mit bunten ***Bändern*** geheftet, in deren Wipfel ein schwerer ***Stein*** liegt (den sie an Ostern zur Seite stemmt).

3. Symbolpredigten zum Evangelium Mt 21,1–11 und zur Passion

a) Ein ***(Busch-)Röschen*** für jeden. Heute dürfen wir die Blüte bewundern: Symbol für die Liebe, mit der Jesus unterwegs war. Unversehens greifen wir in einen Dorn: Die höchste Liebe zeigt sich in Opfern. Das bekam auch Jesus zu spüren. An Ostern dürfen wir wieder in die Blüte schauen: Durch seine Wunden sind wir geheilt!

b) Ein ***Kreuz mit austauschbaren Köpfen*** hat der Nürnberger Künstler Willi Biegler geschaffen. Hinter dem Querbalken sind fünf auswechselbare Köpfe aufgereiht. Beim Evangelium hätten wir das Haupt Christi mit einer goldenen Krone gebraucht, in der Passion eins mit einer Dornenkrone; am Karfreitag den Kopf eines Sterbenden und Ostersonntag das Antlitz des Siegers mit einer Gloriole um sein Haupt. Wie sieht sein Gesicht aus, wenn er Kinder segnet, Kranke heilt, Sündern begegnet? An Ostern offenbart er sich als Retter und Herr. Das Kreuz – ein Pluszeichen, das wir am Karfreitag verehren dürfen.

4. Symbolgeschichte zum Evangelium und zur Passion

Sie war eine der Schönsten im Land, bis eine Krankheit ihr Gesicht entstellte. Sie ließ sich nicht trösten, auch nicht vom berühmtesten Weisen. Nach vielen Gesprächen hielt er ihr eine unansehnliche ***Muschel*** hin mit den Worten: „Haltet Ihr die für schön?" „Nein, sie ist rau und schmutzig und riecht schlecht!", antwortete sie. Da brach der Weise die Muschel auseinander, zeigte ihr die darin ruhende wundervoll schimmernde ***Perle*** und sprach: „Etwas Spitzes, Bedrohendes drang in diese Muschel ein und tötete sie fast. Aber sie wehrte sich und umgab das Fremde mit kostbarem Schmelz. Die Perle ist Sinnbild der Überwindung des Todes durch das Leben. Handelt wie die unscheinbare Perlmuschel und wandelt zum Guten, was Euch zerstören will. Dann werdet Ihr liebenswerter sein als zu der Zeit, als Ihr nur äußerlich schön wart." Und sie wurde trotz des Verlustes ihrer Schönheit eine der liebenswertesten Frauen ihrer Zeit. (Stark verkürzt nach Paul Bourfeind)

Ostern

1. Zyklen zu den Evangelien

a) Der siebte und letzte Baustein des ***Turmes*** ist eine ***Glocke:*** Sie soll aller Welt verkünden: Jesus lebt und wir feiern das jeden Sonntag. (Wir erleben bewusst das Gloria: alle Glocken läuten.)
b) ***Was uns Jesus bedeutet:*** eine ***Brücke*** über einem tiefen Abgrund: Mit ihm können wir sogar den Tod überwinden.
c) In den ***Rucksack*** legen wir eine ***Pilgermuschel:*** Wir sind Pilger auf einem Weg, der vor Jesus als dem Sieger über Tod und Teufel endet.
d) Ins ***Hungertuch*** zum Symbol ***Wüste*** wird ein großer ***Schmetterling*** gesteckt – Symbol für die Auferstehung.

2. Symbolpredigten zum Evangelium: Mt 28,1–10

Auferstehung Jesu. –
a) Ein buntes ***Osternest*** mit gefärbtem Ei, einer Kerze und einem Brötchen. – Wir schauen einmal über unseren Kirchturm hinaus in die Osternachtfeier einer orthodoxen Gemeinde: Das ***Ei*** wird auch hier als Symbol des Lebens geweiht. Wie das Küken sich mühsam mit seinem Eizahn über dem Schnäbelchen aus seinem „Gefängnis" befreien muss, so werden wir im Tod in die andere Welt hinübergehen. – Alle Gläubigen ziehen vor Mitternacht dreimal mit brennenden ***Kerzen*** um die Kirche. Wenn um Punkt Mitternacht der Pope dreimal ruft „Christus ist auferstanden!", ziehen alle in die Kirche. – Das ***Brot*** wird geweiht und als Gabe an die Kranken mitgegeben. Oft wird ein Ei ins Brot gebacken. Das Brot erinnert an die Szene in Emmaus, als die Jünger den Herrn am Brotbrechen erkannten. – Dieser Blick in die Weite der christlichen Welt zeigt: Wir feiern das Fest der Feste ähnlich.
b) Ein ***Krug mit Taufwasser*** ist Christen in anderen Ländern – wie zum Beispiel im ehemaligen Oberschlesien – sehr wichtig. Sie besprengen mit dem „Osterwasser" Häuser und Ställe. In Polen gibt es regelrechte Wasserschlachten als beliebter Osterbrauch, bei denen sich gegenseitig nass gespritzt wird und Touristen aufpassen müssen, nicht eine Dusche ins Auto geschüttet zu bekommen. In Piemont (Italien) laufen die Menschen beim ersten Osterläuten zum Dorfbrunnen, um ihre Augen auszuwaschen: Osteraugen

wollen sie bekommen, die anderen wohlwollend und freundlich begegnen. Wie begegnen *wir* dem Osterwasser? Ein paar Schälchen werden jetzt rundgereicht, und jeder, der möchte, zeichnet dem Gegenüber damit ein Kreuz auf die Stirn, Zeichen der Erlösung.

3. Symbolgeschichte

Es geschah am Palmsonntag im Palästinenserdorf Ibillin in der Kirche: Der Priester spürte die feindselige Spannung untereinander – wie schon immer. Gab es ihm der Hl. Geist ein?: Seine Geduld war zu Ende. Er nahm eine dicke Kette, wickelte sie um die Klinken der riesigen Doppeltür, zurrte sie mit einem Vorhängeschloss fest und sprach: „Ich überlasse euch jetzt ganz Jesus Christus. Ihr könnt euch auch gegenseitig umbringen!"
Quälendes Schweigen – minutenlang. Dann entschuldigte sich der Erste bei seinen verhassten Brüdern, dann ein anderer; es entstand ein Durcheinander von sich umarmenden Menschen. Schließlich verkündete der Priester: „Wir warten nicht bis Ostern, um Auferstehung zu feiern. Lasst uns jetzt feiern! Denn wir waren füreinander tot und jetzt sind wir wieder zum Leben erwacht!" (Verkürzt nach Elias Chacour)

Hinweis: Symbolpredigten zum Evangelium von den Emmausjüngern (= Ostermontag) siehe 3. Sonntag der Osterzeit, Lesejahr A, Seite 37.

Zweiter Sonntag der Osterzeit (Weißer Sonntag)

1. Symbolpredigt zur ersten Lesung: Apg 2,42–47

Sie hatten alles gemeinsam. –
Siehe Weißer Sonntag, Lesejahr B: ***Kommunizierende Röhre,*** Seite 115.

2. Symbolpredigt zum Evangelium: Joh 20,25

Wenn ich nicht sehe, glaube ich nicht. –
Ein ***Fisch*** in einem kleinen ***Aquarium.*** Seht mal her, der Fisch hier glaubt nicht, dass es Wasser gibt, weil er es noch nie gesehen hat. Was soll ich mit ihm machen, um ihn zu überzeugen? Herausnehmen, ihn auf einen Teller legen, zusehen, wie er nach Luft schnappt und dann sagen: „Du dummer, kleiner Fisch, Wasser ist um dich herum und in dir und schenkt dir Leben!“? – Was mit einem Bär machen, der zu seiner Mutter tapst und fragt: „Mama, was ist Luft, von der ich so viel höre?“? „Dummer, kleiner Bär, Luft ist um dich herum und in dir und schenkt dir Leben“, antwortet die Mutter. – Jetzt bleiben du und ich noch übrig, die fragen: „Was ist dieser Gott, von dem ich so viel höre?“ Was sind wir für Dummköpfe! Wir glauben nicht an das, was wir nicht gesehen haben! Thomas war auch so einer: „Was ich nicht sehen oder hören oder spüren kann, das glaube ich nicht.“ – Nun durfte Thomas Jesus berühren. (Thomas macht auch etwas sehr Gutes: Er fragt und sucht in seinem Zweifel.) Selig sind wir, die wir nicht sehen und doch glauben. Jesus möchte, dass wir uns hier in der Gemeinschaft treffen; dann fällt es leichter, ihn zu spüren. (Nach „Dinzinger A“)

3. Symbolpredigt zum Weißen Sonntag

Dieses ***weiße Kleid*** erinnert an die Taufe. Da heißt es beim Überstreifen: „Du hast jetzt Christus angezogen, bist ein neuer Mensch geworden.“ Heute sehen wir die Kommunionkinder auch in weißen Kleidern. Nach außen oft wunderschön, wie aber sieht es innen aus? Ist bei all dem Trubel und den Geschenken noch Platz genug für Jesus? – Der Glöckner von Notre Dame war ein tauber und buckliger Unglücklicher, der als Kind an einem Weißen Sonntag auf den Stufen der Kathedrale ausgesetzt wurde. Sein Aussehen war sehr hässlich, doch in ihm wohnte eine wunderbare Seele; er rettete sogar ein Mädchen unter Einsatz seines Lebens. – Nur aufs Innere kommt es an, „das schimmernde Weiß, Jesus Christus, in unseren Herzen wohnen zu lassen“. (Augustinus)
Begegnen wir heute einem Kommunionkind, wünschen wir ihm, dass zur äußeren Schönheit auch die innere hinzukommt, die Jesus Platz nehmen lässt. (Nach Michael Graff)

Dritter Sonntag der Osterzeit

Symbolpredigten zum Evangelium: Lk 24,13–35

Die Emmausjünger. –

a) *Zu Lk 24,32:* Brannte uns nicht das *Herz* in der Brust. – (Herzkerzen in verschiedenen Größen bieten Werbe- und Geschenkartikelfirmen an wie z.B. Hach AG, Tel. 06162/803-88.)
Ein ***Herz*** wie dieses ***aus*** steifem, hartem ***Wachs*** hatten auch die Jünger, die sich tief betrübt nach Emmaus aufmachten. Der Unbekannte, Jesus, nahm das Herz der Enttäuschung aus ihrer Brust und gab ihnen ein lebendiges zurück (Ez 36,26). Es brannte wieder lichterloh. Die Flamme der Begeisterung erlosch jedoch bei vielen Jüngern wieder. So musste erst noch das Feuer des Heiligen Geistes an Pfingsten die Herzen neu entflammen. – Wenn unser Wagnis erlischt, suchen wir am besten die Nähe Jesu und seinen Heiligen Geist.

b) In einer großen gebastelten ***Pilgermuschel*** (= wir sind letztlich Pilger) liegen Symbole, die uns auf dem Weg nach Emmaus helfen können: eine ***Bibel*** *(jeweils herausholen)* mit den Worten Gottes, die unser Herz brennen lassen können, eine ***Pyxis*** (= Hostienbehälter) mit dem Himmelsbrot, dem „Manna" auf dem langen Weg, und ein ***Kreuz*** (= das Vertrauen auf Gott, das in die Liebe nach rechts und links fließt [= Hauptgebot]).

c) Innerlich gebrochen machten sich die Jünger auf den Weg nach Emmaus. Da trat einer wie ein ***Stab*** in ihre Mitte, an dem sie sich festhalten konnten. Dieser Stab erinnert mich an den Stab des Mose, der damit auf das Meer schlug (Ex 14,16), sodass es sich teilte und das Volk der Israeliten hindurchziehen konnte. Mit solch einem Stab schlug Mose in der Wüste an einen Felsen (Ex 17,5) und die Israeliten hatten frisches Wasser für ihren langen Weg. Er erinnert auch an den Stab des Guten Hirten (Ps 23,1–5), der auch uns Stütze und Halt geben will auf dem Weg ins himmlische „Emmaus", wo wir ihn erkennen können. (Ähnlich: Mit solch einem Stützstock kann ich einer großen Topfpflanze Halt geben, damit sie nicht abknickt oder sich krumm entwickelt.)

Hinweis: Zum alternativen Evangelium vom Fischfang am Ostermorgen siehe 3. Sonntag der Osterzeit, Lesejahr C, Seite 196.

Vierter Sonntag der Osterzeit

Symbolpredigten zum Evangelium: Joh 10,1–10

Jesus, die Tür. –

a) „Ich bin die Tür." – Schauen wir uns die ***Türen*** dieser Kirche an! Die Kirchen-Eingangstüren müssten immer offen sein. Die Kirche muss ein Haus der „offenen Tür" sein. Wenn ich am Eingang Weihwasser nehme, weiß ich, zu wem ich gehöre (= Freund und Hirte ist mir Jesus). Schaue ich dann nach vorne, kann ich am Kreuz die ausgebreiteten Arme des Hirten sehen, der sich für seine Schafe hingab und mich – egal wie ich bin – in die Arme schließen will. – Diese Tür dort ist wochentags immer abgeschlossen. Welche Enttäuschung, vergeblich die Klinke zu drücken – wie immer, wenn sich mir eine Tür nicht öffnet! – An der Sakristei können wir gut die beiden Angeln erkennen, die jede Tür halten. Ich deute sie einmal auf die Gottes- und Nächstenliebe. Lebe ich danach, gehen mir eigentlich alle Türen auf. Zuletzt die Tabernakeltür, die sich gleich für alle öffnet, die das Leben in Fülle empfangen möchten (siehe Vers 10 des Evangeliums), von dem, der gesagt hat: Ich bin der Gute Hirt.

b) Interview mit einem echten ***Hirten*** (mit ***Schaf!***): Wie viele Schafe hüten Sie? Was macht Ihnen besonders Freude am Beruf, was Ärger? Was macht den Beruf schwer (= immer für die Tiere da sein – Schäferhunde ausbilden – Ersatz bei Krankheit finden)? Woran erkennen die Tiere Sie? …

c) Zu Joh 10,10: Das Leben in Fülle haben. Dieser ***Kelch*** ist ein Symbol für Lebensfülle. Hineingegossen wird Wein, Symbol für die Lebensfreude, und Wasser als Lebensgrundlage. Immer wieder erleben wir Mühen und Sorgen, in denen wir das Wasser des Alltags trinken. Es gibt aber auch Freude und Zufriedenheit, wenn wir zum Beispiel abends eine Flasche Wein genießen. Wer aber an der Fülle des Lebens teilhaben will, muss hierhin kommen, wo der Hirt Christus die Tür zur Seele öffnen will, wenn er uns den Kelch des Segens reicht. (Nach Thomas Maria Renz)

d) Etwas ***Schafwolle***. Schön, dass es im Gemeindeleben noch genug „Schafe" gibt, die „Wolle" hergeben: Talente, die geschoren und gekämmt, versponnen, gezwirbelt und verstrickt werden zu einer wunderbaren Gemeinde. Welcher Wollfaden herauskommt, ist nicht so wichtig: ob meliert oder uni, schmuddelig oder weiß, dick oder dünn – alle Fäden lassen sich zu einem originellen, wärmenden Etwas verarbeiten, das erfreut und ermutigt. (Nach Hagen Schwarz, Gymnich)

Fünfter Sonntag der Osterzeit

1. Symbolpredigt zur zweiten Lesung: 1 Petr 2,7

Siehe 27. Sonntag i.J. A, Symbolpredigt zum Evangelium, Seite 81.

2. Symbolpredigten zum Evangelium: Joh 14,1–12

Jesus ist Weg, Wahrheit und Leben.

a) Jesus – unser ***Lot***. – Ein Lot wird eingesetzt, um herauszufinden, ob eine Wand senkrecht gebaut wird. „Alles ist im Lot" heißt: Die Sache ist korrekt. – Unsere Welt ist nicht im Lot …, aber wir finden uns hier immer ein, um uns an Christus zu orientieren, der für uns Weg, Wahrheit und Leben ist. Jesus ist für uns das Lot, das zeigt, was wirklich „senkrecht" ist, und mit dem wir den richtigen Weg ausloten können. (Nach Pfarrei St. Theresia, Düsseldorf)

b) Das ***blaue Band*** in der Rennbahn des Lebens. – Wer einen Marathon durch das Labyrinth einer Stadt läuft, kann sich an einer blauen Linie, der Ideallinie, dem optimalen Streckenverlauf orientieren. Ein großartiges Bild für Jesus, der für uns der Weg ist, die Ideallinie zum Ziel. Das Blau drückt aus: Vertraue mir, glaub an mich und folge mir treu. Darum rollen jetzt Kinder ein blaues Band vom Altar bis zur Ausgangstür: Jesus, wir wollen Wahrheit und Leben in die Welt bringen; dann ist dein Weg auch schon ein Stück Ziel.

c) Ein ***Wegweiser***, auf dessen Arm auf der Vorderseite steht: „Vertraue auf Gott" und auf der Rückseite „Liebe den Menschen". – Wer in den Bergen in Nebel oder Schnee gerät oder sich sonst irgendwie verirrt hat, ist dankbar, wenn er auf einen Wegweiser trifft, der Orientierung bietet. Wer auf der Autobahn eine Ausfahrt übersieht, ist nachher überrascht, wie viel Kilometer der Tacho mehr anzeigt. Was nützt ein Wegweiser, der schief steht, mit dem einen Arm in den Himmel weist und mit dem anderen zum Boden? Außerdem muss auch seine Aufschrift gut lesbar sein. Ein verlässlicher Weg-

weiser zum Vater ist Jesus mit seinen klaren Worten. N.N., komm und lies einmal, was draufsteht: ...
Wer diese Richtung einschlägt, kommt an! (Nach R. Stecher, J. Benisch; P.M. Zulehner)

d) Ein ***Türstock***. Unser Zuhause ist bei Gott (Joh 14,2: Viele Wohnungen beim Vater), hier sehen wir die Tür dorthin. Jetzt kommen Kinder, die über bestimmte Situationen berichten und danach groß ein Wort an die Tür heften („geborgen“, weil das Kind nach der Schule zu Hause erwartet wird; bei einem Gesellschaftsabend ging es „friedlich“ zu; einer wurde „getröstet“; wenn ich den Eltern meine Dummheit erzähle, werden sie mir „verzeihen“ usw.). Danach gehen die Kinder jeweils durch die Tür. Schließlich wird über der Tür ein sehr großes Schild mit der Aufschrift „Himmel“ aufgedeckt, d.h. wenn wir jetzt bereits den Weg versuchen, den Jesus uns gewiesen hat, dann leben wir schon jetzt erfüllter – auch wahrhaftiger. Die himmlischen Wohnungen sind zwar Ziel, aber der Weg darf auch schon ein „Stück“ Himmel sein. (Nach „Dinzinger A“)
Dazu die symbolische Geschichte von den beiden Mönchen, die in der ganzen Welt die Tür zum Himmel suchen und schließlich die Tür zu ihrer Klosterzelle öffnen. („Kurzg. 1“, Nr. 252)

Sechster Sonntag der Osterzeit

1. Symbolpredigten zum Evangelium: Joh 14,15–21

Trostworte an die Jünger. –

a) Unterwegs zwischen Zeit und Ewigkeit. Ein ***Floß***. – Eben haben wir Trostworte Jesu an seine Jünger gehört. Auch wir sind ins Meer der Zeit geworfen und rüsten für die Überfahrt ins Reich Gottes. Wir bauen dazu ein Floß aus diesen Planken: Die erste nenne ich „Vertrauen auf Gott“, das Jesus so unermesslich in seinen Vater hatte. Wir glauben an das Reich Gottes. Eine Planke ist die „Liebe“, die uns leben lässt. Jesus nennt auch die „Wahrheit“ als wichtig. Ja, und wir sollen die „Gebote“ halten. Dafür legen wir gleich mehrere Planken hin, damit wir genug Halt unter den Füßen haben. Jetzt bräuchten wir noch etwas Wichtiges, das die Planken auf der Überfahrt zusammenhält. Jesus hat uns den „Beistand“, den Heiligen Geist, versprochen: Der hat so viele Gaben, dass wir mit genügend Seilen die Balken zusammenfügen können (z.B. Phantasie, Geduld, Freiheit, Achtung, Ordnung, Frieden). Ich lege zum Schluss noch dieses Seil der Hoffnung darüber, denn sie ist nie kleinzukriegen. (Verändert nach Peter Frowein)

b) Auf dieses ***Holzkreuz*** habe ich Worte aus dem Evangelium geschrieben, die mir immer schon besonders gefallen haben: *Ich lebe* (auf den Längsbalken) *und auch ihr werdet leben* (auf den Querbalken). Das möchte ich einmal auf meinem Grabstein eingemeißelt haben. An dem Wort Jesu ist alles positiv. Dieser Satz macht das Kreuz wirklich zum Plus. Der Querbalken der Nächstenliebe könnte rund um die Erde gehen und doch kämen wir nie nach „oben". Nur über den Längsbalken gelingt es: über den Glauben an den Auferstandenen.

c) Eine ***dunkle Brille*** und eine ***rote Herzbrille***. – Fünfmal kommt heute im Evangelium das Wort „lieben" vor! Aber es fällt uns schwer, die Liebe zu leben. – Jetzt folgen Beispiele, in denen der Erzähler jeweils die entsprechende Brille aufsetzt: Sonja hat lange das Flötenspiel geübt. Als sie in der Schulmesse vorspielt, geht fast alles daneben, weil sie so aufgeregt ist; da lachen die meisten. – Die Tante auf Besuch ermuntert sie und lobt ihr Vorspiel. Sie klatscht sogar, als es gut gelingt: Liebe hat die Kraft zu verwandeln. – Oder: Freche Kinder im Hausflur; eine alte Frau schimpft immer heftiger. Beim Hoffest wird sie auch eingeladen und die Kinder lernen sie von ihrer liebenswürdigen Seite kennen und schätzen. – Zum Schluss wird die Herzbrille auf den Altar gelegt: Das war Jesu Brille! Sein Blick munterte auf, verzieh und holte Außenseiter wieder in die Mitte. Liebe, die verwandelt!

Siebter Sonntag der Osterzeit

1. Symbolpredigt zur ersten Lesung: Apg 1,12–14

Sie verharrten einmütig im Gebet. –
Das ***Verkehrszeichen „Sackgasse"*** zeigt an: Nach Jesu Abschied an Himmelfahrt fühlten sich die Jünger allein gelassen. Was taten sie? Sie beteten, und das in Gemeinschaft. Ein Hinweis für den Umgang mit unseren Sackgassen, in die wir geraten können. *(L. heftet das Verkehrsschild* ***„Freie Fahrt"*** *darüber:)* Dieses Schild erfreut jeden

Autofahrer. Jetzt kann Gas gegeben werden. Aber halt! Das feiern wir erst nächsten Sonntag.

2. Symbolpredigt zur zweiten Lesung: 1 Petr 4,13–16

Anteil am Leiden Christi haben. –
„Leidensgenossen" werden vorgestellt. – Martin Luther King, der sich nicht davon abbringen ließ, gewaltlos die Gleichberechtigung der unterdrückten schwarzen Bevölkerung durchzusetzen, und 1968 selbst das Opfer einer Gewalttat wurde. Bischof Romero, der seine Stimme für die Armen erhob und den deshalb am Altar ein tödlicher Schuss traf …
Jedes Jahr lassen 20 bis 30 Missionare und Missionarinnen ihr Leben. Das eine oder andere Schicksal aufzeigen.

3. Symbolpredigten zum Evangelium: Joh 17,1–11a

Der Abschied Jesu. –

a) Bei diesem Abschiedsgebet Jesu kam mir in den Sinn: Wie sehen denn die Flügel aus, die uns in den Himmel tragen? Darum habe ich hier ein Paar Engel***flügel*** mitgebracht. Der eine Flügel heißt „fest auf Gott vertrauen", wie sich das auch im Gebet äußern kann. Der zweite Flügel heißt „Liebe". So ging über einen Rabbi die Sage um, dass er jeden Morgen zum Himmel aufsteige. Ein Spötter legte sich auf die Lauer. Und was sah er? Der Rabbi holte im Wald Holz, schleppte es in das Haus einer kranken Witwe und zündete ihren Ofen an. Später sagte der Spötter, wenn ihn welche fragten: „Der Rabbi steigt noch höher als bis zum Himmel auf."
Viele Menschen bringen es in ihrem Leben nur zu *einem* Flügel. Die sollten einen anderen mit auch nur einem Flügel umarmen, sonst wird es nichts mit der „Himmelfahrt".

b) *Zu Joh 17,3:* Den einzigen wahren Gott erkennen. –
Es werden Folien mit ***Gottesbildern*** gezeigt, die uns ein gütiges Gottesbild aufzeigen. Vor folgenden Gleichnissen brauchen wir keine Angst zu haben: ein Vater, der sein Kind umarmt; ein Hirte mit einem Schaf auf der Schulter; ein Gärtner, der Samen sät oder Pflanzen hegt; ein Arzt, der sich um einen Kranken kümmert; ein Adler, der sein Junges auf seinen Flügeln davonträgt usw. (Wenn es solche Bilder gibt, dürfen sich die Kinder das auswählen, was ihnen am besten gefällt, und mitnehmen.) (Nach „Dinzinger A")

4. Symbolgeschichte

Eine Legende erzählt: Als Christus zum Himmel aufgefahren war, fragten ihn die Engel, wie es denn nun mit seinem Reich auf Erden weitergehen solle. „Ich habe doch meine Jünger auf Erden“, antwortete Jesus. Aber die Engel sahen, wie unbedeutend, schwach und verzagt sich die Jünger gaben, und fragten erschrocken. „Herr, hast du wirklich keinen anderen, keinen besseren Plan?“ Und Christus entgegnete: „Nein, einen anderen Plan habe ich nicht!“

Pfingsten

1. Symbolpredigten zu den ersten Lesungen am Vorabend und zum Tag in Bezug setzen

a) Das Scheitern des Turmbaus ist mit dem Abspringen oder Reißen einer ***Fahrradkette*** zu vergleichen. Am Pfingstfest wurden die Kettenglieder wieder zusammengefügt: Die Menschen verstanden einander wieder.
b) Der Hl. Geist gleicht einer ***Simultananlage***: Erst verstanden sie einander nicht (= Turmbau) mehr; jetzt (= Pfingsten) verstehen sie einander trotz der vielen Muttersprachen.

2. Symbolpredigten zum Evangelium: Joh 20,19–23

Er hauchte sie an. –
a) Heiliger Geist ist wie ein warmer ***Atem*** gegen die vereiste ***Fensterscheibe***: Ich blicke wieder durch! – Eine schmutzige Glasscheibe anhauchen und reiben: Sie wird wieder klar.
b) Ein ***Mobile*** aus roten Tonpapierherzen. Wenn es angehaucht wird, bewegen sich alle: Er bewegt unsere Herzen. (Nach „Dinzinger A“)
c) Wenn für dieses ***Windrad*** kein Wind weht, steht es untätig herum. Hauche oder puste ich es jedoch an, kommt es in Bewegung – wie die Jünger damals. Das Windrad (= wir) muss allerdings bereit sein, seine Flügel in den Wind zu halten: Wenn sich Christen vom Hl. Geist antreiben lassen, wird es nicht langweilig – nicht bei uns und nicht in der Kirche/Welt.

d) ***Windspiel*** herstellen: Aus dünnen, roten Tonscheibchen Symbole anfertigen wie Taube, Flamme usw.; 36 Stunden brennen; dann so aufhängen, dass der „Hauch“ des Windes hindurchfahren kann und es zum Klingen bringt. (Nach M. Kufmüller)

e) Ein ***Seifenblasenspiel*** (eventuell erklingen dazu Glocken-, Klang- oder Windspiele). Wenn ich wie Jesus hauche: Seht ihr, wie leicht die Seifenblasen fliegen. Mit dem Rückenwind des Hl. Geistes wird das Leben leichter. *(L. bläst wieder:)* Er macht das Leben lebendig und bunt …, er macht alles Kleine wertvoll und groß, denn aus den kleinen Seifentropfen werden große Seifenblasen … Er kann uns immer wieder staunen lassen. (Nach „Dinzinger C“)

3. Symbolpredigten zum Pfingstfest

a) Im Lärm der Zeit brauchen wir den richtigen Ton oder die Grundmelodie, bei der Harmonie möglich ist. Am Ton der ***Stimmgabel*** können sich alle orientieren, damit kein Katzengejammer entsteht: Liebe, Hoffnung, Vertrauen, Gerechtigkeit, Frieden, Freiheit, Schönheit … Das sind die Worte Jesu, auf die wir im Buch der Bücher stoßen. (Nach Martin Auffarth)

b) Der Hl. Geist ist wie ein ***Brennglas***, das die „Welt in Brand setzen“ kann. Warum gelingt uns Christen das heute so selten? Halten wir das Brennglas vielleicht schief und nicht in die Sonne Gottes? Ist die Glasfläche verschmutzt? Halten wir das Brennglas nicht ruhig genug oder zu weit weg, sodass sich die Kraft zerstreut? Halten wir es lange genug, bis der Funke zünden kann, oder ist das ungeeignet, was wir entzünden möchten, zum Beispiel zu nass? (Nach Bernhard Benson)

4. Symbolgeschichte

Ein ***Schmetterling*** mit wunderschönen, bunten Flügeln ist ausgeschlüpft, hat aber Angst vor dem Fliegen: Seine Flügel zittern und mit den Beinen hält er sich krampfhaft an der Mauer fest. Da kommt der Wind, hebt ihn einfach auf und trägt ihn hoch in die Luft. Nun musste er fliegen; da konnte er fliegen und wollte, wollte nur noch fliegen – so herrlich war das. (Nach Ursula Wölfel)

Hinweis: Siehe in diesem Buch auch unter „Pfingsten“ der Lesejahre B und C, Seite 122f und 202f.

Sonntage im Jahreskreis

2. Sonntag im Jahreskreis

1. Symbolpredigten zum Evangelium: Joh 1,29–34

Jesus, das Lamm Gottes. –

a) Das wäre doch was: Jesus, stark wie ein Löwe, der wie ein Samson Hunderte in die Flucht jagen kann und die Verfolgten mit Gewalt befreit! Aber Johannes sagt: Jesus – ein ***Lamm*** – ein Lamm Gottes. Ohne spitze Krallen, ohne scharfe Zähne. Denken wir uns ein Lamm aus in einer großen Herde: Da fressen die fetten Schafe die saftigsten Gräser vorne weg ohne Rücksicht darauf, ob die hinter ihnen noch was finden. Da gibt es die schwarzen Schafe – an den Rand gedrängt, traurig und ausgegrenzt. Da gibt es die jungen Lämmer, übermütig herumtollend – sollen die Wachhunde sie verbellen! Und unser gedachtes Schaf: nicht fett, nicht traurig oder übermütig. Nein, es erzählt den fetten von denen am Ende der Herde; es spielt mit den schwarzen; es springt auch mal unter die jungen … Aber vor allem träumt es von einer guten Herde, wo man Rücksicht aufeinander nimmt, wo Alt und Jung die Kräfte für die Zukunft aller einsetzen, wo Gleichgültigkeit durch Sorge füreinander abgelöst wird. Ob unser gedachtes Schaf dafür verlacht, vertrieben, getötet wird? Wie erging es Jesus? Wie ergeht es uns? (Verändert nach Christoph Stephan in „Dinzinger A")

b) Jesus – das ***Lamm***. Ein Lämmchen mitbringen. – Kinder haben so ein Lämmchen gewöhnlich sehr gern, weil es so kuschelig und anschmiegsam ist. Warum ist das so? Steckt die Sehnsucht dahinter, dass auch alle Menschen so sein mögen, die einfach gut sind und anderen nichts Böses antun? Solche Menschen braucht unsere Welt. Jesus war so einer. Doch so zu leben, kostet viel Kraft. Dabei kann man sich ins eigene Fleisch schneiden, enttäuscht und ausgenutzt werden. Vielleicht heißt es gerade deshalb jeden Sonntag: „Seht, das Lamm Gottes!" Es braucht Nachfolgerinnen und Nachfolger! (Nach Martin Ebner/Stefan Mai in „Puk" 1/93, S. 108)

3. Sonntag im Jahreskreis

Symbolpredigten zum Evangelium: Mt 4,17–22

a) Zum Netz – Menschenfischer sein. –
Ein Kind wird in ein ***Netz*** gelegt und von anderen ein Stück weit getragen: Solch ein Netz kann auffangen, wenn wir in der Zirkuskuppel unserer Welt einmal abstürzen. Dazu brauchen wir aber Menschen, die das Netz halten: das Netz der Familie, das soziale Netz des Staates, das Netz einer Freundschaft ... Das Netz ist „nach oben offen“: Die Liebe Gottes ist uns auch dann versprochen, wenn Menschen uns fallen lassen. Die Gemeinschaft der Kirche sollte ein Netz sein, wo das immer zu spüren ist; einer allein kann ja so ein Netz nicht halten.

b) Zur Berufung der Apostel. –
In einer katholischen Kirche gibt es nicht nur vorne das große Kreuz, sondern auch noch zwölf andere kleine an den Säulen oder in die Wand eingelassene. Daneben befinden sich Kerzen, die an besonderen Feiertagen brennen: die ***Apostelkerzen***. Die zwölf Apostel haben damals die Netze ausgeworfen; heute liegt diese Aufgabe in den Händen der Bischöfe und aller, die zu Menschenfischern berufen sind. Ich habe hier Symbole, die jetzt an die Apostelkerzen gehängt werden und die ihr zuerst richtig zuordnen sollt: Schlüssel (= Petrus), Andreaskreuz (= Andreas), Kreuzstab (= Philippus), Messer (= Bartholomäus), Winkelmaß (= Thomas), Hellebarde (= Matthäus), Fahne/Walkerstange (= Jakobus d. Jüngere), Säge (= Simon), Keule (= Thaddäus), Beil (= Matthias), Schwert (= Paulus; er wurde den Aposteln zugezählt), Reisestab/Pilgermuschel (= Jakobus d. Ältere), Giftbecher/Schlange (= Johannes).

4. Sonntag im Jahreskreis

1. Symbolpredigt zur zweiten Lesung: 1 Kor 1,26–31

Das Niedrige hat Gott erwählt. –
Ein ***Besen*** steht an den Altar oder Ambo gelehnt als Zeichen des Dienens. Der Dien-Mut, die Demut, ist nicht mehr gefragt; jeder will

„king“ sein. Doch der Wortstamm „Mut zum Dienen“ kann aufhorchen lassen. Es geht nicht um eine unterwürfige Haltung, um eine Moral für Sklaven, sondern um Einsatz! Personen wie Mutter Teresa … haben gezeigt, wie auch eine egoistische Welt vor dieser Haltung den Hut zieht. (Nach „Frisch A“)

2. Symbolpredigten zum Evangelium: Mt 5,1–12a

Von den Seligpreisungen. –

a) Für jedes Kind einen ***Schmetterling*** zum Anstecken (Spielzeuggroßhandel!). Jeder Mensch hat Sehnsucht/Durst nach Unbeschwertheit, Glück und Freude in Fülle. Aber wie eine Asphaltschicht können tägliche Sorgen, Krankheit, Lärm, Hetze, Freizeitstress … darüber liegen. Wenn ich einer Raupe auf ihren Stummelfüßen erzähle, was Gott uns eigentlich zugedacht hat, dann hält sie mich für einen Spinner, der sie nur vom Fressen abhält. Einem das Schmetterlingshafte zu vermitteln, der geschäftig am Boden kriecht, ohne die Augen zu erheben, das fällt schwer. Heute zeigt uns Jesus auf, was auf uns wartet, und das sollte uns jetzt schon die Flügel der Seele heben. (Nach Marianne Pichlmann)

b) Das ***Malteserkreuz*** mit seinen acht Spitzen, die auf die acht Seligpreisungen hinweisen (ursprünglich die acht verschiedenen „Landsmannschaften“, die sich als Johanniter und Malteser noch heute für Kranke und Behinderte einsetzen). – Auf die vergrößerten Spitzen werden die Seligkeiten aufgeheftet und kurz umschrieben: Sich arm vor Gott wissen; trösten; gewaltlos leben; gerecht sein; barmherzig sein; ein reines Herz haben; Frieden stiften; Jesus bekennen. – Das Zeugnis für die Bergpredigt ist mehr denn je gefragt. (Noch kürzere Aufschriften: arm, trösten, gewaltlos, gerecht, barmherzig, rein, Frieden stiftend, verfolgt.)

c) Zu Mt 5,4: „Selig die Trauernden“ mit einem ***Clown*** (zur Fastnachtszeit!).
In die Schule des Clowns gehen, um diese Seligpreisung besser zu verstehen: Dem Clown passt seine Kleidung überhaupt nicht: Manches ist zu groß, manches zu klein; aber dennoch lächelt er. Er fällt oft hin, steht aber immer wieder auf und hat zuletzt die Lacher auf seiner Seite. Er kennt die Traurigkeit, verzweifelt aber nie. (Ausführlicher in „9 x 10“, Nr. 14)

d) Es werden ***Persönlichkeiten*** kurz skizziert, die einzelne Seligpreisungen exemplarisch gelebt haben: Martin Luther King, Charles de

Foucauld, Janusz Korczak, Friedrich Joseph Haass (= der hl. Doktor von Moskau), Abbé Pierre, P. Damian Deveuster ...

3. Symbolgeschichten

a) Die Spielregeln Jesu. – Spielverderber können das Leben zur Hölle machen. Wie die Menschen mit den langen ***Löffeln*** in der Vision von der Hölle, wo sie unter eisigem Schweigen nur den eigenen Bauch mit den köstlichen Speisen (= Hunger nach Liebe) vollschlagen wollen (eventuell spielen einige Kinder das vor). Umgekehrt das harmonische Zusammenspiel, das an Himmel erinnert: Die Vorbedingungen der langen Löffel mit den köstlichen Speisen sind gleich, aber hier füttert jeder sein Gegenüber! Das gelingt! Die Spielregeln Jesu zeigen den Weg zum Himmel. (Nach Werner Heckmann, D-48369 Saerbeck)
b) Ein Junge sieht sich im Traum an der ***Krippe*** und hat kein Geschenk! Das Jesuskind erbittet drei Dinge: den letzten Aufsatz, unter dem „ungenügend“ steht; die Bruchstücke des Milchbechers, den er absichtlich zerbrochen hat, und die Lüge der Mutter gegenüber, dass ihm der Becher aus der Hand gerutscht sei. Dieser Jesus, der unser „Ungenügend“, unsere Scherben und Lügen annimmt, verspricht uns heute Trost, Barmherzigkeit und den Armen mit leeren Händen eine große Zukunft. (Nach Johann Grabenmeier)

5. Sonntag im Jahreskreis

1. Symbolgeschichte zur ersten Lesung: Jes 58,7–10

Ein Licht anzünden. –
Wer einen anderen satt macht, lässt im Dunkel ein Licht aufgehen. – Der Tippelbruder Alfons, abgerissen wie die meisten anderen von ihnen, trug auf der linken Hand eine Zahlenreihe, eine ***Telefonnummer***. Wenn er so „getankt“ hatte, dass er nicht mehr richtig sprechen konnte, war es ihm aber immer noch möglich, die Zahl zu zeigen. Am anderen Ende meldete sich dann ein Pfarrer, „sein“ Pfarrer. Das war eine todsichere Adresse. Einmal sagte Alfons – und darin spiegelte sich sein ganzes Vertrauen: Solange diese Nummer nicht verloren

geht, bin ich nicht verloren." Licht des Vertrauens in so viel Dunkelheit!

2. Symbolgeschichten zum Evangelium: Mt 5,13–16

Salz und Licht der Welt. –

a) *Zu Mt 5,13:* Ihr seid das Salz der Erde. – ***Salz*** ist in der Regel kaum sichtbar, kann aber geschmeckt werden (kosten lassen an je einem Glas Wasser mit und ohne Salz). Salz ist für alle Lebewesen lebenswichtig (Salzsteine fürs Vieh) und sehr kostbar (Salzstraßen, auf denen das „weiße Gold" transportiert wurde). Das hatte ein König nicht erfasst, als er seiner jüngsten Tochter die Liebeserklärung „Ich liebe dich wie das Salz" übel nahm und sie vom Hof verbannte. Jahre später setzte sie ihm als Gast ungesalzene Speisen vor, die er mit den Worten verschmähte: „Salz ist das notwendigste Gewürz, und wo es fehlt, fehlt alles." Da gab sie sich zu erkennen und deutete ihm das Salz von damals. – Jesus möchte, dass wir Salz in der „Suppe der Gesellschaft" sind: dem Gemeinschaftsleben die richtige Würze schenken; Eis zwischen den Fronten zum Schmelzen bringen und vor Fäulnis schützen (Bedeutung der salzigen Weltmeere für die Kontinente).

b) *Zu Mt 5,14–16:* Licht der Welt sein. – Für jeden (oder nur für die Kinder?) eine ***Spiegelscherbe***. Eine starke Lichtquelle kann ich mit einer Spiegelscherbe überallhin lenken, auch in Ecken, die diese Lampe nicht erreicht. Jeder von uns ist ein Bruchstück aus dem Spiegel der Menschheit; jeder sollte das „Licht aus der Höhe" weiterspiegeln in die „dunklen Ecken" der Erde. Heilige und heiligmäßige Personen haben uns das vorgemacht (Namen nennen!).

c) *Zu Mt 5,14–16:* Wie eine ***Sonnenblume***. – Junge Sonnenblumen richten ihr „Gesicht" den ganzen Tag über nach der Sonne, die den guten und bösen Menschen gleicherweise leuchtet. Dabei fallen die Schatten (= Schuld, Versagen) hinter sie. Schließlich gibt sie den reifen Samen ab. – Eine Legende erzählt von einer Frau, auf deren Gesicht ständig ein Leuchten lag. Seltsamerweise war sie in der Mittagszeit immer für eine Stunde verschwunden. Misstrauische Menschen folgten ihr heimlich und beobachteten, wie sie auf einem kleinen Felsvorsprung ihre Hände der Sonne entgegenstreckte und mit ihren nackten Füßen den Fels berührte. Bald vollzog sich das Wunder einer Verwandlung: Ihre Arme verwandelten sich in sattgrüne Blätter, ihr Gesicht leuchtete wie eine

Sonnenblume und ihre Füße schlugen Wurzeln – bis schließlich aus ihrem geneigten Kopf Körner fielen, die sie aufhob, und verschwand. Die Neider taten ihr alles nach – vergeblich! Sie verstanden nicht, dass man dabei das Herz öffnen und die Sonne lieben muss, damit das Wunder geschieht. (Nach Marianne Pichlmann)
Wenn Christen Licht sein wollen, dann müssen sie zuerst die „Sonne der Gerechtigkeit“ (GL 644) lieben und ihre Herzen öffnen, um Licht weitergeben zu können.

3. Symbolpredigt zum Evangelium

Eine ***Kerze*** spricht. – Siehe in diesem Buch: 2. Sonntag nach Weihnachten, Lesejahr C, b, Seite 181f.

4. Symbolgeschichten zum Thema „Licht der Welt“

a) Jeder ist wichtig. – Der amerikanische Evangelist Billy Graham ließ vor Jahren im Berliner Olympiastadion alle Lampen löschen und bat alle, jetzt auf ein gemeinsames Zeichen hin ein ***Streichholz*** oder Feuerzeug zu entzünden: Für einen Augenblick war das Stadion in helles Licht getaucht.
b) Der arbeitslose Zeitungsredakteur und der Zuspruch seiner Kinder. Siehe Fest der Hl. Familie, Lesejahr A, 3. b) Symbolgeschichten, Seite 21f.
c) Nicht Waffen vertrieben 1989 bei der „Wende“ die Ideologen, die bis an die Zähne bewaffnet waren, sondern Tausende „wehrlose“ Kerzen und die Gebete vieler gläubiger Menschen.

6. Sonntag im Jahreskreis

1. Symbolpredigten zum Evangelium: Mt 5,21–26

Versöhne dich zuerst. –
a) Auf einen ***Schuldschein*** (= wer bei einer Bank Geld leiht, muss einen Schuldschein unterschreiben) schreiben die Kinder, wo sie schuldig geworden sind, z.B. haben sie dem Geschwisterkind nicht

verziehen; mit dem Gegner keinen Frieden geschlossen; mit der Hand fremdes Eigentum zerstört oder genommen … Schreib auch Namen von denen auf, die dir etwas schulden … Jeder von uns ist schuldig, auch die Erwachsenen, auch unsere Namen stehen auf Schuldscheinen. Sind wir bereit, uns zu versöhnen, wie Jesus das von uns im Evangelium verlangt, dann verzeiht er uns, und wir dürfen die Schuldscheine verbrennen *(alle legen sie in eine Schale; eine kleine Kerze am Licht der* ***Osterkerze*** *entzünden und die Schuldscheine verbrennen).*
Nun hat Gott uns die Schuld vergeben. Im Vaterunser heißt es: … wie auch wir vergeben *unseren* Schuldigern (= Schuldnern). Daher geben wir uns jetzt den Friedensgruß als äußeres Zeichen unseres Gesinnungswandels.

b) Auf ein Stück Stacheldraht ist eine große Wattekugel geheftet, auf die ein sehr grantiges Gesicht gemalt wurde. So ein ***Drahtwurm*** nagt in unserem Herzen, wenn uns etwas ärgert und „wurmt", auf die Nerven geht oder wütend macht und wir unversöhnt weiterleben. Das kostet viel mehr Energie als eine Versöhnung! Ein versöhntes Herz lässt in Liebe leben, Brücken schlagen, Wunden schließen. Darum bekommen alle ein kleines ***Herz*** (preiswert im Großhandel), um uns an die Aufforderung Christi zu erinnern.

c) *Zu Mt 5,37:* Euer Ja sei ein Ja. – In einer Schale knistert ein ***Feuer*** (= Bedeutung hier auf Tod und Vernichtung eingeengt); daneben plätschert ein ***Zimmer-Springbrunnen*** (= Symbol für Leben). Unsere Notlügen, ja Lebenslügen und falschen Kompromisse stören das Miteinander, gehören verbrannt, damit das Leben spendende ***Wasser*** wieder die Wurzeln des Herzens erreichen kann. Weitere Beispiele nennen oder spielen. Als Christ eindeutiger sprechen und leben schenkt der Seele und dem Geist Gesundheit. (Nach „Frisch A")

2. Symbolgeschichten zum Thema „Versöhnung"

a) Arthur Miller (amerikanischer Dramatiker 1915–1985) in einem Theaterstück: „Ich träumte, mein Leben war ein Kind von mir. Aber es war mongoloid und ich lief weg. Aber es kroch immer wieder auf meinen Schoß. Es zog an meinen Kleidern. Bis ich dachte: Wenn ich es küssen kann, kann ich vielleicht schlafen. Und ich beugte mein Gesicht über das entstellte Gesicht – es war grauenhaft – aber ich küsste es."

Es gibt auch in unserem Leben Lasten und ***Scherben***, die ich nicht abschütteln kann, und wenn ich sie bekämpfe, bekämpfe ich mich im Grunde nur selber. Es gibt nur eines: Das eigene Leben, wie es ist, in die Arme nehmen und „küssen". Als Christen können wir das leichter, weil Christus uns so annimmt, wie wir sind. Er nimmt uns liebevoll in die Arme und küsst uns. (Vgl. auch „Kurzg. 2", Nr. 168: Der Mann, der vor der Schlange [= seinem unabwendbaren Schicksal] fliehen wollte.)

b) Der Mann hasste die Fabrik, in der er arbeitete, und hatte deshalb eine Bretterwand gebaut, um sie in seiner Freizeit nicht sehen zu müssen. Er hasste die Akkordprämien und den Meister ... Dann wurde er krank, nach 40 Jahren Arbeit und Hass zum ersten Mal krank. Er sah auf seinen Garten hinaus und die Bretterwand. Es war ihm langweilig. Er ließ schließlich zwei Bretter aus dieser verdammten Wand herausnehmen, dann immer weitere, bis er wieder alles beobachten konnte: das Spiel des Rauches über dem Schlot, das Ein und Aus der Menschen und Autos. Schließlich entspannte ein Lächeln die Züge des Kranken und er starb versöhnt nach einigen Tagen. (Verkürzt nach Kurt Marti)

7. Sonntag im Jahreskreis

1. Eine symbolische Szene zum Evangelium: Mt 5,38–48

Liebt eure Feinde! (zur Fastnachtszeit). –
Ein ***Clown*** mit roter Nase kommt durch die Kirche und neckt hier und da einen. Einer lässt sich das nicht gefallen, stürmt ihm nach, gibt ihm eine Ohrfeige und geht in Kampfhaltung. Aber der Clown zeigt bloß lächelnd auf seine Wange und bleibt so stehen, selbst während der Beschimpfungen durch den anderen. Verblüfft setzt der Streithahn sich hin: „Damit habe ich nicht gerechnet. Ich dachte, der schlägt zurück!" (Nach „Dinzinger A")
Wählen wir den Weg der Gewaltlosigkeit, sind wir manchmal „Narren" um Christi willen. Jesus ging diesen Weg, z.B. in seiner Haltung vor Pilatus, und war so der Stärkere. (Gewaltlosigkeit ist oft aktive Friedenshaltung: Begann Gandhi als Protest einen Hungerstreik, zitterten die britischen Kolonialisten mehr davor, als wenn er zu den Gewehren aufgerufen hätte. Ähnlich Martin Luther King.)

2. Symbolgeschichten zum Evangelium

Gewaltlosigkeit. –

a) Eine ***Schlange*** war so hinterhältig und gefährlich, dass sich kaum noch jemand auf die Felder wagte. Einem Meister im Rufe der Heiligkeit gelang es, die Schlange zur Gewaltlosigkeit zu überreden. Aber jetzt traktierten die Dorfbewohner das harmlos gewordene Tier, das sich schließlich beim Meister beklagte. Der sagte: „Du jagst den Menschen keine Achtung mehr ein. Ich habe dir gesagt, du solltest aufhören zu beißen, aber nicht zu züngeln und zu zischen." (Nach Anthony de Mello)
Wir kennen das Zeichen der positiven Schlange bei Ärzten und an Apotheken. Auch die kupferne Schlange, die Mose errichtete, heilte jeden vom tödlichen Gift, wenn er sie anblickte. „Zischen und züngeln" könnte heißen: aktiv einen Friedensprozess voranzutreiben durch Solidarisieren, Gespräche mit dem Gegner, Demonstrieren, Aktionen …

b) Die neue Fabrik mit ihren Abwässern ließ die Fische im Fluss eingehen; die südamerikanischen Fischer und ihre Familien standen ratlos da. Dom Helder Camara, ihr Bischof, ging zum Direktor und drohte einen Protestmarsch zur Fabrik an, wenn keine Kläranlage gebaut würde. „Protestmärsche sind verboten", war seine lakonische Antwort. Prozessionen aber waren nicht verboten. Am nächsten Tag zogen Hunderte Familien mit toten Fischen hinter einem Holzkreuz her. Die Fischer wollten die Fabrik stürmen, obwohl Polizei mit Maschinenpistolen zur Bewachung aufgezogen waren. Dom Helder warnte: „Das gibt nur Tote und neues Unrecht. Wir kommen jeden Tag wieder!" Die Zeitungen berichteten davon im ganzen Land. Die Menschen waren über den Fabrikdirektor empört. Dom Helder konnte verhandeln und die Kläranlage wurde gebaut.

8. Sonntag im Jahreskreis

1. Symbolpredigt zum Evangelium: Mt 6,24–34

Sorgt euch um das Reich Gottes. –
Ein Porträt von ***Franziskus*** wird ausgebreitet, der beispielhaft dem Mammon abschwor und die Kirchengebäude zunächst äußerlich und

seit seinem Armutsideal dann entscheidend innerlich aufbaute. Auf den Sonnengesang näher eingehen, der sein positives Verhältnis zur Natur aufzeigt (GL 285); auch eine Begebenheit belegt dies: Ein blauviolett schimmernder Käfer mühte sich, aus einer tiefen Wagenspur nach oben zu klettern. Schließlich rutschte er wieder ab und lag jetzt hilflos mit zappelnden Beinchen auf dem Rücken. „Ach, lass doch den Mistkäfer!“, meinte ein Schäfer. Doch der Heilige bückte sich, drehte ihn um und sagte: „Er wäre nie wieder hochgekommen und im Sand elend verendet. Er ist ein Geschöpf Gottes!“ Und Franziskus setzte ihn liebevoll in einen blühenden Thymianbusch.

2. Symbolgeschichte zum Evangelium: Mt 6,26–34

Seht euch die Vögel des Himmels an. – Eine Geschichte erzählt von einem Spatz, der einen Psychiater aufsuchte: „Ich bin sehr unglücklich“, sagte der Spatz, „der Umzug vom Land in die Stadt war noch zu verkraften, auch dort konnte ich frei umherfliegen und meine Lieder singen; doch jetzt habe ich eine Spätzin gefunden, die ich sehr liebe, die mir aber den ganzen Tag in den Ohren liegt, ein großes Nest für alle Zukunft zu bauen, womöglich mit Aussichtsterrasse. Sie sagt, ich lebe zu sehr in den Tag hinein!“ Der Professor überlegte und meinte dann verlegen: „Ich kann Ihnen nicht helfen, weil ich Sie beneide – um die Art, wie Sie bisher gelebt haben. Ich kenne genug, die ein Nest für alle Zukunft gebaut haben und das Lachen und Singen darüber verlernt haben. Sie schauen auch nicht mehr über den Rand ihres Nestes hinaus, um die schöne Welt anzusehen, und werden auch böse, wenn ihre Kinder neugierig auf dem Rand sitzen und Anstalten machen, davonzufliegen. Also ich beneide Ihren Mut zur äußeren Unsicherheit, aber zur inneren Freude. Wenn Sie mich fragen: Bleiben Sie so und sagen Sie Ihrer Spätzin, sie könne von Ihnen lernen.“ (Verkürzt nach Wolfgang Heiß/Elisabeth Ifsits)
Was bringt all unsere Angst vor dem morgigen Tag? Sorge nicht nur, sondern vertraue dich mehr dem an, der um unsere Nöte weiß.

9. Sonntag im Jahreskreis

1. Symbolpredigt zur ersten Lesung: Dtn 11,18.26–28.32

Meine Worte sollen zum Schmuck auf eurer Stirn werden. –
Im Altertum wurde Sklaven manchmal ein Erkennungszeichen auf die Stirn eingebrannt. In Äthiopien lassen sich manche Christen ein Kreuz auf die Stirn tätowieren. Die Salbung der Stirn bei Taufe und Firmung sowie das Aschenkreuz sagen Wesentliches über unseren Glauben aus. Wenn noch Fastnacht andauert, können sich die Kinder gegenseitig in Fingerfarbe ein Kreuz auf die Stirn malen. (Nach „Frisch A")
Der jüdische Brauch, sich ein Kärtchen mit Gesetzesworten auf die Stirn zu binden, erfüllt das Wort der Lesung. So wird verdeutlicht, wer Herr des Lebens sein soll. Wir haben ein Bambusröllchen an einer Seite mit Heißkleber verschlossen und wichtige Verse aus der Bibel (z.B. Dtn 6,4–9 oder Mt 22,34–40) gerollt hineingesteckt. Solch eine ***Mesusa*** (so heißt die Kapsel am rechten Türpfosten eines jüdischen Hauseinganges, die ein Jude beim Betreten immer berührt) trugen die Jugendlichen eine Zeit lang um den Hals (mit einem Feinbohrer am offenen Ende des Bambusröhrchens zwei Löcher bohren und einen entsprechenden Faden oder ein Lederriemchen hindurchziehen), um sich zu erinnern.

2. Symbolpredigt zum Evangelium: Mt 7, 21–27

Auf Fels bauen. –
(L. stellt das Modell einer Kirche auf ein Fundament [= Felsplatte].)
Wenn eine Kirche – wie jedes Bauwerk – ***ein*** gutes ***Fundament*** hat, ist sie kaum einsturzgefährdet, andernfalls zeigen Risse die wachsende Gefahr an. Das Fundament der Kirche ist Christus, und Petrus, der Fels, wurde zu seinem Nachfolger. An den Säulen erblicken wir die zwölf Apostelkerzen. Die Bischöfe als Nachfolger der Apostel sorgen dafür, dass die Kirche nicht einstürzt. Wer an der Kirche „oben" oder „unten" ausschließlich Kritik übt, schaue jetzt einmal ins Gewölbe und denke sich den Stein, der er selbst ist. Wenn nur *ein* Stein dort oben fehlt, regnet es hinein und der Schaden ist groß.

3. Symbolgeschichte zum Evangelium: Mt 7,21–27

Sein Haus auf Fels bauen. –
Nach jahrelanger Mühe und Arbeit hatte ein Mann sein Haus fertig gebaut. Ein Neider sagte zu ihm: „Wie kannst du in so unruhigen Zeiten noch ein Haus bauen? Meinst du, uns könne nicht ein schweres Erdbeben treffen oder eine Flut, die dein Haus von den Grundmauern her aufschwemmt?" Der Mann entgegnete: „Ich habe mein Haus auf gutem Grund gebaut."
„Bist du dir sicher", begann der andere wieder, „dass eine Feuersbrunst oder Explosion nicht diese ganze Straßenzeile einäschern könnte?"
„Ich habe es auf gutem Grund gebaut", meinte der Mann wieder.
„Aber es kann doch auch bei uns wieder ein Krieg kommen; wer hätte das im Kosovo noch für möglich gehalten, von Atomraketen mal ganz abgesehen!?" „Ich habe mein Haus auf gutem Grund gebaut", erwiderte der Mann stoisch und mit einem Lächeln fügte er hinzu: „Auf Gottvertrauen!" (Verkürzt nach Jo Hanns Rösler)
Auf solch einen guten Grund, auf Fels, ist auch die Kirche gebaut.

10. Sonntag im Jahreskreis

Symbolpredigten zum Evangelium: Mt 9,9–13

Außenseiter. –

a) Ein ***„Wohnsitzloser"*** liegt im Eingangsbereich des Haupteinganges der Kirche. Hand aufs Herz: Wie haben wir reagiert? Befremdet, Anteil nehmend, empört? – Zunächst die Vorurteile ablegen: Über eine Million Wohnsitzlose oder Berber sind allein in Deutschland unterwegs; 60 bis 65 Prozent der sozial Schwachen kamen nicht aus eigener Schuld in diese Situation. Der Teufelskreis ist schlimm: Arbeiten darf, wer eine Wohnung vorweist. Womit aber die teure Wohnung bezahlen, wenn er/sie keine Arbeit hat? – Lernen wir, diesen Menschen im Geist Christi zu begegnen! Es sind Menschen mit Gefühlen wie wir, die Anerkennung suchen wie wir. Als „unerwünscht" behandelt zu werden, ist mit das Schlimmste, das einen Menschen treffen kann. Jesus aß nicht nur mit Außenseitern, er machte Matthäus sogar zum Mitarbeiter!

b) Ein ***schwarzes Schaf*** steht vor dem Altar (von weißen umgeben oder ausgegrenzt). Schwarze Schafe gibt es auch unter uns Menschen: Kinder, die etwas angestellt haben; Verwandte, die unangenehm auffallen; Menschen, die ausgegrenzt werden und dann oft erst recht „zuschlagen". Jesus nennen wir den Guten Hirten, der sich um schwarze Schafe kümmerte; seinen Jüngern sogar in Matthäus eins vor die Nase setzte – und die werden sicherlich zuerst die Nase gerümpft haben. Wenn Gott alle Menschen liebt, dann auch die, die keiner mag. Jesus hat das klar gezeigt (so auch bei Zachäus [Lk 19,1–10] und der Ehebrecherin [Joh 8,3–11] ...).

c) Ein ***Lebenspuzzle*** aus ca. 20 Teilen wird langsam aufgelegt: Wenn Vater (*auflegen*) und Mutter *(auflegen)* sich gut verstehen, entsteht eine Familie, die zusammenhält. Da fühlt sich jeder geborgen, besonders die Kinder *(auflegen)*. Dazu kommt eine gute Ausbildung *(auflegen)*, der Freundeskreis *(auflegen)* wächst; ein Partner *(auflegen)* wird gefunden; ein Kind *(auflegen)* wird geboren ... Ein Musterbeispiel.
Für viele ist das Lebenspuzzle allerdings ein einziger Scherbenhaufen *(L. kippt das fast fertige Puzzle um und beginnt einen Neuaufbau: viele Lücken lassen, grob aneinander legen)*: Vater und Mutter geschieden; Familie zerstritten; von Geborgenheit keine Spur; Schulausbildung ziemlich schief; mit Arbeit läuft wenig. Eine Freundin/ein Freund als Lichtblick – und schon wird ein Kind geboren. Das Geld reicht nicht. Täglich Ärger. Gedanke an endgültige Trennung. Kind hin und her geschoben. Ergebnis: Mehr Lücken als Erfüllung. Verzweifeln und alles wegwerfen?
Jesus sagt: Es stimmt; vieles fehlt. Doch keiner besteht nur aus Fehlern. Manches lässt sich gerade richten. Schau nicht auf die Löcher. Entdecke deine Stärken. Bring alles Schiefe nach Möglichkeit in Ordnung *(jetzt ein wenig Ordnung ins Puzzle bringen)*.
Jesus macht Mut, wenn wir den Fall Matthäus betrachten: Es gibt erfülltes Leben – trotz unerfüllter Wünsche. Und wir können dabei helfen. (Nach Gerhard Vidal)

11. Sonntag im Jahreskreis

1. Symbolpredigten zur ersten Lesung: Ex 19,2–6a

Ich habe euch auf Adlerflügeln getragen. –

a) Wir singen oft (GL 258,2): „ … der dich auf Adelers Fittichen sicher geführet“. Dahinter steckt die Beobachtung, wie manchmal junge ***Adler*** fliegen lernen. Sobald sie flügge sind, werden sie von den Alten aus dem Nest geworfen. Drohen sie aber abzustürzen, fliegt ein Elternteil wie ein Flugzeugträger unter sein Junges, fängt es auf seinen Flügeln auf und trägt es ins Nest zurück. Ein wunderschönes Gleichnis für unser Leben mit Gott: Irgendwann fühlen wir uns durch einen Schicksalsschlag wie aus dem Nest gestoßen und drohen abzustürzen. Wer eine Antenne für Gott hat, kann sich jetzt für Augenblicke von ihm tragen lassen, um dann mit eigener Kraft ein Stück weiterzufliegen.

b) Es gibt ein sehr zutreffendes modernes Symbol für dieses Getragensein: Im ***Paragleiter*** hängt der Mensch an 70 bis 120 Leinenfäden und schwebt langsam ins Tal. Sollten ein paar Leinen reißen, verliert der Gleiter seine aerodynamische Form und stürzt in Korkenzieherbahn ab. Deshalb trägt der Pilot noch einen Fallschirm bei sich, genannt „the second chance“; im Notfall muss er diesen weit hinausschleudern, um sich nicht im Gleitsegel zu verheddern. – Die Leinenfäden können auf unsere Beziehungsfäden gedeutet werden, wie Familie, Freunde, auch das Gottvertrauen. Der Fallschirm, der mich bei einem eventuellen Absturz noch retten kann, ist die Liebe, die eines Menschen, aber auch die verzeihende Liebe Gottes. Zu Lebzeiten habe ich immer diese „second chance“, diese zweite Chance. (Nach F. und K. Manges)

2. Symbolpredigt zum Evangelium: Mt 9,36–10,8

Jesus bietet den erschöpften Schafen die Jünger als Hirten an. –
Dieses ***Chrisamöl*** zeigt die große Berufung: Einem Priester werden bei seiner Weihe die inneren Handflächen mit Chrisam gesalbt, um ihn für seine Aufgabe zu stärken. Bei der Taufe und Firmung erhalten *wir* die Salbung auf die Stirn. Es ist ein unauslöschliches Siegel, das uns mit Christus, dem Gesalbten, verbindet und dazu beruft, den Acker Gottes mit zu bestellen: zu segnen, zu lehren, zu trösten, zu begleiten.

12. Sonntag im Jahreskreis

Symbolpredigten zum Evangelium: Mt 10,26–33

Fürchtet euch nicht! –

a) Wir alle kennen die Angst; selbst Jesus durchlitt sie am Ölberg. Ein Kleinkind hält sich am Kuscheltuch oder -tier fest, versteckt sich unter der Bettdecke oder hinter dem Bein der Eltern. Es ist gut, dass da jemand ist. Jesus sagt den ängstlichen Jüngern: Gott ist euch nahe. Er kennt euch so gut, dass er die Anzahl eurer Haare auf dem Kopf nennen kann. Er hält uns in seiner großen Hand. Jetzt eine Postkarte verteilen oder Zeichnung zeigen, die einen ***Vogel geborgen in einer Hand*** zeigt: So geborgen brauchen wir uns nicht zu fürchten. (Nach „Dinzinger A")
   Zum Beispiel Karte Nr. 24 3521 von Fotokunst Groh, D-82237 Wörthsee mit der Aufschrift:
   „Du kannst nicht tiefer fallen als nur in Gottes Hand,
   die er zum Heil uns allen barmherzig ausgespannt.
   Wir sind von Gott umgeben, auch hier in Raum und Zeit,
   und werden sein und leben in Gott in Ewigkeit." (Arno Pötsch)
   oder Postkarte Nr. 45 256 bei Johannis, D-77922 Lahr, mit der Aufschrift: „Jeder Mensch steht auf dem Wunschzettel Gottes". (Bärbel Wilde)

b) Wer sich vor den Menschen zu mir bekennt. – Verschiedenfarbige ***Flaggen*** werden gezeigt: Diese *blaue* Flagge kann für den Glauben oder das Vertrauen auf Gott stehen. Wenn ich Gott im Rücken weiß, halte ich es aus, belächelt zu werden, dass mein Gegenüber eine in der Diskussion geübte Zunge hat oder mich Nachteile an meinem Arbeitsplatz erwarten. – Diese *gelbweiße* Flagge kann für die Kirche stehen. Reicht es zu sagen: „Ich bin Christ?" Muss ich nicht auch breite Schultern zeigen für „Selbsttore" der Kirche ganz oben und bei uns in der Kirchengemeinde?
   Diese *violette* Flagge soll für alle stehen, die heutzutage wegen ihres Glaubens verfolgt werden. Noch nie gab es in der Geschichte der Kirche so viele Märtyrer wie in unseren Tagen. Sie zeigten „Flagge" – wie einst Jesus, der auch verhaftet, gefoltert und qualvoll umgebracht wurde. –
   Diese *grüne* Flagge steht für die unerschütterliche Hoffnung, dass Gott das letzte Wort spricht, aber auch als Zeichen der Hoffnung für alle, die sich im Leben vor dem Tod allein gelassen fühlen. (Nach Ulrike Fell)

c) Einen Autoschlüssel mit einer ***Christophorusplakette*** zeigen. Es sind vielleicht die Kleinigkeiten, die andere überzeugen! Die Abbildung des Christophorus in meinem Auto sagt einem Gläubigen ohne Worte: Der/die weiß sich im Schutz des hl. Christophorus als dem verlängerten Arm Gottes. Oder der aufgeklebte ***Fisch*** auf meinem Auto drückt aus: Ich bin ein Christ. Das ***Aschenkreuz*** auf meiner Stirn ist auch eine Art Glaubensbekenntnis: Am „Asche zu Asche" komme ich nicht vorbei, doch das Kreuz ist stärker als der Tod. Das Kreuz an der Wohnzimmerwand, das Kreuzchen auf der Stirn des Kindes, das die Wohnung verlässt, alles kleine Zeichen, dass ich meinen Glauben bekenne und lebendig erhalte.
d) ***Menschen mit Bekennermut*** werden porträtiert: Dietrich Bonhoeffer, Kardinal von Galen, Thomas Morus, Edith Stein …

13. Sonntag im Jahreskreis

1. Symbolpredigt zur zweiten Lesung: Röm 6,3–4.8–11

Begraben und auferweckt zum neuen Leben. –
Taufe heißt also: Gott reißt uns in Jesus aus den todbringenden „Wassern". In den ersten Jahrhunderten war es undenkbar, bei der Taufe nicht im Wasser untergetaucht zu werden. (Daher lehnen Orthodoxe oft unsere kümmerliche Form des Wassergießens über den Kopf als ungültig für eine Taufe ab.) Das Auftauchen war dann das Auferstehen in Christus, ein Neuanfang. In der Legende von ***Christophorus*** wird das besonders gut versinnbildlicht. Das Kind auf den Schultern von Phorus wird immer schwerer und drückt ihn in die todbringenden Wasser. Nach der Taufe taucht er als neuer Mensch mit einem neuen Namen wieder auf: Christophorus. – Untergetaucht nach der Geburt wird der Mensch übrigens in allen Religionen.

2. Symbolpredigt zum Evangelium

a) *Zu Mt 10,37–39:* Wer sein Leben gewinnen will (mit Geschichte). – Für alle eine ***Glaskugel*** (= Murmel), die uns an folgende Geschichte erinnern soll: Ein Mann warf einem Kind die Kugeln des Lebens zu: „Freude", „Arbeit", „Friede", „Leid" … Nur im Flug

glänzten die Kugeln hell und das Kind sollte die zugeworfene Kugel sofort wieder zurückwerfen, weil das Leben nur im Geben und Nehmen gelingt. Doch das Kind wollte die schönste Kugel festhalten. Da zerbrach sie. Das Kind schnitt sich und blutete. Auch die folgenden Kugeln gingen in Scherben, weil sie nicht aufgefangen wurden. Der Mann aber trug die Scherben weg und jede Wunde, die er dabei bekam, heilte eine Wunde des Kindes. Dann begriff das Kind: Die Kugeln flogen hin und her – das Spiel war sehr gut. (Vgl. „Kurzg. 3", Nr. 177)
Jesus sagt: Wer sein Leben verliert (= hingibt, weitergibt), der wird es gewinnen. Auch im Leid die Kugel zurückwerfen, damit ich offene Hände für die nächste Chance habe. (Nach Marianne Pichlmann)

b) *Zu Mt 10,38:* Nachfolge. – Eine kindergroße ***Holzfigur*** von Jesus. Für das Gesicht ist im Kopf ein Loch gelassen. Das eine oder andere Kind kann seinen Kopf in die Öffnung halten: „Jetzt siehst du Jesus ähnlich." Zuerst wird eine prächtige Krone darüber gehalten, dann eine Dornenkrone: Wieder werden wir Jesus ähnlich, wenn wir uns in guten und in bösen Tagen an ihn erinnern. Die Kinder erhalten einen Stempel in Form eines Kreuzes = Ich bin bereit, Jesus nachzufolgen. Seit der Taufe tragen wir diesen unsichtbaren Stempel. (Pfarrei St. Martinus, D-50171 Kerpen)

3. Symbolgeschichten zum Evangelium: Mt 10,37–42

Von der Nachfolge. –

a) *Zu Mt 10,38:* Wer sein ***Kreuz*** nicht auf sich nimmt. – Eine Legende erzählt von Menschen, die alle ein Kreuz tragen. Einem ist es zu schwer und er sägt kurzerhand ein Stück ab. Aber genau dieses Stück fehlt, um das Kreuz als Steg über den letzten Abgrund zu legen. („Kurzg. 1", Nr. 47)
b) *Zu Mt 10,39:* Wer sein Leben gewinnen will, wird es verlieren … – Der herrliche ***Bambus*** wurde erst zum großen Segen, als er gebrochen und zerschlagen als Rinne das Wasser in die trockenen Felder leitete. („Kurzg. 1", Nr. 49)
c) *Zu Mt 10,40–42:* Wer euch aufnimmt, der nimmt mich auf. – Einer alten Frau hatte Gott versprochen, sie heute zu besuchen. Wie gründlich und sorgfältig sie alles herrichtete! Als es dann klopfte, stand ein Bettler vor der Tür. „Nein, heute nicht. Komm morgen wieder!", sagte sie. Wenig später klopfte ein alter Mann. „Nein, heute kann ich mich nicht um dich kümmern!" Darauf störte ein

vor Kälte zitterndes Kind. Stunde um Stunde wartete sie; schließlich ging sie enttäuscht zu Bett. Im Traum erschien ihr Gott und sprach: „Warum bist du bekümmert? Dreimal habe ich dich heute aufgesucht und jedes Mal hast du mich abgewiesen." – Wer will den guten Gott von sich weisen? Jesus sagt: Wer einem von diesen Unscheinbaren auch nur einen Becher Wasser reicht, weil er ein Jünger (Mitmensch) ist, kommt nicht um seinen Lohn.

d) *Zu Mt 10,42:* Ein ***Interview mit einem Krankenhausseelsorger,*** der u.a. berichten kann, wie wertvoll ein angereichter Trunk Wasser für den Kranken ist, ein aufgeschütteltes Kissen, ein ermunterndes Wort, ein freundlicher Blick …

14. Sonntag im Jahreskreis

1. Symbolpredigt zur ersten Lesung: Sach 9,9–10

Der König reitet auf einem Esel. –
Esel: Er kommt durch Jes 1,3 an die Krippe. Er lebt anspruchslos, trägt als Packesel (= „Kamel" der armen Leute) willig große Lasten und klagt nicht – selbst wenn er beim Antreiben blutig geschlagen wird (kann aber dann störrisch sein!). Sein markerschütternder Schrei IIAAA wird als symbolisches Klagen der leidenden Kreatur gedeutet. Allerdings verlangt er klares, frisches Trinkwasser. Seine langen Ohren vernehmen den „obersten Herrn" besser als der Prophet Bileam (Num 22,22–35). Er trägt das göttliche Kind nach Ägypten und den wie ein König einziehenden, umjubelten Jesus in die Stadt Jerusalem. Das zeigt Jesu friedliche, demütige Gesinnung, denn ein (Kriegs-)König ritt auf einem Pferd.

2. Symbolpredigten zum Evangelium: Mt 11,25–30

Jesus zieht uns an. –

a) *Zu Mt 11,28:* Kommt mit euren Lasten zu mir. – Ein Mann schleppt einen schweren ***Koffer*** vor den Altar und packt als Familienvater (er ist nur *ein* Beispiel) seine Lasten aus: Sorge um die Kinder; Sorgen am und um den Arbeitsplatz, Krankheit; das Geld reicht nicht; Streitigkeiten … Jesus will tragen helfen. Er meint mit diesem Wort auch: Ich habe meine Last auch angenommen; folgt mir nach. Ihr werdet Ruhe finden, wenn ihr euch den Lasten stellt und mich mittragen lasst. (Nach „Dinzinger A“)

b) *Zu Mt 11,28:* Ich werde euch Ruhe verschaffen. – Wie eine ***Marionette*** führt jemand eine Person mit hängendem Kopf, die an Händen und Füßen von Fesseln (= Kordeln) gehalten und dirigiert wird. Die Fesseln bedeuten: Leistung bringen; nach einer Mehrheit schielen (Mode, Trend); im Wohlstand mithalten (Klamotten); sich ins Schicksal ergeben („da kann man nichts machen“). L. schneidet mit einer Schere die Fessel durch: Sich an Jesus orientieren, der Gnade schenkt, auch im Alleinsein stark war, zum Teilen aufruft und uns im „Jammertal“ seine Gegenwart verspricht.

c) *Zu Mt 11,29:* Lernt von mir. – Wir schauen auf das ***Kruzifix,*** um besser zu verstehen, was wir von Jesus lernen können. Sein geneigtes Haupt weist darauf hin, dass wir andere Menschen immer ein wenig höher stellen als uns selbst. (Wenn ein buddhistischer Mönch oder Yogameister vor ein Publikum tritt, verneigt er sich zunächst nach allen Seiten.) Jesus hält seine Arme ausgebreitet wie zum Umarmen; zeigt Barmherzigkeit. Sein geöffnetes Herz: Lieben, bis es wehtut.

15. Sonntag im Jahreskreis

1. Symbolpredigt zur zweiten Lesung: Röm 8,22f

Die Schöpfung seufzt bis heute und wartet auf Erlösung. –
Kinder kriechen durch eine ***Spieltunnelröhre,*** an deren Ende eine brennende ***Kerze*** steht = Leiderfahrungen kennt jedes Alter *(Kinder zählen ihre „Leiden“ auf),* die uns nur mühsam wie Raupen vorwärts kriechen lassen. Aber am Ende dieses Tunnels darf ein Christ immer das Licht von Jesus sehen. (Nach „Frisch A“)

2. Symbolpredigten zum Sämann-Gleichnis: Mt 13,1–23

a) ***Saatkörner*** der Freude aussäen. – Die Kinder erhalten ein gemaltes Bild eines Samenkorns und schreiben hinein, was man säen kann, um auf dem Acker des Lebens Freude (Frieden …) wachsen zu lassen. Sie lesen es vor und säen die „Samen" dann um den Altar. Sie bekommen dafür Samenkörner, die sie zu Hause einpflanzen und wachsen lassen sollen; es wird aber nicht verraten, welche Blumen es sind.

b) Kinder stehen mit vier Schalen unterschiedlichen Inhalts (siehe unten) vor dem Altar. L. deutet die Situation: Nicht jeder Mensch lässt den Samen, das Wort Gottes, wachsen. Manche lassen seit der Taufe oder der Erstkommunion die Freundschaft mit Jesus verkümmern. Wir sehen hier ein paar Möglichkeiten:
*(Schale mit harter **Erde**)* Hier fiel der Same auf den Weg: „Mir ist das neueste Computer-Spiel wichtiger!"
*(Schale mit **Steinen**)* Hier fiel er auf felsigen Grund: „Mir sind die verlockenden, tollen Einladungen und Veranstaltungen lieber!"
*(Schale mit **Dornen**)* Hier fiel der Same unter die Dornen: „Ich kann nicht mehr an einen gütigen Gott glauben, nachdem mir das passiert ist!"
*(Schale mit gesunder **Pflanze**)* Hier fiel der Same auf guten Boden: „Ohne Jesus wäre ich oft nicht durchgekommen. Ich bin über seine Freundschaft froh und danke ihm für jeden Tag." (Nach „Dinzinger A")

3. Symbolgeschichte zum Evangelium

Die Bibel enthält die Worte Jesu; sie sind wundervolle Samenkörner für den Acker unseres Lebens. –
Das Buch der Bücher sollten wir heilig halten wie jener arme Schuster im Bergischen Land. Sein Herz drehte sich um, als im Jahre 1820 bei einer Versteigerung ein Kaufmann eine ***Bibel*** ersteigern wollte, um die Seiten als Einwickelpapier zu benutzen. Der Schuster steigerte mit und wurde seine 17 Taler los, mit denen er eigentlich ein dringend benötigtes Kinderbett erwerben wollte. Seine Frau ist darüber erbost. – Am nächsten Tag bringt jemand aus der Nachbarschaft ein überflüssiges Bett aus der Gesindestube; der hatte seiner Frau erzählt, was sich bei der Versteigerung zugetragen hatte, und die gab keine Ruhe mehr …

16. Sonntag im Jahreskreis

Symbolpredigten zum Evangelium: Mt 13,24–43

a) ***Unkrautvernichter*** und ***Heilkräuter.*** –
Mit diesem Unkrautvernichtungsmittel wird im Garten schnell „aufgeräumt". Wer es wahllos versprüht auf alles, was er nicht genau kennt, hat auch schnell das Grundwasser vergiftet. Denn es gibt auch so genanntes Unkraut, bei dem sich beim näheren Hinschauen herausstellt, dass es sich um Wild- oder sogar Heilkräuter handelt.
Die Kirche hat in ihrer Geschichte des Öfteren vorschnell gesprüht, obwohl Jesus sagte: „Lasst alles wachsen!" Da wurden Wissenschaftler verunglimpft, verjagt, getötet (Galilei, G. Bruno). Einige Heilkräuter habe ich mitgebracht (Brennnessel: gut als Gesundheitstee, Gemüse ...; weitere zeigen und beschreiben). Also Vorsicht! Man soll sich hüten, zumal ohne intensive Prüfung, etwas oder andere als „gut" oder „böse" einzuordnen. (Gertrud Weidinger in „PuK" 4/96, S. 502–505)

b) *Zu Mt 13,31–32:* Vom Senfkorn zum Baum. –
Dieses winzige ***Senfkorn*** *(zeigen!)*, fast nicht zu erkennen, kann zu einem einladenden ***Baum*** werden, unter dem wir uns wohl fühlen können. Auch wir helfen, das oft kleine Gute wachsen zu lassen: Ein ***Herz*** mit der Aufschrift „Liebe" in einen Ast hängen und diesen in eine Vase stecken. Weiterhin Folgendes: ***Blume*** mit der Aufschrift „Freude"; ***Anker*** mit der Aufschrift „Hoffnung"; ***Taube*** mit Aufschrift „Frieden"; ***Regenbogen*** mit Aufschrift „Versöhnung"; ***Kreuz*** mit der Aufschrift „Glaube" usw. Seht ihr, der Baum ist gewachsen! (Nach „Dinzinger A")

c) Baustelle ***Kirche*** (Bild einer im Bau befindlichen Kirche). –
Viele lebendige Bausteine brechen heutzutage aus der Kirche heraus: Wir werden kleiner; es regnet durch; manches muss umgebaut werden. Erst ein Drittel der Menschen hat ein christliches Dach über dem Kopf. Wenn sich wieder mehr Menschen, auch bei uns, zur Kirche als Ort der Hoffnung drängen sollen, dann brauchen wir neuen missionarischen Elan. (Nach Peter Frowein)

d) Eine ***Schale mit dicht sprießenden Samenkörnern.*** Wo das Gute so dicht wächst wie hier, hat Unkraut keinen Platz, Wurzeln zu schlagen.

17. Sonntag im Jahreskreis

1. Symbolpredigt zur ersten Lesung: 1 Kön 3,5.7–12

Schenk mir ein hörendes Herz. –
Ein ***Herz,*** das von einem ***Ohr*** ausgefüllt wird. Mit diesem Ohr, das sich Salomon wünschte, kann ich die Schwingungen Gottes (beten heißt zunächst auf Gott hören) vernehmen; kann von einem Menschen auch das verstehen, was er nicht sagt, und die täglichen Aufgaben heraushören, die wirklich wichtig sind. Momo (aus dem gleichnamigen Roman von Michael Ende) konnte so gut zuhören, dass Menschen dabei verwandelt wurden! (Vgl. „Kurzg. 3", Nr. 136)
Der Künstler Salvador Dali hat einmal eine Krippe nicht in einen Stall, sondern in ein riesiges Ohr gesetzt. Bedeutung: Wer nicht ganz Ohr ist, bekommt auch jetzt nicht mit, was Jesus sagen will.

2. Symbolpredigten zum Evangelium: Mt 13,44–52

Das Himmelreich ist wie ein Schatz. –

a) Den Acker mit dem Schatz kaufen (Mt 13,44–46). In dieser ***Schatztruhe*** liegen die Schätze, die der Mann unbedingt haben wollte. Vielleicht hat er dafür sein Haus verkauft, um den Acker mit diesem fantastischen Schatz zu erwerben. – Einige Kinder kommen nach vorne, öffnen die Truhe, nehmen eine Kostbarkeit heraus und lesen sie vor: Vergoldeter Becher mit Wortkarte „Freude" (= richtige Freude haben); Armreif mit Wortkarte „Hoffnung" (hoffen, dass Gott alles zum Guten führt); Krone mit Wortkarte „Frieden"; goldenes Kreuz mit „Glaube"; Perle mit „Liebe" usw. Dieser Schatz ist das Reich Gottes. Wir bemühen uns, ihn jetzt schon zu bekommen und zu behalten. (Nach „Dinzinger A")
b) In den Bergen treffe ich manchmal auf Schatzsucher. Sie hämmern an Felsen herum und suchen Edelsteine und Bergkristalle. Voller Freude legen sie ihre Funde in ihre Wohnung. Dieser ***Amethyst*** ist äußerlich unscheinbar, übersehbar (Äußeres zeigen). Aber innen! Schaut dieses Funkeln, diese Farbe, diese Herrlichkeit! In jedem Menschen ist ein Schatz zu heben. Dafür benötigen wir allerdings ein scharfes Auge, ein paar Werkzeuge und viel Geduld! Jeder Mensch ist ja wie ein abgebrochener Stein aus dem „Urgestein" Gott, Abbild Gottes, sogar Ebenbild Gottes. Welcher Schatz also!

Jesus hatte so ein scharfes, genaues Auge, entdeckte das Kostbare in Zachäus oder der Sünderin … Wer solche Schätze in den Mitmenschen sucht, hebt mit an dem herrlichen Schatz des Reiches Gottes im Acker dieser Welt.

3. Symbolgeschichte zum Schatz im Acker

San Salvador in den schlimmen siebziger Jahren. Fünf arme Campesinos (= Landarbeiter) graben auf einem Feld unter einem Feigenbaum einen ***Schatz*** aus, eine ***Bibel*** – damals ein hoch gefährliches Buch; manch einer war schon vom Militär ihretwegen umgebracht worden. Sie lasen nach eigener Methode abschnittsweise, tauschten sich darüber aus und sannen dann schweigsam oder im Gebet darüber nach. Ein beweglicher Punkt am Horizont lässt sie den Schatz wieder verbergen. Vor ihnen steht schließlich der Erzbischof von San Salvador, Oscar Romero, der sie bittet, sich zu ihnen setzen zu dürfen. Eine ganze Stunde lang lauscht er ihrem Gespräch, ohne sie zu unterbrechen, und sagt dann mit Tränen in den Augen: „Ich dachte bisher, ich kenne die Bibel, aber ihr habt mich gelehrt, alles mit anderen Augen zu sehen." – 1980 wurde Romero am Altar ermordet, weil er immer wieder mutig für die Armen und die Opfer der Gewalt Partei ergriff und gewaltlosen Widerstand lehrte. (Nach Katharina Seidel in ferment 2/2001, S. 58)

4. Symbolgeschichte zur Schatzsuche

Manche gehen lange Wege, ehe sie den ***Schatz*** ausgraben – laufen vielleicht 20, 30 Jahre ihres Lebens an der Kirche vorbei, ehe sie den Glauben finden – oder der Professor, der zu Bhagwan ging, zurückkam und jetzt Jesus-Anhänger ist – oder Rabbi Eisik aus Krakau, dem im Traum befohlen wurde, in der Stadt Prag an einer bestimmten Brücke nach einem Schatz zu suchen. Als er ankam, war die Brücke bewacht. Der Hauptmann sprach ihn an, ob er hier etwas suche? Da erzählte der Rabbi seinen Traum. Der Hauptmann lachte und sagte: „Wer traut denn Träumen? Da hätte ich ja schon lange nach Krakau wandern müssen, um – wie mir ein Traum befahl – bei einem Juden Eisik unterm Ofen nach einem Schatz zu graben. Aber so dumm bin ich doch nicht, wo dort Hunderte Juden Eisik heißen!" Rabbi Eisik verneigte sich, wanderte heim und grub unter seinem Ofen den Schatz aus.

18. Sonntag im Jahreskreis

1. Symbolpredigten zum Evangelium: Mt 14,13–21

Speisung der Fünftausend. –

a) Teilen macht sehender und lässt alle satt werden. – ***Fünf Brote*** und ***zwei Fische*** werden in einer Größe gebacken, dass sie – gebrochen – alle Anwesenden „satt machen" können. Die grob geteilten Stücke werden in vorher überlegte Bereiche gegeben. Bei Orgelmusik wird jetzt untereinander geteilt und gegessen. (Vor allem die Kinder teilen gut!) Alle werden „satt", alle sind einander näher gekommen; das Teilen hat umsichtiger gemacht.

b) Eine ***große Brothostie*** und ein ***Fisch-Aufkleber***. Brot und Fisch wurden zum Symbol für Christen. Das „Brot vom Himmel" kosten, um sich bereiter als „Brot für andere" verbrauchen zu lassen. – Erkennungszeichen „Fisch": Offen bekennen, dass wir zu Christus gehören und einmal – wie Christus – in den Tod hinabtauchen, um zum neuen Leben aufzutauchen.

c) Die ***Pilgermuschel*** erinnert an Wallfahrer auf dem Jakobusweg in Spanien (oder nach St. Matthias in Trier), die unterwegs immer wieder Rast machen, um sich zu stärken: mit Brot, aber auch mit lebendigem Brot, wenn sie am Gottesdienst teilnehmen. Oft ist in alten Kirchen in Süddeutschland und Österreich eine Pilgermuschel direkt über dem Tabernakel zu sehen, was bedeutet: Holt euch hier die „Seelenspeise auf der Pilgerreise" (Kölner GL 924 und andere Diözesananhänge). (Kleiner Hinweis an die Kinder: Die „Pilgermuschel" ist an Shell-Tankstellen zu sehen: Auch ein Auto braucht immer wieder neuen „Kraftstoff", um mit ihm zum Ziel zu kommen.)

d) Das Brot, das sich wunderbar vermehrte, auf das Wort Jesu beziehen; denn er hatte sie ja den ganzen Tag über belehrt und den Kranken tröstende Worte gesagt. Die Samenkörner einer ***Pusteblume***, als „Wort Gottes" gedeutet, können alle Menschen satt machen, die innerlich hungern und dürsten.

2. Symbolgeschichten

a) Nachdem alle gesammelten Vorräte aufgegessen sind, stellt sich Frederick vor seine Mäusefreunde und erzählt so lebendig vom Sommer, den warmen Sonnenstrahlen und den Farben, dass sie Hunger und Kälte vergessen.
b) Geteiltes ***Brot*** versöhnt. – Wenn ein Rabbi mit seinen beiden Freunden aß, gab er dem einen immer ein Zwillingsbrot, das dieser dann mit dem anderen teilte. Einmal hatten sich die beiden gestritten, da trennte der Rabbi, dem das nicht entgangen war, vorher den Zwillingslaib und gab jedem seinen Teil. Da erschraken sie, merkten sie doch, dass ihr Streit schon aufgefallen war, umarmten sich und schlossen Frieden. (Nach Martin Buber)
c) Geteiltes ***Brot*** verbindet. – Ein kleiner schwarzer Junge wird in Harlem von einem Polizisten beim Diebstahl an einem Zeitungskiosk erwischt. Dem Polizisten gelingt es nicht, den verstockten Jungen zum Sprechen zu bringen. Erst als er sein belegtes Brot mit viel Appetit isst und dem halbverhungerten Kleinen die Hälfte hinhält, nimmt der Junge sie, obwohl der Polizist ein Weißer ist.

19. Sonntag im Jahreskreis

1. Symbolpredigten zum Evangelium: Mt 14,22–33

Der Gang auf dem Wasser. –
a) Ein ***Floß*** bauen, da unser Vertrauen doch nie so groß wird, dass wir übers Wasser gehen können. Die Planken sind: der Glaube an Gott, Fantasie, Liebe, Freiheit, Geduld, Sehnsucht (Antoine de Saint-Exupéry: „Wenn du ein Schiff bauen willst, so trommle nicht Leute zusammen, um Holz zu beschaffen, Werkzeuge vorzubereiten, Aufgaben zu vergeben und die Arbeit einzuteilen, sondern lehre die Leute die Sehnsucht nach dem weiten, endlosen Meer“). Noch liegen die Planken einzeln nebeneinander. Die Taue, die sie zusammenhalten, sind: Hoffnung, Verlässlichkeit, Treue, Frieden, Wahrhaftigkeit, Fleiß, Ordnung …
b) Es gibt ***Schwimmhilfen*** gegen das Versinken: Vor dem Altar stellen sich Kinder mit Schwimmreifen auf (= gute Menschen, die uns helfen), mit Schwimmflügeln (= anerkennende Worte), mit einem

Schlauchboot (= Vertrauen auf Gott), mit einem Rettungsring (= Frieden untereinander), mit Schwimmgürtel (= Vergebung schenken) … (Nach Anton Dinzinger/Heidi Ehlen)

c) Mit einem ***Heißluftballon*** können auch Wasser überquert werden. Da brauchen wir Leute, die beim Starten helfen; Feuerstöße heißer Luft; Bereitschaft, sich dem Wind anzuvertrauen (Feuer und Wind = Symbol für Gottes Geist). Dann sehe ich die Welt aus einem anderen Blickwinkel. Glaube und Liebe überwinden alle Hindernisse.

d) Symbol ***Delphin*** (Logo des 93. Katholikentages in Mainz). Schon in vorchristlicher Zeit galt der Delphin u.a. als Retter, der ins Meer Gestürzte auf seinem Rücken ans rettende Ufer brachte (bis heute bezeugt!). So sollte er auch die Toten über das große Wasser zur Insel der Seligen bringen. Es ist für Christen nicht schwer gewesen, diese Bedeutung auf Jesus zu übertragen, den Retter der Menschen. Darum wurde der Delphin in den ersten Jahrhunderten häufig auf Sarkophagen, Fresken, Lampen und Schalen dargestellt (später durch das Fischsymbol abgelöst). So möge Christus auch heute manchen Schiffbrüchigen ans rettende Ufer bringen. (Mit großem Erfolg wird der Delphin derzeit in der Therapie schwerstbehinderter Kinder eingesetzt.)

e) Kinder umfahren auf Karton mit einem Stift ihre ***Hände***, schneiden sie aus und heften sie als Brücke über eine blaue Folie (= Meer): Unsere Hände können Menschen über Wasser halten. – Das wird auch im Spiel gezeigt:
Zwei gegenüberstehende Reihen Jugendlicher fassen einander an den Händen und lassen ein Kind darüber gehen.

f) Was uns aus dem „Wasser" ziehen kann: ein „***Zwiebelchen***" (= Liebe) und das ***Kreuz*** (= Gnade). Siehe Dreifaltigkeitssonntag, Lesejahr A, 1b, Seite 90f.

g) Symbol ***Netz***. Alle erhalten drei ca. 70 cm lange Fäden aus unterschiedlichem Material in bunten Farben, am Ende leicht zusammengeknotet: Wir alle halten irgendwo Fäden der Macht in der Hand, ob in der Familie, im Berufsleben oder Ehrenamt … Eigentlich sollen wir aber dienen – ohne Herrschaftsstrukturen. Darum knüpfen wir jetzt mit den Fäden ein Netz, um andere auffangen oder tragen zu können, damit keiner aus unserer Mitte „versinken" muss. (Nach Christel Voß-Goldstein)

2. Symbolgeschichten zum Evangelium

a) Ein Mann sieht sich im Traum mit Jesus am Strand entlanggehen. Immer sah er zwei Paar ***Fußabdrücke*** im Sand. Bis er von den schweren Lebensabschnitten in Angst und Not sprach; da sah er plötzlich zurückblickend nur ein Paar Fußabdrücke. „Warum, Jesus, hast du mich in den schweren Tagen allein gelassen?" „Als es dir am schlechtesten ging – da habe ich dich getragen."
b) Ein Mädchen lernt das Schwimmen und lässt sich dabei von einem anderen an den Händen über das Wasser ziehen. So müsste Glaube sein: Das Wasser steht bis zum Hals und dann lasse ich mich von einem ziehen, dem ich in einer Sache voll vertraue, der ich allein nicht gewachsen bin.

20. Sonntag im Jahreskreis

1. Symbolpredigten zum Evangelium: Mt 15,21–28

Erhörung der Bitte der heidnischen Frau. –
a) Die Farben eines ***Regenbogens*** werden auf Menschen unterschiedlicher Herkunft gedeutet und zusammengeheftet. Auch wenn Jesus hier noch einen Entwicklungsprozess durchmacht, über sein Volk hinauszuschauen: Er ist für alle Menschen gekommen. Erst das Zusammenspiel vieler verschiedener (auch andersfarbiger) Menschen und Völker im Licht Gottes ergeben den Reichtum der Menschheit und das Münden in eine ewige Harmonie beim himmlischen Festmahl. (Nach „Frisch A")
b) Bilder aus der ***Weltkirche*** werden ***auf*** einen ***Globus geheftet***: Für *alle* Menschen und Völker starb Jesus. Wir alle gehören zusammen; Grund genug, jetzt schon mit dem „Himmel" anzufangen (mehr Gerechtigkeit …).

2. Symbolgeschichte zum unerschütterlichen Willen, etwas zu erreichen

Für die Ärzte war die alte Frau eine Todeskandidatin. Da erreichte sie die Nachricht, Sohn und Schwiegertochter sind bei einem Autounfall ums Leben gekommen. Die beiden Enkel, sieben und vier Jahre alt, standen nun allein. Sofort ließ sie sich auf eigene Verantwortung aus dem Krankenhaus entlassen, fing die verstörten Kinder auf, wickelte alle erforderlichen Erledigungen ab und suchte nach geeigneten Unterbringungsmöglichkeiten für ihre Enkel. Alles staunte; war die ärztliche Diagnose falsch gewesen? Nach gut einem Monat kehrte die Frau zurück, legte sich ins Bett und verfiel unaufhaltsam. Nach einer Woche drückte man ihr die Augen zu. (Verkürzt nach Peter Paal)

21. Sonntag im Jahreskreis

Symbolpredigten zum Evangelium

a) *Zu Mt 15,13–17:* Für wen halten die Leute den Menschensohn? – Um ein Jesusbild werden ***verschiedene Jesusbilder*** geheftet, die ihn als Revolutionär, Hirten, wiederkommenden Christkönig, Religionsstifter, Therapeut … zeigen. Für wen halten *wir* ihn? (Eventuell werden Bekenntnisse aufgeschrieben und verlesen.)
b) *Zu Mt 15,21–28:* Petrus erhält die Schlüssel. Vertrauen haben. – Wenn deine Eltern dir den ***Hausschlüssel*** überlassen, haben sie großes Vertrauen zu dir. Sie verlassen sich darauf, dass du keine Fremden in die Wohnung hereinlässt, nicht mit Feuer spielst usw. Wenn ihr einem Nachbarn euren ***Schlüsselbund mit vielen Schlüsseln*** überlasst, weil ihr in Urlaub fahrt, habt ihr euch auch einen ausgesucht, zu dem ihr Vertrauen habt. Dieser ***große Schlüssel*** mag für den stehen, den Jesus Petrus als seinem Nachfolger überreichte. Welches Vertrauen, ihm die ganze Kirche zu überlassen! Jesus vertraut aber auch uns, die wir in kleinen Bereichen der Kirche Verantwortung übernommen haben und auf- oder zuschließen können.
c) Wir schauen uns Petrus näher an, dem Jesus seine Kirche anvertraute. Dieses ***Fischernetz*** *(Gegenstände jeweils auf eine Collage heften, die das Gesicht oder die Gestalt des hl. Petrus oder des jetzigen Papstes zeigt)* will sagen: Er hat jetzt keine Fische mehr, sondern Menschen zu fangen. Dieser ***Fels*** erinnert an den felsenfesten Mittelpunkt, den Jesus für seine Kirche aussuchte. Der ***Schlüssel*** erinnert an die Vollmacht und die Verantwortung, die Türen der Kirche zu öffnen oder zu schließen. Das ***Schwert*** will sagen: Petrus schlug am Ölberg zu, um Jesus zu verteidigen. Seit

der Firmung haben wir auch den Auftrag, öffentlich den Glauben zu verteidigen. Der ***Hahn*** erinnert an das Versagen des Petrus. Trotzdem ließ Jesus ihn nicht fallen. Mit ***Ketten*** wie dieser sollte Petrus an einer weiteren Verkündigung gehindert werden, aber ein Engel befreite ihn. Mit dem Kopf nach unten wurde Petrus an ein ***Kreuz*** genagelt. So folgte Petrus Jesus auch wörtlich nach. (Nach W. Eisele, D-87674 Ruderatshofen)

22. Sonntag im Jahreskreis

1. Symbolpredigten zum Evangelium: Mt 16,21–27

Leid gehört zur Nachfolge. –

a) Eine ***bifokale Brille***. Durch die obere Hälfte der Brille sehe ich gut in die Ferne; durch die untere erkenne ich in der Nähe alles deutlich. Ein Christ lebt mit diesem doppelten Blick: realistisch die Wirklichkeit ins Auge fassen, auch um des Glaubens willen verfolgt werden, aber auch über den Horizont dieser Welt schauen und zur Erlösung dieser Welt jetzt schon beitragen.

b) Kinder schreiben auf ***kleine Kreuze***, was ihnen das Leben momentan schwer macht. Dann heften sie diese an ein ***großes Kreuz***, das jetzt abwechselnd von einigen Kindern ein Stück durch die Kirche getragen wird. Jesus nimmt uns die Lasten nicht ab, aber er will mit uns gehen und tragen helfen; er weiß ja, was ein Kreuz tragen bedeutet. Aber das Kreuz war nicht das Letzte: Der Sieg Jesu über alles Leid steht dahinter. Darum schmücken wir jetzt das Kreuz mit Blumen.

c) Ein ***Diamant*** muss geschliffen werden, um besonders wertvoll zu werden.

d) Ein ***Marathonläufer*** nimmt große Strapazen auf sich, um bis zum Ziel zu kommen. Er läuft dabei immer der Ideallinie nach, einem ***blauen Band,*** das ihn durch das Labyrinth der Straßen führt. – Alle Menschen stehen in der Rennbahn des Lebens und wir Christen folgen dabei voller Vertrauen (= blaues Band) Jesus, der für uns *der* Weg ist. Wie er nehmen wir Mühsal und Freude des Weges in Kauf und freuen uns auf das Ziel, wo wir den unvergänglichen Siegeskranz erhalten (1 Kor 9,25).

e) Zum dienenden Leidensweg siehe auch 13. Sonntag i.J. A: 2a und 2b, Seite 60f.

2. Symbolgeschichte zum Leid in der Nachfolge

Der Leidensweg von Vaclav Dvŏrak ist nur *ein* Beispiel der Verfolgungen hinter dem ehemaligen Eisernen Vorhang: 1948 lösten die Kommunisten in der ehemaligen Tschechoslowakei (CFSR) in einer einzigen Nacht alle Klöster auf; die Priester mussten in Uranbergwerken schuften. Dvŏrak weigerte sich, bei der Geheimpolizei mitzumachen, um nicht der Kopf der *staatlichen* Priesterorganisation zu werden. Darum fand er sich nackt und gefesselt unter einem kalten Wasserstrahl wieder. Nächtelange Verhöre, Hunger, kein Kontakt nach außen. Nach zwei Monaten hatte er 42 Kilo Gewicht verloren und war auf 39 Kilo abgemagert. Sein einziges Gebet: „Christus, rette mich." Nach 16 Monaten Standhaftigkeit wurde er wegen Hochverrats zu zehn Jahren Zwangsarbeit verurteilt. Seit der sanften Revolution 1989 durfte er wieder sein Priesteramt öffentlich ausüben und arbeitete dann als Generalvikar. Heute sagt er: „Ich habe meinen Schergen vergeben" und „Durch die Kraft des Glaubens und der Hoffnung kann der Mensch das durchstehen. Es dauert aber verschieden lang, bis er sich durchkämpft, um sein Leben ganz in die Hände Gottes zu legen. Dann erst sind wir ganz frei und sicher." (Nach Wolfgang Duschl)

23. Sonntag im Jahreskreis

1. Symbolpredigt zur zweiten Lesung: Röm 13,8–10

Gebote helfen uns. –
Anhand verschiedener ***Verkehrszeichen*** („Geschwindigkeitsbegrenzung", „Auf Fußgänger achten", „Spielende Kinder" oder „Spielstraße", „STOP") wird erarbeitet, dass sie uns nicht ärgern, sondern andere schützen wollen. So auch Schilder mit den Geboten von IV bis X, die vorgelesen und dann auf die Verkehrsschilder geheftet werden. Zuletzt bringt einer das größte Schild mit der Aufschrift „Den Nächsten lieben wie sich selbst." Es wird vor den Altar gestellt. Wer dieses Schild immer beachtet, braucht sich die anderen nicht zu merken. (Nach „Dinzinger A")

2. Symbolpredigten zum Evangelium: Mt 18,15–20

Jesus, die Mitte. –

a) Versöhnung als Ziel zu *Mt 18,15–17:* Eine ***Brücke*** zeigt ***mit drei Pfeilern*** die Abfolge auf, wie Konflikte mit dem Bruder oder der Schwester beigelegt werden können. Vor allem das Miteinander-Sprechen wird betont. (Nach „Frisch A")

b) Ein ***Herz*** (= Gemeinde) wird in drei Teile zerrissen zu *Mt 18,15–17:* Die drei Schritte zur Versöhnung, die Jesus vorschlägt, werden durch das Zusammenrücken der Teile versinnbildlicht. Wenn alle Bemühungen nicht helfen, bleibt das Herz der Gemeinde zerrissen.

c) Es gibt Konflikte in der Gemeinde, die – wie beim Fußballspiel – ***mit gelben und roten Karten*** belegt werden müssen. Die rote Karte ist nicht im Sinne Jesu, aber das Urchristentum kannte sie auch, z.B. bei wiederholtem Glaubensabfall. Es werden Beispiele genannt und die Kinder entscheiden, welche Karte gezeigt werden soll. (Diskussionen!)

d) ***Wagenrad***: Sowohl zu *Mt 18,19* als auch *20:* Christus = die Achse; wir = Speichen; Gemeinschaft der Versammelten = Felge. – Wo gemeinsam gebetet wird, wird der Himmel leichter erstürmt. –

Hinweis: Siehe auch 3. Sonntag der Osterzeit, Lesejahr B, Symbolpredigt a mit Geschichte; Seite 116f.

3. Symbolgeschichte zur Versöhnung zu Mt 18,15–17

Kinder stehen plötzlich vor einem breiten und tiefen Wassergraben (= Konflikt). Die Größeren springen alle hinüber, das Jüngste hat Angst. Erst verspotten die anderen Kinder es, um es anzustacheln, aber das Kind traut sich nicht. Dann will einer es auf den Rücken nehmen, aber vielleicht fallen jetzt beide hinein. Erst als einer die ***Hand*** weit hinüberstreckt, schaut das Kind mehr nach dieser Hand, nimmt Anlauf und ist drüber. (Nach Hans Baumann)

24. Sonntag im Jahreskreis

1. Symbolpredigten zum Evangelium: Mt 18,21–35

Von der unbegrenzten Versöhnlichkeit.

a) Ein Berg von ***Scherben*** liegt vor dem Altar = Wir haben manchmal einen Scherbenhaufen zurückgelassen, weil wir zerstört, gekränkt, verletzt waren und damit Schuld auf uns geladen haben. Als Zeichen der Umkehr und der Versöhnlichkeit legen die Kinder aus den Scherben ein ***Kreuz***: Weil Jesus Schuld von uns nahm, können wir diese Haltung weitergeben.

b) An einer ***Spirale*** den Teufelskreis der Gewalt aufzeigen, wie er heute überall zu erkennen ist: von der Verwahrlosung in Familien bis zur größer werdenden Gewaltbereitschaft auf dem Schulhof, ja, bis zu Bandenkriegen. Jesus hat den Teufelskreis durchbrochen und damit die Richtungsänderung auf der Spirale bewirkt, die zur Versöhnung führt. Ermutigung zum ersten Schritt!

c) Die Kinder schreiben auf ***Schuldscheine***, wer ihnen etwas schuldet. Sie bringen sie dann vor den Altar und zerreißen sie dort als Zeichen der Versöhnung. Dann legen sie die Schnipsel auf ein hingelegtes ***Kreuz***. Wir erfüllen die Vaterunser-Bitte „… wie auch wir vergeben unseren Schuldigern".

d) Die Kinder erhalten ein ***Versöhnungsherz*** = ein Herz mit einem aufklappbaren Fenster, in dem steht: „Guter Gott! Vergib uns unsere Schuld und öffne unsere Herzen weit für alle, die an uns schuldig geworden sind." (Nach Kiligruppe, D-78234 Engen/Hegau)

e) ***Aufkleber*** mit der symbolischen Darstellung „***Schlüssel im Schloss***": Vergebung macht frei. Wer es versucht, spürt, wie Ketten zu Boden fallen, die durch das Schloss gehalten wurden. (Familienkreis Bergheim-Glesch)

Vergebung macht frei!

2. Symbolgeschichten zum Evangelium von der Versöhnung

a) Ein Kind beklagt sich bitterlich bei seiner Mutter über den Freund/die Freundin. Ohne Worte holt sie eine ***Waage*** und Bauklötze aus der Spielkiste. Dann schlägt sie vor, zuerst die Fehler des Freundes/der Freundin zu benennen, und legt jedes Mal einen Baustein in die Waagschale. Dann aber soll es auch die guten Seiten aufzeigen (wobei die Mutter hilft), und legt dabei jeweils einen Bauklotz in die andere Schale, und nach und nach gleichen sich die Schalen aus, ja, schließlich überwiegen sogar die positiven Seiten.

b) Ein schwarzes ***Schaf,*** in der Regel nicht ohne Gründe zum Außenseiter geworden, macht sich auf den Weg, um sich bei Gott über seine schwarze Farbe zu beklagen. Die Türhüter am Himmelstor schauen nicht gerade beglückt, aber haben schließlich Mitleid; einer findet es sogar sehr hübsch – so anders! Der führt es auch zu Gott und fragt ihn: „Hast du es nicht besonders lieb?" Gott sagte Ja! Sonst nichts. Da war das schwarze Schaf überglücklich und sprang zurück zu seiner Herde und es machte ihm gar nichts mehr aus, dass die anderen „Bäh!" machten. (Nach Ursula Wölfel)
Jesus liebt die schwarzen Schafe!

25. Sonntag im Jahreskreis

1. Symbolpredigten zum Evangelium: Mt 20,1–16a

Von den Arbeitern im Weinberg. –

a) Eine ***gelbe und*** eine ***rote Brille.*** Die einen, die länger gearbeitet haben, schauen durch die Neidbrille (= gelb), übersehen aber, dass den Arbeitslosen die Stunden des sinnlosen Herumstehens und der Ungewissheit ganz schön an die Nieren gingen. Eine rote Herz-Brille tragen die, die sich über das Geschenk der Arbeit freuen. Diese Brille trägt Gott, der sich auch über den freut, der erst spät zum Glauben findet. (Udo Casel, D-51515 Kürten-Dürscheid)

b) Je nach ***Perspektive*** schauen. – Stell dir vor, du blickst in diesen Raum wie in eine Schießscharte und schaust hinaus – oder ihr steht quasi auf einer Pyramide und seht nach unten. Oder ihr steht unten und schaut nach oben wie in ein Dachfenster, das Licht hereinlässt. So verschieden können die Perspektiven sein, um ein und

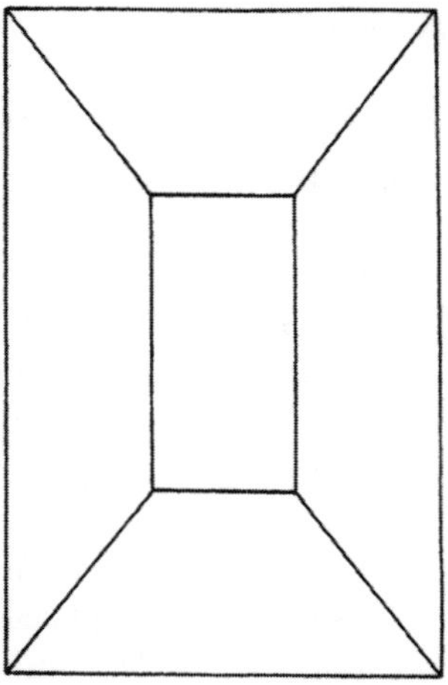

dasselbe Objekt zu betrachten (es gibt noch mehr Blickwinkel!). Wir glauben, dass Gott eine Sache von allen Seiten sieht und einschätzen und deshalb gerechter handeln kann. (Rolf Kips, D-53879 Euskirchen)

c) Das folgende Gleichnis verrät eine „himmlische Rechenkunst“ (Werner Bergengruen), die kein Taschenrechner der Welt hinbekommt. Der Zusage Gottes, uns gerecht zu behandeln und nicht nur nach Leistung zu gehen, begegnen wir in der Kirche sehr oft: ***Taufbrunnen*** und ***Beichtstuhl, Ambo, Altar, Tabernakel …*** (Nach „Essen 1“)

2. Symbolgeschichten zum Evangelium

a) Eine Großmutter gibt ihrem Enkel mit dem Superzeugnis zehn Euro Belohnung, aber auch dem anderen Enkel mit der Durchschnittsnote 3,8. Was hat sie sich dabei gedacht? (Nach R. Kips)

b) Die „Gerechten“ stehen eng gedrängt und ungeduldig an der Pforte zum Paradies, ihrer Plätze gewiss. Plötzlich entsteht Unruhe: „Wie, ‚die da‘ auch? Haben wir uns ein Leben lang umsonst gequält?“ Empörte Rufe. Protest. Und in der gleichen Sekunde sind sie verdammt. (Nach Jean Anouilh)

c) In einer Kirche Spaniens hängt ein ***Kreuz,*** an dem der rechte Arm des Gekreuzigten sich, vom Nagel gelöst, herabneigt. Die Legende erzählt, ein Priester habe einem Sünder, der sich besonders schwerer Verschuldungen anklagte, einmal die Lossprechung verweigert, weil er nach kurzer Zeit immer wieder schwach wurde und erneut sündigte. Da habe der Gekreuzigte seine Hand gelöst, das Zeichen der Erlösung über den Sünder gemacht und dann zum Priester gesprochen: „Du hast dein Blut nicht für ihn vergossen!“ (Nach Rudolf Stertenbrink)

26. Sonntag im Jahreskreis

1. Symbolpredigt zum Evangelium: Mt 21,28–32

Gleichnis von den ungleichen Söhnen. –

Vorüberlegung: Jesus meint mit dem ersten Sohn die offiziellen Vertreter der Religion, die in der Berufswahl ihr Ja zu Gott gesagt haben, aber die Nachfolge nicht in Taten bezeugen. Der zweite Sohn versinnbildlicht die Zöllner und Sünder, die eher bereit wären, wirklich umzukehren und Taten zu zeigen.

Eine ***Sonnenblume***. Der Blütenboden, auf dem das Wort „Jesus" steht, ist angeheftet. Die Kinder erhalten ein Blütenblatt und sollen darauf schreiben, was sie wirklich tun, und nicht nur darüber reden: Taten sind wichtiger als Worte. Dann heften sie sie vorne an den Blütenboden, sodass eine leuchtende Sonnenblume entsteht, deren Glanz bis in die Welt leuchtet, denn – wie in einer Kirche über der Ausgangstür steht: – „Dein Tagewerk sei die Fortsetzung der heiligen Messe." (Nach „Dinzinger A")

2. Symbolische Geschichten

Vorüberlegung: Auch Kinder kennen das mit dem Ja und Nein: Die Lehrerin bittet, einen kranken Mitschüler zu besuchen. Einige nicken und heimsen vielleicht einen anerkennenden Blick der Lehrerin ein, besuchen den Kranken aber nicht. Das Kind aber, das abgewunken hat wegen anderer Verpflichtungen, überlegt es sich auf dem Heimweg und macht einen Besuch.

a) Ein Asket saß meditierend in seiner Klause. Da huscht eine Maus herein und knabbert an seiner Sandale. Der Asket sagt verärgert: „Du störst mich in meiner Andacht!" „Ich habe Hunger", piepst die Maus. „Hau ab", antwortet der Asket böse, „ich suche die Einheit in Gott!" Da fragt die Maus: „Wie willst du dich mit Gott vereinigen, wenn du nicht einmal mit mir einig wirst?" – Die Taten fehlen!

b) Eine Frau kommt zum hl. Franz und bittet um Hilfe in großer äußerer Not. Bruder Pieto winkt ab: „Ich weiß selbst nicht, wovon ich heute Abend das Essen kochen soll. Das Einzige, was wir noch haben, ist eine ***Bibel*** (Anmerkung: Damals ein seltener, darum wertvoller Besitz), doch die brauchen wir für unser gemeinsames Gebet." Da sagt Franziskus: „Gib ihr die Bibel. Sie soll sie verkaufen und so ihre Not lindern. Denn darin steht, dass wir den Armen helfen sollen. Das ist wichtiger, als sie zu lesen." – Die Tat steht über dem Wort!

27. Sonntag im Jahreskreis

1. Symbolpredigten zur zweiten Lesung: Phil 4,6–9

Alles mit Dank vor Gott tragen. – Da am heutigen Sonntag in vielen Gemeinden Erntedank gefeiert wird, kann dieses Danken besonders herausgestellt werden.

a) Wer nicht dankt, erfährt keine Zufriedenheit des Herzens. An einer ***Spirale*** wird gezeigt, wie schnell die Ansprüche wachsen. Immer mehr haben! Dazu wird das Märchen der Brüder Grimm „Vom Fischer und seiner Frau" erzählt, vorgelesen oder gespielt: Sie verlangt immer mehr; schließlich will sie sein wie Gott. Interessant dabei das Verhalten der Natur: Die See brodelt immer stärker – bis sie explodiert. Und dann sitzen Mann und Frau wieder im alten „Loch". Es gibt nur den umgekehrten Weg der Spirale: weniger Ansprüche – wie der Fischer am Strand, der sich am Meer ausruht, dem aber ein Tourist aufrechnet, was er alles verdienen könne, wenn er … „und dann", unterbricht ihn der Fischer, „wenn hier schließlich ein Fischrestaurant neben einer Konservenfabrik Geld bringt?" „Dann können sie den ganzen Tag hier sitzen und aufs Meer schauen!" „Aber das tue ich doch jetzt schon!" (Nach Heinrich Böll)
b) ***Ein Korb mit Früchten*** steht bereit, die einzeln herausgenommen und besprochen werden; zum Beispiel zählt ein Kind alles auf, was aus einer Kartoffel entstehen kann: Reibekuchen, Kroketten, Pellkartoffeln, Püree, Chips, Klöße und die heißgeliebten Pommes. Zum Schluss steht immer der Satz: „Das spricht alles für sich. Aber mehr noch für dich, guter Gott, der du uns das alles letztlich geschenkt hast. Wir danken dir!"
c) ***Verschiedene Obstsorten*** wurden aus dickerem Papier ausgeschnitten und verteilt. Jeder schreibt darauf, wofür er im vergangenen Jahr danken möchte oder was in seinem Leben und in ihm gewachsen ist. Vorne werden die Früchte zu einem Früchtekorb zusammengeheftet oder in ein Bäumchen gehängt. (Nach Martin Ebner/Stefan Mai)

2. Symbolpredigt zum Evangelium: Mt 21,33–44

Das Gleichnis von den bösen Winzern. –

Vorüberlegung: Wer mit dem ihm Anvertrauten nicht verantwortungsvoll umgeht, wird vom Besitzer des Weinberges auch heute verjagt. Wenn heute die Zöllner und Sünder die „anderen Winzer“ sind (Vers 41), hängt das Schwert der Verurteilung auch über ihnen/uns.

Ein ***schwerer Stein*** erinnert an den „Stein“, den die Winzer verworfen haben und der zum ***Eckstein*** (= Jesus Christus in seiner Kirche) geworden ist. Dass etwas zunächst verworfen, dann aber zu einem Fundament wird, kennt die Hl. Schrift öfters: Die Brüder warfen Joseph in die Zisterne; später rettet er die Familie vor dem Verhungern. – Petrus verleugnete den Herrn dreimal. Ihm wurde die Kirche anvertraut. – Saulus verfolgte die junge Kirche und wurde zum „erfolgreichsten“ Apostel. – Heutzutage: Der linkische Pfarrer von Ars, den viele Mitbrüder als Dorftrottel einstuften und der seine Briefe mit „Vianney, armer, elender Priester“ unterschrieb, saß sechzehn Stunden täglich im Beichtstuhl und Hunderttausende pilgerten jährlich nach Ars.

28. Sonntag im Jahreskreis

Symbolpredigten zum Evangelium: Mt 22,1–14

Gleichnis vom königlichen Hochzeitsmahl. –

a) ***Einladungskärtchen*** zu diesem Gottesdienst sind im Kindergarten und in der Schule verteilt worden (= alle sind von Gott eingeladen). Nicht alle haben diese Einladung angenommen und sind gekommen. Aber die sie angenommen haben, feiern jetzt ein schönes Fest, das in unseren Alltag wirkt: Der völlig abgeräumte Altar wird geschmückt mit Altardecke, Blumen, Kerzen und Kreuz. Zum Lied „Wir feiern heut’ ein Fest“ (Musikverlag Ludger Edelkötter, D-48317 Drensteinfurt) tanzen einige Kinder zur Gabenbereitung um den Altar. Zum Schluss erhalten alle eine Blume oder einen Luftballon. (Nach „Dinzinger A“)
b) Zu einem runden ***Geburtstagsfest*** ist alles vorbereitet. Als das Fest beginnen kann, geht das Handy ununterbrochen: Alle Anrufer mit

Absagen – und die Ausreden sind förmlich greifbar. Das Geburtstagskind ist natürlich sauer. Dann aber macht es spontan ein Straßenfest aus seinem Geburtstag und viele kommen und bringen auch Kleinigkeiten zum Essen mit. Es wird ein schönes Fest, das die Nachbarschaft zusammenbringt – auch manche, die sich lange nicht mehr gegrüßt haben.

c) Ein ***Narrenkleid*** und ein ***Brautkleid.*** Als Narr bezeichnete man ursprünglich einen Menschen, der nicht an Gott glaubt. Diese bunten Flicken auf dem Narrenkleid haben denn auch die Aussage: Mein weißes Taufkleid ist durch Schuld und Sünde verunstaltet und kann kein hochzeitliches Gewand mehr sein. Die Farben Gelb (= neidisch) und Rot (= käuflich wie die Huren, für die im Mittelalter gelb und rot gefärbte Kleider vorgeschrieben waren) vervollständigen das Bild. Die Glöckchen am Narrenkleid sollten demonstrieren, dass sie die richtige Liebe nicht mehr besitzen und nur noch an sich selbst denken. (Anspielung auf 1 Kor 13,1: Wenn du die Liebe nicht hast, bist du in Gottes Augen [in der alten Übersetzung:] wie „tönernes Erz oder eine klingende Schelle".)
Noch schlägt die Uhr elf – elf, die Zahl der Narren. Wer um zwölf nicht vom Narrenschiff aufs Schiff Petri geflüchtet ist, geht unter. Er muss sein beflecktes Sündenkleid ablegen und das hochzeitliche Gewand schnellstens anziehen. Dieses „weiße Kleid", ein Brautkleid, erinnert an das Taufkleid, bei dem es hieß, als es angelegt wurde: „Du hast jetzt Christus angezogen (= gehörst Christus). Bewahre diese Würde für das ewige Leben." –
Mehr zum weißen Kleid siehe 2. Sonntag der Osterzeit = Weißer Sonntag, Lesejahr A, Seite 36.

d) Die Gnade nicht ablehnen. – So ein ***weißes Kleid*** wurde bei einer orientalischen Hochzeit, auf die Jesus anspielt, den Gästen gestellt und am Eingang überreicht. Der Gemaßregelte im Evangelium kam also zur Hintertür herein und lehnte dieses Geschenk ab. Die „Eintrittskarte" zum Himmel ist also Geschenk, Gnade, die wir dankbar annehmen dürfen; wir, die wir alle mit befleckten Lebenskleidern zum Eingang kommen. (Nach einer Leserzuschrift in „Christ in der Gegenwart" 43/96, S. 358)

29. Sonntag im Jahreskreis

1. Symbolpredigten zum Evangelium: Mt 22,15–21

Die Frage nach der kaiserlichen Steuer. –

a) Wir schauen in unsere offenen ***Hände***: Sie sind vielleicht von der Arbeit durchfurcht und gezeichnet. Schon immer wurden hohe Steuern kassiert – früher von Kaiser und Königen, heute vom Finanzamt. Jesus sagt – jedenfalls meint das von der inneren Bedeutung her der Satz: „Gebt dem Kaiser, was dem Kaiser gehört, und Gott, was Gott gehört“: „Werft dem Kaiser, dem Staat, das Nötige vor die Füße, aber hängt euer Herz an Gott.“ (Nach Pinchas Lapide)
   Was schenken wir Gott? Wir falten einmal unsere Hände wie zum Gebet: Wir sollen ihm Beachtung, unseren Dank schenken, ihn anbeten und ihn auch bitten in den drängenden Anliegen der Welt. Und nicht vergessen – jetzt halten wir die Hände wieder offen wie Bettler: Das Entscheidende empfangen wir letztlich von Gott. Jetzt sind die Hände auch bereit, sich in Gottes größere Hand einzufügen. In einem Lied heißt es: „So nimm denn meine Hände und führe mich“. Das heißt auf Gott übertragen: Unsere Hände, diese kostbaren Werkzeuge, können zu seelenlosen Greifern verkommen, sich aber auch vertrauensvoll an Gottes Hand festhalten.

b) Der ***Personalausweis*** weist uns als Bürger des Staates aus mit allen Rechten und Pflichten. Dazu zählt auch, Steuern zu zahlen. Diese ***Taufurkunde*** sagt: „Wir gehören seit der Taufe ganz Christus an. Wem gehören wir denn nun? Jesus sagt mit seinem Wort „Gebt dem Kaiser, was dem Kaiser gehört“: Unterzieht euch der Ordnung des Staates und seid lebendige Mitglieder. Und er sagt mit den Worten „Gebt Gott, was Gott gehört“: Hängt euer Herz ganz an Gott, denn der hat in allen entscheidenden Dingen das letzte Wort.

2. Symbolgeschichten zum Evangelium

Was wäre, wenn der „Kaiser“ alles haben will? –

a) Seit 1685 wurden die Hugenotten um ihres protestantischen Bekenntnisses willen jahrzehntelang von den katholischen französischen Königen furchtbar verfolgt: Die Männer wurden auf Galeeren verschleppt, die Frauen in einen Turm mit sechs Meter dicken Mauern gesperrt. Fünfzehnjährig wurde in solch einen Turm Marie Durand eingeliefert und musste 38 Jahre lang Leiden und Marter ertragen. Manche verloren den Verstand. Hinter dem Namen Marie Durand stand Jahr für Jahr auf der Gefangenenliste des Turmkommandanten: „Glaubensstand unverändert." (Nach Axel Kühner)

b) Während des letzten Weltkrieges waren die Gläubigen eines Dorfes in der Kirche versammelt. Da stürzten Soldaten herein. Der Offizier riss das ***Christusbild*** von der Wand, warf es auf den Boden und sagte: „Nur alle, die dieses Bild anspucken, dürfen hinausgehen. In zehn Minuten wird die Kirche gesprengt." Immer wieder trat einer vor und spuckte mit einem „Vergebt mir!" auf das Bild. So verließen innerhalb von fünf Minuten 39 Leute die Kirche. Da ging eine 14-Jährige zu diesem Bild, beugte sich nieder, wischte mit ihren Händen den Speichel weg und küsste das Bild. Im gleichen Augenblick schoss der Offizier sie nieder. (Nach Geschichten für die Jungschar von A–Z, Brockhaus Verlag, Wuppertal)

30. Sonntag im Jahreskreis

1. Symbolpredigten zum Evangelium: Mt 22,34–40

Das Hauptgebot. –

a) Ein ***Mandala***: uraltes Meditationszeichen aus Indien, Tibet, der Welt der Indianer, aber auch in der christlichen Welt bekannt (z.B. das „Rosenfenster" in Domen und Kathedralen). Mandalas sind Bilder von Gott, unserer Seele und der Welt. Es zeigt auch die Richtung an, in die ich im Leben suchen muss: die „Mitte" finden. „Alles meinem Gott zu Ehren" (GL615), ihn aus ganzer Seele lieben. In der „Mitte" finde ich Gott, mich und den Nächsten. „Was ist der kürzeste Weg, um dir, Gott, zu begegnen?"

b) Eine ***Tür hängt in zwei Angeln***, die Gottes- und Nächstenliebe. In nur einer Angel hinge sie schief. Wer heutzutage fragt: „Worauf kommt es im Christentum an?", erhält in der Regel die Antwort: „Auf die Liebe!", und gemeint ist die *Nächstenliebe*. In der Welt hängt heute deshalb manches schief, weil Mitmenschlichkeit und Solidarität schwinden. Für Jesus fängt alles bei der *Gottesliebe* an. Auch Alexander Solschenizyn mahnt in unseren Tagen: Weil die Menschen Gott vergessen haben, werden wir kaum Lösungen finden für die Hauptprobleme der Menschheit. Gott ist wie die Eins vor den vielen Nullen, die Nächstenliebe zu Stande bringt. Wenn es nur um die „Liebe" geht, brauchte Jesus nicht zu sagen: „An diesen *beiden* Geboten hängt das ganze Gesetz" – wie eine Tür erst gerade in zwei Angeln hängt. (Zum Teil nach H.J. Frisch und Bischof Franz Kamphaus)

c) ***Zwei Flügel*** braucht ein Vogel, um zu fliegen. Entdecke deine Flügel, die dich über Mauern und Abgründe tragen. Der eine Flügel heißt „Arbeit", in der sich der Mensch entfalten kann und Zufriedenheit spürt, weil er zum Gelingen in der Welt beiträgt. Der andere Flügel heißt „Beten" und meint: Halte dich voller Vertrauen an Gott fest und lass dir Zeit, dir seiner Gegenwart bewusst zu sein und aus seiner Nähe neue Kraft zu schöpfen. Die Bibel (= Hauptgebot) und die Mönche haben eine andere Reihenfolge: „Bete und arbeite" – und du stürzt nicht ab.

2. Symbolgeschichten zum Hauptgebot der Liebe

a) Brückendienst. – Die „Zeit" war wieder einmal unterwegs, um sich den Menschen zu schenken, und traf auf eine ***„Brücke"***: „Na, was arbeitest du den ganzen Tag?" „Ich habe nur eine Aufgabe", sagte die „Brücke", „den Menschen zu helfen, auf dem Weg zum Sinngebirge über Gräben hinwegzufinden." Die „Zeit" fragte: „Erfüllt dich diese Arbeit?" „Und wie! Ich verbinde Trennendes und erleichtere den Weg zum Ziel. So diene ich Gott!"

b) Ein ehemaliger Kriegsgefangener berichtet: Wenn wir in Russland durch ein Dorf in die Notquartiere getrieben wurden, waren die Leute am Weg aufgebracht; manche bespuckten uns, denn wir waren es ja gewesen, die den Krieg mit den unendlich vielen Toten angezettelt hatten. – Und doch stand hier und da eine alte Babuschka, selbst ausgezehrt, mit einem kleineren Sack und schenkte ein Stück Brot oder einen Apfel, sobald der Posten wegschaute. Wir aßen die Stücke gierig, doch so, als ob wir die heilige Kommunion empfangen hätten. (Nach Constantin Pohlmann)

c) Lebensgeschichten von Heiligen der Nächstenliebe ausbreiten, die ihre Kraft immer wieder aus der Liebe zu Gott schöpften: Vinzenz von Paul, Damian de Veuster, aber auch heiligmäßige Menschen unserer Zeit wie der Arzt von Moskau, Friedrich Joseph Haass.

31. Sonntag im Jahreskreis

1. Symbolpredigten zum Evangelium: Mt 23,1–12

a) Gegen die Heuchelei. – Dieses ***Handy*** ist eine Attrappe. Als Handys aufkamen, gab es sie auch als Attrappen zu kaufen, damit alle, die als VIP (very important person) erscheinen wollten, diesen Anschein erweckten, auch wenn der Geldbeutel nicht reichte: Mehr scheinen als sein! – Das nahm Jesus auch den Pharisäern übel; ihre Worte entsprachen nicht den Taten – das ist Heuchelei. Ähnliches kommt auch heute unter Christen vor, wenn zum Beispiel eine/r für Adveniat ein Tütchen mit einem Euro in den Klingelbeutel legt, um eine hohe Geldspende vorzutäuschen. Oder wie oft stellen Leute ein goldenes Kreuz am Hals zur Schau, sind aber christlich gesehen wie eine taube Nuss. Oder zur Erstkommunion ist die neue Garderobe das Wichtigste, Jesus scheint bei diesem Fest fast zu stören.
Das hier ist ein echtes Handy. Damit kann ich zu jeder Zeit Hilfe herbeiholen oder ein wichtiges Gespräch führen. Dieses Handy hält, was es verspricht. Hier stimmen Außen und Innen überein. Jesus möchte, dass wir nicht nur den Menschen zu Gefallen sind, sondern mehr noch Gott gefallen. (Nach Rolf Kips, D-53879 Euskirchen)
b) *Zu Mt 23,11:* Der Größte unter euch soll euer Diener sein. –
Eine ***Haushaltsleiter*** dient zunächst als Symbol für die Erfolgsleiter, auf der heutzutage viele bis ganz oben wollen. Jesus aber spricht vom Dienen. Deutlich zeigt er in seinem Leben, dass er den „unteren" Weg gegangen ist: bei seiner Menschwerdung und Taufe bis zum Kreuz. Wer diesen Weg versucht, kann auch wie bei Jesus dann erleben, wie er erhöht wird (d.h. wieder aufsteigen kann): Auferstehung und Himmelfahrt sind uns versprochen.

2. Symbolgeschichten zum Dienen

a) ***Christophorus*** wollte auch zunächst ganz nach oben, erfährt dann aber im Dienen seine Erfüllung.
b) Als der Vierzehnjährige an Asthma leidende Enrico von Kidnappern als Geisel genommen werden sollte, hielt sein elfjähriger Bruder Mauro die Banditen mit der Bitte auf: „Nehmt mich mit. Enrico geht es nicht gut." Was für nur zwei Stunden angekündigt

war – die Banditen benutzten das Auto der Familie –, dauerte siebzig Tage. Sie schleppten Mauro durch die Wildnis der sardischen Berge – bis ein Teil der geforderten Lösegeldsumme gezahlt wurde. Alle humanitären Aufrufe, auch das Flehen des Papstes, blieben vergebens.

c) Siehe auch 23. Sonntag i.J. C, Nr. 2, Seite 237.

32. Sonntag im Jahreskreis

Symbolpredigten zum Evangelium: Mt 25,1–13

Gleichnis von den zehn Jungfrauen. –

a) Mein (antikes) ***Öllämpchen*** ist auch leer. Wer zu spät kommt, den bestraft das Leben. Ich wollte noch einen kranken Nachbarn besuchen, unbedingt; ich wusste, es steht schlecht um ihn. Jetzt ist er tot. Habe es einfach nicht geschafft. – Dann wollte ich mich bei Theo für die Einladung zum runden Geburtstag wenigstens bedanken und sagen, dass ich nicht kommen kann. Hab's vergessen. Hat er mir schwer übel genommen. – Ach, da gibt es so vieles! Ach ja, Zeit für mehr Stille und Gebet wollte ich mir nehmen … Den Docht hier kann ich ja nicht ohne ***Öl*** anzünden, brennt einfach ab und aus. *(L. geht zum Altar)* Hier steht ja Öl, genug für mein Lämpchen. *(L. nimmt den Behälter mit Öl und zeigt ihn)* Was kann es bedeuten: Ist es vielleicht Öl fürs Getriebe im Alltag, damit das Miteinander nicht heiß läuft? Mutter Teresa sagte einmal: Kleine freundliche Worte, Pünktlichkeit, seine Pflicht erfüllen, mal den Mund halten, die Tür leise schließen … Aber das reicht doch nicht, wenn ich durch die Tür will, die den törichten Mädchen im Evangelium verschlossen blieb! Ich glaube, da muss schon das Licht der Tat eines hl. Martin her, also wirklich spürbare Nächstenliebe …

b) Diesen ***Hahn***, wie er heutzutage auf Kirchtürmen steht, hätte ich den törichten Mädchen gerne gewünscht. Der hätte rechtzeitig gekräht – wie bei Petrus, als er seinen Herrn und Freund verriet, weil er Angst hatte. Zudem ist dieser Hahn auch wachsam und wäre euch mit seinem Schrei durch Mark und Bein gegangen, wenn er die leeren Krüge gesehen hätte, all die verpassten Chancen der Liebe, die Oberflächlichkeit, Faulheit, vielleicht sogar Gleichgültigkeit, die man euch ansieht. – Der Hahn sitzt ja ganz oben auf dem Turm, sieht sehr früh die Helligkeit und das Licht des neuen Tages und kräht, kräht, dass die Nachbarn sich beklagen. Euch hätte er durch die Seele gekräht, damit ihr den Bräutigam nicht verpasst, der Dunkel und Tod besiegt hat und jetzt das Fest im ewigen Licht feiern will. Ich stelle den Hahn für uns auf den Altar. Vielleicht kräht er uns rechtzeitig wach!

33. Sonntag im Jahreskreis

1. Symbolpredigt zum Evangelium: Mt 25,14–30

Von den anvertrauten Talenten. –
An diesem ***Lebensfaden*** möchte ich mein Leben überdenken. *(L. zeigt ein Seil. Die **Knoten** werden grob geschlungen, um sie leicht lösen zu können.)* Talente hat jeder Mensch genug mitbekommen, aber wo habe ich ein Talent, eine meiner Fähigkeiten, begraben? *(Knoten schlingen.)* Wo habe ich eine Weiterbildung aus Faulheit unterlassen? *(Knoten)* Sehen Sie, jeder Knoten verkürzt meine Lebenschancen! Habe ich mich an anderen gemessen? Aber woher weiß ich, wie viele Talente sie bekommen haben? Falls sie nur eines erhielten, brauchen sie am Ende nur zwei vorzuzeigen. Und wer fünf oder zehn bekommen hat … *(Knoten).*
Habe ich meine Talente falsch investiert, um mehr Ansehen und Macht zu erhalten – knapp am Herzinfarkt vorbei? *(Knoten)* Wenn ich mir meinen Lebensfaden jetzt betrachte, frage ich mich, hätte ich eine Chance, dem Zorn des Herrn zu entgehen? Aber – es gibt doch auch andere Evangelien, die sprechen von Barmherzigkeit *(einen Knoten aufknüpfen)* und dass ich, solange ich lebe, jederzeit neu beginnen kann *(einen Knoten aufknüpfen),* aber die Chance hatte ich schon oft … Ich lege meinen Lebensfaden *(mit noch ein paar vorhandenen Knoten)* neben das Kreuz auf den Altar und vertraue darauf, dass Gott mich annimmt, wie ich bin.

2. Symbolgeschichten zum Evangelium

a) Als das ***Gerüst*** abgebaut war, prangte das alte Haus in neuem Glanz. Es strahlte wirklich Neues aus und viele, selbst die, die es eilig hatten, warfen einen frohen Blick auf die makellosen Wände. Für das Gerüst vorher hatte allerdings niemand einen anerkennenden Blick, nicht für die farbbespritzten Bretter und staubigen Stangen, die Sonne, Regen und Lasten ausgehalten und das Neuwerden möglich gemacht hatten. Es stand aber bereit, sich anderswo wieder aufbauen zu lassen, zum gleichen Dienst, schon morgen. (Nach Berthold Lutz)

b) Ein anerkannter Schriftsteller erzählt an seinem achtzigsten Geburtstag: „Von Kind an war ich nur 30 Prozent arbeitsfähig und bemitleidete mich deshalb bis zum vierzigsten Lebensjahr – bis mir ein Arzt, unterstützt von meiner Frau, beibrachte, diese Behinderung anzunehmen und positiv zu denken: ‚Ich bin noch 30 Prozent arbeitsfähig!' Diese 30 Prozent habe ich genutzt." (Nach Bernhard Honsel)

c) Lebensgeschichten zum Thema erzählen wie zum Beispiel die von Helen Keller, dem Pfarrer von Ars …

Christkönigssonntag

1. Symbolpredigten zum Evangelium: Mt 25,31–46

Der König als Weltenrichter. –

a) Ein ***großes Kruzifix ohne Arme und Beine***, wie es oft in Kommunionkindermappen wiedergegeben wird. Christus braucht auch unsere Hände und wird uns fragen, ob wir uns eingesetzt haben. Jetzt werden wie Sonnenstrahlen die acht Werke der Barmherzigkeit um das Kruzifix geheftet.

b) Eine ***Schüssel mit Wasser und Handtuch***. Wir verehren heute einen König, der sich nicht wie Pilatus die Hände in Unschuld wusch, sondern bereit war, den niedrigsten Sklavendienst auszuüben (zu dem selbst ein Sklave nicht gezwungen werden durfte!), wie er im Abendmahlssaal bei der Fußwaschung symbolisch zeigte. Ihm zu folgen, heißt auch, zu den Einsamen, seelisch Hungernden … zu gehen. (Vgl. „Dinzinger A")

2. Symbolgeschichten zum Evangelium

a) Die leeren ***Hände***. – Ich hatte einen Traum: Ein Mensch erschien vor dem Gericht des Herrn und sprach: „Siehe, Herr, ich habe dein Gesetz beachtet, habe nichts Unrechtes, Böses oder Frevelhaftes getan. Herr, meine Hände sind rein!“ Gott antwortete: „Ohne Zweifel, doch sie sind leer.“ (Raoul Follereau)
b) ***Christophorus***, der dem mächtigsten König dienen will, findet über das Dienen den Christus-König. Siehe 13. Sonntag i.J. A, Nr. 1, Seite 60.
c) Auf der Straße traf ein Mann ein kleines, frierendes Mädchen, zitternd in einem dünnen Kleid, ohne Hoffnung, etwas Warmes zu essen zu bekommen. Er wurde zornig und sagte zu Gott: „Wie kannst du das zulassen? Warum tust du nichts dagegen?“
Eine Zeit lang sagte Gott nichts. Aber in der Nacht antwortete er ganz plötzlich: „Ich habe wohl etwas dagegen getan. Ich habe *dich* geschaffen!“ (Nach dem arabischen Mystiker Sa’di)
d) Auf dem Weg zum Christkönig verschenkt der vierte König alles, was er besitzt. Siehe Christkönigssonntag, Lesejahr C, Nr. 2, Seite 255.

Dreifaltigkeitssonntag

1. Symbolpredigten zum Evangelium: Joh 15,26–16,3.12–15

Ein Gott, der retten will. –
a) Auf das rettende Zeichen schauen! – Gegen die „Schlangen“ in der Welt (Neid, Überheblichkeit, Gewalt) errichtete Mose die ***eherne Schlange***. Wer auf sie schaute, wurde gerettet (Num 21,4–9). Jesus bezieht es auf sich, wenn er am Kreuz erhöht sein wird: Wer auf mich schaut, kann in den Versuchungen der Welt bestehen.
b) In der Legende vom Zwiebelchen (Leo Tolstoi, vgl. „Kurzg. 1“, Nr. 249) hält der Schutzengel eines sehr hartherzigen Menschen ihm im Feuersee ein ***Zwiebelchen*** hin, das er im Leben einem Bettler einmal nachgeworfen hat. Die Barmherzigkeit Gottes hätte sich an diesem einen Funken Güte entzündet, wenn dieser böse Mensch jetzt wenigstens die anderen zugelassen hätte, die sich an seine Beine hängten, um mit herausgezogen zu werden. So bietet uns

Jesus das ***Kreuz*** an: Wer sich an ihm festhält, kann aus Gnade gerettet werden.

2. Symbolgeschichten zum Evangelium

Ein Gott, der retten will. –

a) Ein Junge, der mit seinem Boot in einen starken Strudel geriet und aus eigener Kraft nicht mehr aus dem Sog (= Sünde wie Drogen, Egoismus) herauskommt, kann das zugeworfene ***Rettungsseil*** (= Vertrauen auf Gott) ergreifen und sich in Sicherheit ziehen lassen – oder auch nicht.

b) Die Matrosen auf einem versinkenden Schiff müssen wegen des hohen Seegangs auf ein ***Rettungsboot*** (= Gott) springen, um in Sicherheit gebracht zu werden. Die den Sprung nicht wagen, versinken.

3. Symbolgeschichte zum Geheimnis der Dreifaltigkeit

Blinde betasten einen Elefanten und sollen Auskunft geben, wie er aussieht: Der das Bein berührte, erzählt von einem Baumstamm; der den Schwanz fasste, faselt etwas von einem Seil; der das Ohr ertastete, ist sich sicher, dass er einem Palmenblatt gleiche; der auf dem Rücken ritt, sprach von einer Festungsmauer mit Haut und Haaren … So sind wir alle blinde Bettler, wenn wir etwas von Gott aussagen sollen.

4. Symbolpredigten zum Gleichnis der Dreifaltigkeit

a) Wir deuten das ***Kreuzzeichen*** trinitarisch: Die erste Handbewegung geht nach oben = Gott ist über uns. Die zweite nach unten = Jesus ist Mensch geworden und mitten unter uns. Die dritte umfasst den ganzen Körper = Der Geist umgibt uns und umfasst unser ganzes Leben. („Frisch A“)

b) Khalil Gibran: So wie die Saiten einer ***Laute*** allein sind und doch von derselben Musik erzittern, so lässt sich das Geheimnis Gottes in seiner Einheit und Vielfalt erahnen. (Zunächst sammeln die Kinder die vielen Bezeichnungen Gottes = Saiten: Gott, Vater, Schöpfer, Jahwe; Sohn, Heiland, Jesus, Christus, Erlöser; Lebendigmacher, Tröster, Heiliger Geist; Feuer, heilende Kraft.)

Hinweis: Siehe in diesem Buch auch unter Dreifaltigkeitssonntag der Lesejahre B und C, Seite 167f und 256f.

LESEJAHR B

Advents- und Weihnachtszeit

Adventszyklus mit Baumschmuck

1. Advent: Ein ***Schlüssel*** wird in den Adventskranz gehängt, der an Weihnachten im Christbaum Platz findet (wie auch die weiteren unten angegebenen Symbole): Nur mit dem Universalschlüssel „Liebe“ kann ich die Herzen der Menschen öffnen. Jesus hat an Ostern die Tür zur Unterwelt aufgeschlossen (auf russischen Ikonen oftmals sogar aufgebrochen); er sagt von sich: „Ich habe die Schlüssel zum Tod und zur Unterwelt“ (Offb 1,18); er steht auch vor unserer Herzenstür und klopft an (Offb 3,20).
2. Advent: Die härteste ***Nuss***, den Tod, hat Jesus uns geknackt. Er bietet sich an, mit uns den Kern im Leben zu suchen und nicht auf die Fassade Wert zu legen. Er möchte unsere harte Schale der Bequemlichkeit oder Gleichgültigkeit knacken, damit Er unser Kern = unsere Mitte sein kann.
3. Advent: Ein ***Tannenzapfen*** öffnet sich bei gutem Wetter, er zeigt sogar prophetisch das Wetter von morgen an. Ein Zapfen trägt ca. hundert Samen unter seinen Schuppen. Wunderschöne Bilder für uns Menschen, die wir diese Erde im Auftrag Christi befruchten können.
4. Advent: Ein ***Strohstern***. Strohsterne sehen wir jetzt überall; sie deuten auf den „Stern“ aus Fleisch und Blut, der uns geboren wurde. Das war eine „Sternstunde“. Er will auch uns heimleuchten. Aber auch wir können Wegweiser sein: „Es genügt das Fehlen eines Sterns, dass eine Karawane in der Wüste die Richtung verliert.“
(Dazu ein ausformulierter Zyklus in „Anschaulich verkündigen“, Nr. 18)

Erster Adventssonntag

1. Symbolpredigt zur ersten Lesung: Jes 63–64

Wir sind der Ton, du bist der Töpfer. –
Eine schöne ***Tonschale***. Wir sind so zerbrechlich wie diese Schale; oft haben wir auch nur abgebrochene Stücke unserer Existenz in der Hand. In der Drohpredigt des Propheten Jeremia (Jer 19,1–11) werden wir sogar wie Töpfergeschirr zerschlagen, wenn wir uns nicht ändern. Wir glauben aber an einen neutestamentlichen Gott, dem wir manche Scherben zum Kitten anvertrauen möchten (z.B. Lk 7,36–50: Jesu Begegnung mit der Sünderin), der selbst Scherben annimmt, die nicht mehr zu kitten sind, und der möchte, dass wir aus unserem Gefäß des Lebens seine Liebe weitergeben.

2. Symbolpredigt zum Evangelium: Mk 13,33–37

Wachsam sein, wann der Hausherr kommt. –
Die ***Tür*** offen halten. – Wir meditieren über die Türen einer Kirche: Wie die *Haupttür* einer Kirche über Tag offen sein sollte = jeder darf eintreten, sich reinwaschen (= Kreuzzeichen mit Weihwasser) und Christus entgegensehen, der mit geöffneten, einladenden Armen am Kreuz hängt. – Die *Sakristeitür* laut zuknallen = unversöhnliches Schmollen, das es zu überwinden gilt. – Jede Tür hängt an zwei Angeln = Gottes- und Nächstenliebe. Weil wir von Gott Verzeihung erfahren, geben wir sie weiter (Vaterunser-Bitte: … wie auch wir vergeben …). Die *Tabernakeltür* öffnen: Jesu Herz ist offen. Wir können ihn empfangen und in uns stark werden lassen. – Die *Tür zur Geburtskirche Christi* ist sehr niedrig, nur mit tiefer Verneigung kann ich dort eintreten = den Hochmut ablegen, die Demut (= Dien-mut) versuchen und Jesus so in den Menschen begegnen.
Lied: Macht hoch (= auf) die Tür … GL 107

3. Symbolgeschichte

Gott hält die ***Tür*** offen. – Manche haben Angst, dass sie vor Gott nicht bestehen können und das Böse sie auffrisst. Die Situation gleicht der Geschichte mit der Maus, die sich in einem Keller verirrt hatte. Jemand ließ die Katze in den Keller und nun begann es: Die Katze sprang zu und verfehlte die Maus, aber nur zum Spiel. Sie wusste ja, die Beute war ihr sicher. Die Maus flitzte von Ecke zu Ecke im panischen Versuch, sich zu retten. Aber da war kein Ausweg. Wurde sie gefressen? Nein, der Besitzer kam und öffnete die Tür. (Nach Katharina Seidel)

Zweiter Adventssonntag

1. Symbolpredigt zur ersten Lesung: Jes 40,1–5.9–11

Der Hirt führt seine Herde zur Weide. –
Mit einem solchen ***Stab*** als „drittem Bein“ ist im Gebirge sicherer ein reißender Bach zu überqueren und beim Abstieg entlastet er die Knie. Den Santiago-Wallfahrern dient er in jedem Dorf als Schutz vor bissigen Hunden. Mit einem Stab schlug Mose auf das Meer und es teilte sich (Ex 14,16), ja, er schlug damit Wasser aus dem Felsen (Ex 17,5); sein Stab verschlang die Schlangen des Pharao (Ex 7,12); das fürbittende Gebet mit dem Stab in der Hand rettete die Israeliten (Ex 17,9ff). Zum lebendigen Stab wurde Jesus auf dem Weg nach Emmaus, als er die zweifelnden und traurigen Jünger aufrichtete. Dieser Stab ist auch uns als Gehhilfe nach Bethlehem und Golgota angeboten: Der Herr ist mein Hirt. Sein Stock und sein Stab geben mir Zuversicht (Ps 23).

2. Symbolpredigten zum Evangelium: Mk 1,1–8

Gott die Wege bereiten. –

a) Der Bote, der den Weg bahnt. – Johannes d.T. war wie ein ***Kompass***, dessen Nadel untrüglich nach Norden zeigt. Deshalb kann ich den richtigen Weg finden – im Nebel, auf hoher See, im Urwald … Johannes orientierte sich untrüglich an den Wahrheiten Gerechtigkeit, Frieden, Gott. Schon seine Erscheinung war eine Zeichenpredigt, die wirkte, ohne dass er etwas sagen musste. Darum strömten die Menschen auch zu ihm hinaus.
   Die meisten von uns haben ein untrügliches Gefühl für falsche Messiasse und Scharlatane. Wir alle haben ja einen eingebauten Kompass. Johannes besaß auch die Größe, nicht auf seine Berühmtheit stolz zu werden und sich selbst zum Halbgott einzusetzen. Er

wusste, dass einer kommt, dem er nur dient. – Woran orientiere ich mich? Auf welchem Holzweg befinde ich mich? Es ist höchste Zeit: Nur noch ... Tage, bis ich einem Größeren die Herzenstür öffnen kann.

b) Die Kinder bringen ihre ausgeschnittenen ***Fußspuren*** mit und haben darauf geschrieben, wie sie Weihnachten entgegengehen können (= besser zuhören, Kranke besuchen, andere mitspielen lassen). Sie legen die Fußspuren in Richtung der gedachten Krippe. Dann kommen Kinder mit besonders großen Fußspuren und lesen vor, was darauf steht. Auf der Fußspur Johannes' des Täufers: Bereitet den Weg des Herrn durch mehr Teilen, Umkehr des Herzens, Ehrlichkeit ...; Fußspur der hl. Barbara: Zeugnis ablegen, unbeirrt den Weg des Glaubens gehen ...; Fußspur Mariens = auf Gott hören, im Vertrauen auf Gott alles wagen usw. (Nach „Dinzinger B")

Dritter Adventssonntag

1. Symbolpredigten zum Evangelium: Joh 1,6–8.19–28

Johannes der Täufer sollte Zeugnis ablegen für das Licht. –

a) ***Leuchtturm:*** Bei Dunkelheit, Wind und Wetter den Schiffen den Weg in den Hafen weisen. So einer war Johannes d.T. Die Menschen sollten nicht bei ihm die Anker auswerfen, sein Arm zeigte auf Jesus, das Licht der Welt. Es gab immer wieder Leuchttürme, Heilige oder heiligmäßige Menschen, die in den Wirren der Zeit andeuteten, wo es langging. Auch die Kirche muss Lichtzeichen aussenden. Heute braucht Jesus uns – und wenn wir noch so kleine Leuchtfeuer sind.

b) ***Siebenarmiger Leuchter mit sieben Kerzen***, die nach und nach entzündet werden zum Thema: die Welt heller machen bzw. Zeugnis ablegen für das Licht Gottes. Möglichkeiten: Licht der Freude, indem wir das Positive mehr sehen und sagen. – Licht der Dankbarkeit, damit uns in unserem Schlaraffenland nicht die Augen zuwachsen. – Licht des Vertrauens, das uns trägt. – Licht der Liebe gegen Hass, Bequemlichkeit und Gleichgültigkeit. – Licht des Friedens gegen alle Unversöhnlichkeiten. – Licht des Glaubens an einen Gott, der es gut mit uns meint, wie er es in Jesus bewiesen hat. – Licht der Hoffnung, das unseren Mut immer wieder neu entfacht.

– Es ist besser, solche Kerzen anzuzünden, als über die Finsternis zu schimpfen! (Nach Petrus Hübner)

c) Jedes Kind bringt einen gebastelten ***Stern*** mit, auf dem steht, was es in Jesus sucht oder gefunden hat. Jeder dieser Sterne zeigt, dass in Jesus ein Stück vom Himmel auf die Erde kommt. Sterne haben nicht nur die Weisen aufbrechen lassen. Es gibt auch heute Menschen, die Jesus begegnet sind und ein Stück Himmel erfahren haben. – Jetzt wird aus diesen Erfahrungen verschiedener Menschen ein riesiger Stern zusammengepuzzelt (auf jedem Puzzlestück steht das unterstrichene Wort:) Zachäus hat wieder *Freude*, der Gelähmte am Teich Betseda wieder Kraft zum *Leben* usw. Zum Schluss heftet L. das Wort *Liebe* groß auf den Stern. (Nach „Dinzinger B", S. 67ff)

2. Symbolgeschichte zum Advent

„Ihr Bruder ist da!" – Ein im Gespräch manchmal unbeherrscht aufbrausender Politiker sann auf Abhilfe und ließ sich – wenn er lauter wurde – von seiner Sekretärin eine Visitenkarte zeigen mit der Aufschrift „Dr. Ungeduld". Das klappte.
Ein gut christlicher Bankdirektor, der davon hörte und manchmal ebenfalls lospolterte, suchte auch nach einer rettenden Idee. Nach einem Gottesdienst schrieb er als Lösung auf seine Visitenkarte: „Ihr Bruder ist da!" Die Sekretärin, die ihm in Zukunft diese Karte zeigen sollte, schaute irritiert. „Aber Sie sind doch auch eine Christin! Und schließlich hat uns Christus doch alle zu Geschwistern gemacht – oder?" (Verkürzt nach Heinrich A. Mertens)

Vierter Adventssonntag

Symbolpredigten zum Evangelium: Lk 1,26–38

Maria als Magd des Herrn und als unsere Mutter. –

a) Ein ***rotes Band mit mehreren*** hineingeschlungenen ***losen Knoten***. Durch das Ja Mariens wurde ein großer Knoten aus dem Band der Menschheit aufgelöst, den die Menschen im Paradies verursacht hatten, als sie in ihrer Freiheit Verbotenes taten *(L. löst einen Knoten).* Auch heute noch wird dadurch jedes Paradies in Mitleidenschaft gezogen oder zerstört. Wenn wir die Haltung Mariens näher betrachten, können wir weitere Knoten auflösen: Falls wir ihr unerschütterliches Vertrauen auf Gott haben *(Knoten lösen).* Sie war auch sicherlich eine betende Frau *(Knoten lösen).* Jeder Mensch, der betet und für andere bittet, verändert auch sich selbst dabei, weil er Haltungen in sich verstärkt, die dem Leben dienen. Maria hat uns Christus, den eigentlichen „Knotenlöser", geschenkt. Darum darf sie seine Gnade auch weiter vermitteln. Darum nennen wir sie „Zuflucht der Sünder, Trösterin der Betrübten" … So dürfen wir sie auch um Hilfe bitten, wenn uns Knoten unentwirrbar erscheinen. (Es gibt zu dieser Anschauung der „Knotenlöserin" ein Gemälde in der Kirche St. Peter am Perlach. Als Andachtsbild oder Kunstkarte zu bestellen beim Bürgerverein St. Peter am Perlach, Am Hinteren Perlachberg 1a, D-86150 Augsburg.)

b) Eine ***Marien-Ikone***: Mutter mit Kind. – Maria ist zwar als Mutter größer dargestellt als ihr Kind, aber ihre Kopfneigung, ihre Hand, ja die Falten ihres Gewandes: Alles ist auf Jesus hin ausgerichtet, von dem alle Gnade ausgeht. Ich darf einmal bei Maria stehen bleiben, die auch unsere Mutter sein will: Wie schön, dass es in unserer manchmal unbarmherzigen Männerkirche ihre Mütterlichkeit gibt. Mich haben auch immer die Kriegserzählungen meines Vaters beeindruckt, der oft erwähnte, dass die Soldaten in Todesnot mitten in den zerplatzenden Bomben nach ihrer Mutter, nicht nach dem Vater gerufen haben. So steht auch die Erfahrung vieler BeterInnen hinter dem Satz: „Es ist noch nie gehört worden, dass jemand, der zu dir seine Zuflucht genommen, deine Hilfe angerufen, um deine Fürbitte gefleht hat, von dir sei verlassen worden." (Vgl. GL, Kölner Diözesananhang 983,1)

Weihnachten

1. Symbolpredigten zu Weihnachten: Geburt des Herrn

a) Eine ***Baumscheibe***, innen verfault = ausgehöhlt; eine ***Krippe***. Der Baum, von dem die Scheibe stammt, musste ganz unvermutet gefällt werden, weil ein giftiger Pilz ihn total ausgehöhlt hatte und er eine Gefahr für die Umwelt darstellte. Dabei war äußerlich noch alles in Ordnung, auch das Blätterdach stimmte. – Ein Bild für viele Menschen und unsere Gesellschaft: Die Fassade muss stimmen. Wo aber die Mitte verloren gegangen ist, sind Dinge möglich, die uns bedrängen: Klamotten sind wichtiger als die Person; Menschen werden wegen ihrer Hautfarbe oder sozialen Stellung gejagt. Welche Mitte schenkt uns denn die Werte zurück? Materialismus, mit Geschenken klotzen? Macht ausüben? Immer großartigere Freizeit- und Reiseangebote? Ich stelle die Krippe in die Mitte. Schaut genau hin: Maria wagt im Vertrauen auf Gott ein Ja in eine unsichere Zukunft. Josef bringt sich nach dem „Rippenstoß“ des Engels (Mt 1,20) in Treue ein und Jesus bringt die Botschaft „Du bist von Gott geliebt; gleich, wer und wie du bist“. Er streckt seine Arme aus wie eine Einladung, uns umarmen zu lassen. – Wir können wählen zwischen Fassade oder diesem Kind an unserer Seite.

b) Erkennungszeichen ***Krippe***. Stellen wir uns vor, die Bibel wäre uns verloren gegangen und uns wäre nur noch die Stelle bekannt, die wir eben gehört haben: „Heute ist euch der Retter geboren, der Messias, der Herr. Und das soll euch als Zeichen dienen: Ihr werdet ein Kind finden, das, in Windeln gewickelt, in einer Krippe liegt“ (Lk 2,11f). Da mischt sich absolut gewaltlos und unbedrohlich Gott als Kind in die Menschheitsgeschichte ein. Das wäre als Erkennungszeichen der Christen keine Katastrophe. Die Menschen würden am Goldkettchen eine Krippe tragen; auf der Brust der Bischöfe, auf den christlichen Kirchen und den Bergen wäre eine Krippe zu sehen: In diesem Zeichen wirst du siegen! Dann wäre es in der Kirchengeschichte weniger um Sieg und Blut, mehr um Freundlichkeit und Leben gegangen. Wäre daraus ein harmloses „Kuschelchristentum“ geworden oder eine Revolution? Die Krippe öffnet uns das Paradies! Auch wenn wir zur Krippe für dieses Kind werden, sind wir nicht harmlos. (Nach Maria Jepsen)

2. Symbolgeschichten

a) Eine wahre Begebenheit! Heiligabend 1944. – Eine einsame Baracke in den tiefen Wäldern der Ardennen zwischen den Fronten, heimlich bewohnt von einer deutschen Familie mit ihrem zwölfjährigen Sohn, die bei der Offensive den Amerikanern in die Hände fällt. Zu später Stunde klopft es an der Tür. Drei amerikanische Soldaten mit einem verwundeten Kameraden bitten im tiefen Schnee um Einlass. Wenig später wieder ein Klopfen. Fünf schwer bewaffnete deutsche Soldaten vor der Tür. Auf Begünsti-

gung des Feindes steht der Tod. Die Frau erkennt die Gefährlichkeit der Lage, auch die Soldaten. Sie sagt: „Legt die Waffen weg! Es ist Heiliger Abend, da wird nicht geschossen!“ Zögernd gehorchen alle. Bei einem einfachen Mahl im Kerzenlicht teilen sie, was sie haben; kommen einander näher; kümmert sich ein Deutscher, der Medizin studiert hat, um den verletzten Amerikaner. Die Frau spricht sogar ein Gebet. Am anderen Morgen umarmen sich alle bewegt und machen sich auf den Weg zu ihren Einheiten.
In Amerika ist diese Geschichte viel bekannter als bei uns. Der frühere Präsident Ronald Reagan schrieb auf seiner Deutschlandreise im Jahre 1985: „Diese Geschichte muss immer wieder weitererzählt werden, weil keiner von uns zu viel über Frieden und Versöhnung hören kann.“

b) Die Könige mit den kahlen Köpfen. – Die Einweihung des neuen Gemeindezentrums sollte mit einem Krippenspiel verbunden werden. Bürgermeister Meier hatte selbst die Regie übernommen, um den Tag zum vollen Erfolg werden zu lassen. Die Probe hatte kaum begonnen, als ein blasser Junge und ein zartes Mädchen zur Bühne strebten: „Hier sind wir. Sie haben uns versprochen, dass wir die Könige spielen dürfen.“ Der Bürgermeister erinnerte sich erst, als die beiden ihre Mützen abnahmen und völlig kahle Köpfe zum Vorschein kamen. Ach ja, er hatte im Sommer die Krebsstation für Kinder besucht. Aber jetzt standen da schon drei ausgesuchte Könige und übermorgen war schon Heiligabend! „Nächstes Jahr!“, wimmelte Herr Meier ab. Doch er hatte nicht mit dem Widerstand der mitwirkenden Kinder und Jugendlichen gerechnet: „Was Sie versprochen haben, müssen Sie halten, sonst – spielen wir auch nicht!“ Der Vorfall sprach sich herum und am Heiligen Abend war im Gemeindezentrum nach dem Gottesdienst kein Platz mehr frei. Im Krippenspiel traten drei prächtig gekleidete Könige auf, aber dahinter kamen zögerlich noch zwei Könige mit wunderschönen Kronen auf ihren kahlen Köpfen. Die legten sie vor das Kind in der Krippe und sagten: „Wir schenken dir unsere Kronen, die nicht aus Gold sind. Aber viel mehr bringen wir dir unsere Herzen, die voller Angst sind; denn wir wissen nicht, wie lange es noch dauert!“ Tief betroffen mit Tränen in den Augen hörten alle zu, wie Maria zwei Kerzen entzündete und sie den beiden mit den Worten übergab: „Nehmt dieses Licht als Zeichen der Hoffnung. Wenn es ganz finster um euch wird, zündet sie wieder an und seid gewiss, dass das Kind in der Krippe euch auch in tiefster Dunkelheit nicht verlässt.“ (Stark verkürzt nach Ursula Berg)

Fest der Heiligen Familie
(Sonntag in der Weihnachtsoktav)

1. Symbolpredigt zur zweiten Lesung: Kol 3,12–21

Siehe in diesem Buch 1. Advent, Lesejahr A, 2., Seite 12.

2. Symbolpredigten zum Evangelium: Lk 2,22–40

Mehr auf „Familie“ bezogen.

a) ***Menschenpyramide*** (ein Ujamaa aus Ebenholz, das eine afrikanische Sippe als Menschenbaum zeigt).
Dieser Lebensbaum setzt sich aus Menschen zusammen, die einander auf Schultern und Köpfen stehen und sich gegenseitig mit Armen und Beinen stützen, Alt und Jung. Nur gemeinsam können sie überleben. Familie – ein Ort der Solidarität, wo einer für den anderen einsteht, stützt und hält; vor allem, wenn einem ein Schwert die Seele durchdringt (Lk 2,35b). Beispiele bringen.

b) Ein ***Telefon***. Eine Familie ohne Telefon. Da liegen Zettel mit Informationen, die den reibungslosen Ablauf gewährleisten. Das Handy hat alles noch bequemer gemacht. Aber Tag und Nacht muss es zur Verfügung stehen. Mutter allzeit bereit? Vater jederzeit erreichbar? Eine Familie ohne Telefon – kaum noch vorstellbar!
Aber Vorsicht! Ich kann zwar mit anderen Kontakt aufnehmen, wann immer ich es wünsche. Aber das Telefon kann auch zum Ersatz werden für persönliche Begegnungen. Wenn eine Familie zusammenhalten will, darf das Telefon nicht Dreh- und Angelpunkt werden. Die Gesprächspartner sollten sich gegenübersitzen; den Klang der Worte, das Minenspiel überdenken. Und ebenso

müssen Mutter und Vater ihre Kinder oder die alten Eltern sehen können, menschliche Nähe empfinden, eine positive oder negative Ausstrahlung wahrnehmen, wirkliche Begegnungen zulassen. Telefon ja, aber Vorsicht, wenn es Ersatz wird für das, was uns wirklich zusammenhält.

c) Eine ***Christbaumkugel***: So zerbrechlich wie sie ist nicht nur der Friede in einer Familie (Anspielszenen können das beweisen!) – oft wegen einer Kleinigkeit. Noch steht der Weihnachtsbaum: Die Botschaft des Friedens hat Jesus gebracht. (Nach „Dinzinger B", S. 72ff)

3. Symbolgeschichte

Der evangelische Pfarrer Friedrich von Bodelschwingh erzählt, wie er einmal als Kind in der Nacht aufwachte und, da es dunkel war, große Angst bekam. Er stand auf, tastete sich durch zwei finstere und kalte Zimmer, um in das Wohnzimmer zu gelangen, wo er seinen Vater vermutete. „Als ich dann", so berichtet er, „in die Wohnstube trat, sah ich meinen Vater am Tisch sitzen. Ich ging zu ihm, und als er seinen Arm um mich legte, war alles gut."

Zweiter Sonntag nach Weihnachten

1. Symbolpredigt zum Evangelium: Joh 1,1–5.9

Eine ***Bibel*** (oder nach dem Evangelium das Lektionar) wird *in* die ***Krippe*** gelegt. In diesem Buch schenkt Jesus uns die guten Worte Gottes. In Jesus ist das Wort Fleisch geworden = In Jesus löst Gott seine Worte der Liebe ein. Durch Jesus sehen wir den unsichtbaren Gott in einem neuen Licht. In Jesus erkennen wir die Liebe Gottes, die sich den Ausgegrenzten zuwendet; die allen Menschen gilt; die vor dem Tod nicht Halt macht. (Nach „Dinzinger B")

2. Symbolgeschichte zum Evangelium: Joh 1,5–12

Das Licht erleuchtet jeden Menschen. –
Wer im Dunklen diese Kirche aufsucht, auf den wirken ihre Fens-

ter düster, ja bedrohlich. Aber welches Farbenspiel, wenn die ***Sonne*** aufgeht und die Fenster erleuchtet. Stellt euch vor, wir sind solch eine kleine ***Glasscherbe*** darin; jede unverwechselbar anders in ihrer Tönung und Form; alle seit der Taufe in das Fenster eingefügt; wo etwas abgebrochen ist, kann der „Fenstermacher" Gott mit dem Bleiband der Liebe nachhelfen. Es kommt im Leben nur darauf an, die Sonne Gottes aufzunehmen und das Licht durchzulassen. Das gelingt selbst dann, wenn unser Scheibchen im Laufe der Jahre verschmutzt. „Allen, die ihn, die Sonne, aufnahmen, gab er Macht, Kinder Gottes zu werden" (Joh 1,12). Wir brauchen nichts zu leisten. Wir brauchen in unserem Leben Gott nur zuzulassen. Dann wird die Welt heller und bunter.

Sonntag nach Erscheinung – Taufe des Herrn

1. Symbolpredigt zur ersten Lesung: Jes 42,3

Das geknickte Rohr zerbricht er nicht. –
Mit solch einem ***Bambusrohr*** wurde Jesus in der Verspottungsszene vor Pilatus auf den Kopf geschlagen (Mt 27,30). Dann wird es dem gefolterten Judenkönig als Zepter in die Hand gedrückt. Jesus steigt also ganz hernieder vom Thron des Besonderen – wie er sich schon zu Beginn seines öffentlichen Wirkens im Jordan vor Johannes d.T. kniet und sich taufen lässt. Unser König wird so zum Partner und Bruder der Ausgestoßenen und Sünder. Wir können ihm die Worte „von ganz oben" als Sohn Gottes leichter glauben, weil er im eigenen Leiden am Kreuz nicht zerbrochen ist.

2. Symbolgeschichte zum Evangelium: Mk 1,11

„Du bist mein geliebter Sohn!" – Ein Haus steht in Brand. Entsetzt starren die Eltern in die Flammen, weil ihr Jüngster fehlt. Kein Denken daran, sich noch in den Glutofen zu wagen. Da öffnet sich oben ein Fenster und das Kind schreit um Hilfe. Der Vater ruft ihm zu: „Spring!" Aber das Kind sieht nur Rauch und Flammen, es sieht nicht den Vater und ruft das auch. Der Vater schreit zurück: „Aber *ich* sehe dich, spring!" Und das Kind springt und findet sich heil in den Armen des Vaters wieder. (Nach Leon-Joseph Suenens)

Ein Kind lässt sich nicht durch alle möglichen Versicherungen, durch Blitzableiter und Alarmanlage beruhigen. Nur durch Nähe: „Hab keine Angst, ich bin bei dir!“ Bei der Taufe nimmt Gott uns in seine Arme und sagt: „Ich bin bei dir. Du bist mein geliebtes Kind!“ Ein unbeschreibliches Geschenk Gottes, wenn wir es annehmen.

3. Symbolpredigt zur Taufe

Mitgebracht einen ***Personalausweis*** und eine ***Taufurkunde***. Dieser Personalausweis *(zeigt ihn)* weist meine Identität aus (englisch: identity card) mit Foto und persönlichen Angaben. Jeder ist verpflichtet, einen zu besitzen.
(L. zeigt Taufurkunde:) Hier noch eine andere identity card, eine Taufurkunde. Der Personalausweis bestätigt mein äußeres Erscheinungsbild, die Taufurkunde meine innere Identität: Ich gehöre zu Jesus Christus und zur Gemeinschaft aller Getauften. Wir sind von Gott geliebt und an die Hand genommen, um zum eigentlichen Fest des Lebens zu gelangen.

Fasten- und Osterzeit

Zyklen zu den Evangelien der Fastenzeit und Ostern

a) Eine ***Fasten-Leiter*** mit sieben Sprossen, auf die jeden Sonntag ein Bild oder der unten angegebene Gegenstand geheftet wird.
b) Ein ***Hungertuch*** gestalten (damit die Idee von Misereor aufgreifen).

Erster Fastensonntag

1. Zyklen zu den Evangelien der Fastenzeit und Ostern

a) ***Fasten-Leiter.*** Heute: Ein ***Baum***, der drei Triebe nach innen zeigt, die abgeschnitten werden: Habgier, Streitsucht, Trägheit (oder Ehrsucht, Machttrieb). Wenn wir die falschen Triebe abschneiden, kann der Baum mehr Kräfte in die guten (= Früchte) stecken. (Verändert nach „Dinzinger B" und „Frisch B" im gesamten Zyklus)
b) Auf dem ***Hungertuch.*** Heute: Ein ***Regenbogen***, der das ganze Tuch überspannt (siehe 1. Lesung!), an jedem Ende ein Mensch, der seine Hände erhebt: Gott bindet sich in Freundschaft an uns. Jesus hat diesen Bund erneuert. Darum sitzt er in Darstellungen oft auf einem (manchmal auf zwei) Regenbogen. (Verändert nach „Frisch B" im gesamten Zyklus)

2. Symbolpredigten zur ersten Lesung: Gen 9,8–15

Bogen des Bundes. –
a) Ein ***Regenbogen*** wird aus sieben farbigen Tüchern gelegt. Ein graues Tuch als Unterlage erinnert zuerst an den Tod, den die Sintflut brachte; auch an den Tod Jesu, der die Jünger schockierte (hier kann also auch ein Kreuz angebracht werden; dann ergäbe das Ganze schließlich ein Regenbogenkreuz).
Gelber Bogen: Als die Frauen Jesus einbalsamieren wollten, ging eben die Sonne auf = auch das Aschenkreuz erinnert daran, dass

das Kreuz stärker ist als der Tod. *(An die richtige Stelle heften!)* *Rot:* Die Liebe Jesu, Feuer des Hl. Geistes. *Grün:* Im Glauben an Jesus wird immer wieder ein neuer Frühling möglich. *Hellblau:* Am Ende geht alles gut aus, weil der Bund mit Gott durch Jesus neu geschlossen wurde. *Dunkelblau:* Ein neuer Himmel und eine neue Erde werden möglich, wenn wir uns in Treue an Jesus festhalten. *Orange:* In dieser Vorfreude dürfen wir jetzt schon die Welt mit mehr Elan gestalten. *Lila:* Auch wenn vorher noch manche Versuchungen und Fegfeuer zu überwinden sind. (Nach Monika Endres)

b) Eine ***Brücke*** zu Gott. „Diese Welt ist eine Brücke. Geh hinüber, aber bau auf ihr nicht deine Wohnung!" (Aus Indien) Wir sind eingeladen, auf dieser Brücke zu Gott zu kommen. Wir heften alles darauf, was uns Gott näher bringt: Gottvertrauen, Freundlichkeit, Hilfsbereitschaft, Gebet, Bewahrung der Schöpfung, die Sakramente …

3. Symbolpredigt zum Evangelium: Mk 1,12–15

Kehrt um! –
Das ***Verkehrszeichen „Umleitung"*** oder ***„Sackgasse"***. Wenn ich Jesus in den Blick nehme, kann ich meine Richtung ändern.

Hinweis: Siehe auch die Symbolpredigten zum ersten Fastensonntag der Lesejahre A und C, Seite 26 und 183.

Zweiter Fastensonntag

1. Zyklen zu den Evangelien der Fastenzeit

a) Die ***Fasten-Leiter.*** Heute: Ein ***Bild*** *vom verklärten Christus* (= mit Strahlen umgeben), der uns Licht und Leben bringt. Das Wort Jesus heißt übersetzt „Gott hilft, Gott rettet". Auf dem Berg Tabor wird den Jüngern klar, dass Jesus Gottes Sohn ist.

b) Auf das ***Hungertuch*** wird eine ***Sonne*** geheftet, darauf steht geschrieben „Sonne der Gerechtigkeit". In Jesus strahlt das Licht Gottes auf. Wer auf Jesus schaut, kann sich von ihm erhellen lassen.

2. Symbolpredigten zum Evangelium Mk 9,2–10:

Verklärung Christi. –

a) Eine große ***Sonne***: „Die Seele in die Sonne halten", meint zunächst, Zeichen der Liebe zu setzen, die uns innerlich wie Sonnenstrahlen wärmen; das Leben genießen; Stille und Schweigen zulassen. Wenn die Jünger auf dem Berg sagen: „Lasst uns hier bleiben und drei Hütten bauen", dann bedeutet das eine noch tiefere Begegnung des innersten Glückes, weil sie sich ganz in die Gegenwart Gottes hineinfallen ließen. – Ein Sonnenstrahl für jeden (?).
b) Den Durchblick gewinnen. Ein ***3-D-Bild*** (davon gab es um das Jahr 1995 eine regelrechte Inflation von Bildern und Büchern) betrachten: Einige können nur das vordergründig Dargestellte sehen, andere aber schauen noch „dahinter" und erkennen plötzlich ein neues Bild. So erkannten die Jünger hinter der „Oberfläche" des Menschen Jesus plötzlich seine tiefere Wirklichkeit, den Sohn Gottes. (Nach Klemens Sensen, D-49525 Lengerich)
c) Mit dem ***Riesenrad*** himmelwärts – dabei erlebe ich himmlische Gefühle: Der Lärm verebbt und ich gewinne mehr Abstand und Überblick. Das weckt in mir die Sehnsucht, noch höher zu schwingen. Aber ich erkenne auch, wie begrenzt der Mensch ist: Ich ahne die Größe und Faszination Gottes, bevor ich dann, etwas unsicher, wieder festen Boden betrete und im Lärm des Jahrmarkts untertauche. (Nach Helmut Ludwig)

3. Symbolgeschichte zum Evangelium

„Man sieht nur mit dem Herzen gut. Das Wesentliche ist für die Augen unsichtbar." (Antoine de Saint-Exupéry) Es stimmt, was wirklich glücklich machen kann, ist nicht das Materielle, sondern das, was mit dem Herzen aufgenommen wird. – Dieser ***Korb*** erinnert mich an ein Märchen von einer Frau, die auf die Erde verschlagen wurde. Weil sie sehr schön war, wollte ein Mann sie auf der Stelle heiraten. Sie willigte ein, aber nur unter der Bedingung, dass er nie in diesen Korb schauen würde. Er versprach es, tat es aber dann schließlich doch und musste lachen: Da war gar nichts drin! – Alles, was die Frau in diese Ehe mit eingebracht hatte: Zuneigung, Vertrauen, Liebe …, das ist ja auch nicht zu sehen (ausführlicher in „Kurzg. 4", Nr. 23), und weil er es auch nicht erspüren konnte, zerbrach die Verbindung. – Hätten wir auf dem Berg Tabor dabeistehen können, wahrscheinlich hätten wir auch nichts gesehen. Die Jünger schauten mit dem Herzen und wollten gar nicht mehr fort …

Dritter Fastensonntag

1. Zyklen zu den Evangelien der Fastenzeit und Ostern

a) ***Fasten-Leiter.*** Heute: Ein ***Kompass*** oder ***Wegweiser*** *(vgl. 1. Lesung!).* Die Gebote sind Orientierungshilfen oder ein von Gott geschenkter Kompass für unser Leben. (Bei einem Wegweiser steht auf der einen Seite: „Du sollst Gott lieben" und auf der anderen: „Du sollst deinen Nächsten lieben".) An ihm orientiert sich auch Jesus, als er die Händler vertrieb: Gott verzeiht uns auch ohne Opfer und möchte erst recht keine Geschäftemacherei am heiligen Ort.
b) Auf das ***Hungertuch*** werden die beiden Gesetzestafeln mit den ***Zehn Geboten*** geheftet. Sie sind die Regeln gegen die Angst. Wenn eine Gemeinschaft sich an sie hält, kann sich jeder geborgen fühlen.

2. Symbolpredigt zur ersten Lesung: Ex 20,1–17

Eine ***Schatztruhe*** wird hereingetragen und feierlich geöffnet. Die Tafeln mit den ***Zehn Geboten*** werden gezeigt: Die ersten drei beschäftigen sich mit dem Verhältnis zu Gott (= erste Tafel), die anderen sieben (= zweite Tafel) mit dem Zusammenleben der Menschen. Hierin wurden die Regeln des Bundes zwischen Gott und den Menschen festgelegt, die von der Verbindung mit Gott her die Gemeinschaft schützen. Jesus hat uns im Hauptgebot zur Liebe gerufen. Er hat uns vom Buchstabenzwang der Gesetze befreit und stellt das Herz über die Gebote: Nicht dem Gesetz, der Liebe verpflichtet. Ein großes Herz wird unter die beiden Tafeln gelegt: Das Herz lernt durch Gebote sehen. (Dazu eine Bußfeier in „Anschaulich verkündigen", Nr. 25)

3. Symbolgeschichte zum Evangelium: Joh 2,13–25

Kein Platz für Gott? – Ein Kommunionkind freute sich riesig auf sein Fest und dass Jesus in sein ***Herz*** kommen sollte. Aber wenige Tage vorher raschelte das schöne Kleid verführerisch ins Herz, dann die ersten Geschenke, und die Geldscheine drängten sogar die Computerspiele zur Seite. Das neue Kofferradio spielte so laut, dass das Kind kaum die Stimme vernehmen konnte: „Hallo, ich brauche dich ganz, dein ganzes Herz!" „Na so was", sagte das Herz müde und unwillig und es klang ein wenig, als wenn Steine aneinander klappern, „komm rein und setz dich still in die Ecke – aber stör nicht!" Und der hohe Besuch drückte sich in die hinterste Herzensecke und dachte daran, dass damals in Bethlehem auch kein Platz für ihn war. (Nach H. Schuh)

Vierter Fastensonntag

1. Zyklen zu den Evangelien der Fastenzeit und Ostern

(Grundsätzliches siehe 1. Fastensonntag, Lesejahr B)

a) ***Fasten-Leiter.*** Heute: Eine gemalte brennende ***Kerze***: Jesus will uns aus der Finsternis ins Licht holen. (Joh 3,19–21)
b) Auf das ***Hungertuch*** wird auf dunklem Tuch ein helles, strahlendes ***Kreuz*** geheftet. Im Kreuz ist das Heil der Rettung. (Joh 3,16–18)

2. Symbolpredigten zum Evangelium: Joh 3,16–18

Die Welt retten. –

a) Ein ***Schwimmreifen*** ist eine willkommene Hilfe, im Wasser nicht unterzugehen, bis ich sicher schwimmen kann. Ein Rettungsring, der einem Ertrinkenden zugeworfen wird, kann ihn in eisiger, stürmischer See über Wasser halten, bis Rettung kommt. Jesus ist unser Rettungsring. Er hat uns eine Geschichte erzählt, in der wir über einen Ring staunen können. Der barmherzige Vater lässt seinem wiedergefundenen Sohn voll freudiger Verzeihung einen Ring an den Finger stecken (Lk 15,22) und setzt ihn wieder in alle Rechte ein. So einer ist Gott! In Jesus können wir begreifen, wie sehr er diese Liebe des Vaters weitergegeben hat.
b) Das ***Kreuz*** wurde zum ***Äskulapstab*** in der Wüste des Lebens. Martin Luther schrieb einmal: „Eigentlich müsste ich verzweifeln und mich wie Judas an einen Baum hängen. Aber das tue ich nicht: Ich hänge mich an den Hals oder den Fuß Christi wie die

Sünderin, ob ich auch schlechter bin als diese. Ich halte meinen Herrn fest. Und dann spricht er zum Vater: ‚Dies Anhängsel muss auch durch! Es hat zwar nichts gehalten von all deinen Geboten, Vater, aber es hängt sich an mich, was will's. Ich starb auch für ihn. Lass ihn hindurchschlüpfen!' – Dies soll mein Glauben sein!" Nicht die Leistung, sondern das Vertrauen auf Jesus rettet uns (vgl. 2. Lesung: Eph 2,8). Wenn wir an Jesus glauben, schließt uns sein Kreuz alle Türen auf. Die giftigen Schlangenbisse dieser Welt sind gegen das Serum seiner Liebe machtlos.

Fünfter Fastensonntag

1. Zyklen zu den Evangelien der Fastenzeit und Ostern

a) Eine ***Fasten-Leiter.*** Heute: Eine Schale mit sprießenden ***Weizenkörnern*** oder ein Bündel Ähren: Wie das Korn sich in neue Frucht verwandelt, so ist der Tod Jesu der Anfang der Auferstehung, durch die neues Leben auch uns versprochen ist.
b) Auf das ***Hungertuch*** wird eine große ***Ähre*** geheftet. Die Kinder bekommen ein Tütchen Weizenkörner mit, um sie zu Hause einzusäen, damit sie das Geheimnis der Verwandlung in neues Leben genauer beobachten können.

2. Symbolpredigten zum Evangelium: Joh 12,20–33

Wenn das Weizenkorn nicht stirbt. –
a) Ein ***Hohlkreuz***, mit Erde ausgefüllt, in das etwa zehn Tage vorher ***Weizenkörner*** gesät wurden, damit die sprossende Saat zu sehen ist: „Im Kreuz ist Heil, im Kreuz ist Leben, im Kreuz ist Hoffnung." Was wir am Karfreitag singen, in der Osternacht erfüllt sehen, hat uns Jesus mit seinem Wort vom Weizenkorn angekündigt. So dicht wie hier steht die Saat aber selten. Mitten im besten Weizen wächst heute mehr denn je das Unkraut, ja das Giftkraut, das wir laut den Worten Jesu aber nicht herausreißen dürfen (Mt 13,24–30), um nicht auch den Weizen zu gefährden. Aber das positive Wort vom Leben im Kreuz und der reichen Frucht, wenn wir aushalten, haben wir hier vor Augen.

b) Zwiegespräch (2 SprecherInnen) mit einer ***Tulpenzwiebel***: „Es ist höchste Zeit, das richtige Leben kennen zu lernen!“ Und der Gärtner war im Begriff, die Tulpenzwiebel einzugraben. „Nein, ich möchte nicht schmutzig werden; hier fühle ich mich geborgen.“ „Dann aber bleibt alles in dir gefangen; dein Leben würde nie in dir aufbrechen und keimen. Nimm die Mühe des Wachstums auf dich! Das Leben ist schöner als deine Angst.“ „Aber in der Erde sterbe ich doch in dunkler Einsamkeit!“ „Nein, du stirbst nicht, du verwandelst dich und wirst, was du wirklich bist.“ „Aber das Licht der Sonne dringt nicht so tief!“ „Hinterfrage nicht alles. Was dir heute als Unglück erscheint, kann morgen dein Glück sein. Es ist nicht bequem, die Erfüllung des Lebens zu finden. Lass dich jetzt selber los.“ Und der Gärtner grub die Tulpenzwiebel ein. – Langsam durchbrach der junge Trieb die Schale – es tat ein wenig weh –, sanft streichelten ihn die Sonnenstrahlen und endlich, im Strecken und Recken durchzitterte die Tulpe ein Glücksgefühl. Jetzt verstand sie den Gärtner: Was in ihr verborgen lag, musste entfaltet werden, damit Leben gelingt. (Verkürzt und verändert nach Ulrich Peters)
Oder ein Interview mit Menschen, die sich über Gebühr für andere einsetzen und aus deren Arbeit Hoffnungsvolles gewachsen ist.

3. Symbolgeschichte zum Evangelium: Joh 12,24–25

Das Weizenkorn gibt sich hin. –
Eine Sage erzählt, dass das Wattenmeer zwischen Husum und der Insel Nordstrand einmal zugefroren war. Alle eilten freudig zu einem großen Fest auf dem Eis. Nur eine schwache, alte Frau war krank zurückgeblieben. Sie erschrak, als dunkle Wolken aufzogen, Vorboten eines furchtbaren Sturmes. Sie rief nach Nachbarn, um zu warnen. Aber keiner hörte sie. Da ließ sie sich unter großer Anstrengung aus dem Bett fallen, griff am Ofen ein brennendes Stück Holz und warf es auf ihr Bett. Im Nu brannte alles lichterloh. Mit letzter Kraft brachte sie sich in Sicherheit. Als die Leute auf dem Eis den Feuerschein sahen, liefen sie, um den Brand zu löschen, denn wie leicht könnte das Feuer die ganze Stadt vernichten. Da brach der Sturm los, die Wellen schlugen über das Eis und rissen Zelte und Tische fort. Jetzt erkannten die Husumer, dass die Frau nicht nur Hab und Gut geopfert, sondern sich selbst in große Gefahr gebracht hatte, um ihnen das Leben zu retten. (Verkürzt nach Rolf Krenzer)

Palmsonntag

1. Zyklen zu den Evangelien der Fastenzeit

a) Die ***Fasten-Leiter***. Heute: Ein ***Transparent*** mit den Worten „Hosanna!“ und „Kreuzige ihn!“ oder ein Palm- und ein Dornenzweig. Unser König hat Höhen und Tiefen durchgemacht; darum versteht er uns.
b) Auf das ***Hungertuch*** wird eine ***Krone*** geheftet, die *nach unten* zeigt: Wir verehren einen dienenden König, der Füße wusch und auf einem Esel ritt.

2. Symbolpredigten zum Evangelium Mk 11,1–10 und zur Passionsgeschichte

a) In einen ***mit*** bunten ***Bändern geschmückten Palmbuschen*** sind ein kräftiger ***Stecken***, ein ***dorniger Zweig*** und ein ***Hanfseil*** eingebunden. – Es sieht prächtig aus, wenn ihr mit euren bunten Palmbuschen Jesus, dem König, zujubelt. Ich habe auch einen Palmbuschen, aber bitte euch, bei meinem genauer hinzusehen: Er besteht nicht nur aus Palmzweigen und bunten Freudenbändern *(L. nimmt seinen Busch auseinander),* hier ist ein grobes Seil, mit dem die Soldaten kurze Zeit später Jesus fesselten; hier der Dornzweig weist auf die Dornenkrone des Spottes hin, die sie ihm aufs Haupt schlugen, und dieser grobe Stock will anzeigen, dass sie ihn auf dem Kreuzweg geschlagen haben, wenn er nicht schnell genug ging, und schließlich sogar angenagelt. Ihren König, dem die Menschen vorher zugejubelt hatten! Man könnte traurig bleiben, doch ich lege die bunten Bänder nicht zu weit fort, denn das allerletzte Wort war ja noch nicht gesprochen ... (als Hinweis auf Ostern). (Nach Dagmar Biechele in „Puk“ 3/98, S. 278)
b) Ein ***vertrockneter Palmzweig und ein frischer***. *(L. hält den vertrockneten hoch)* So wie dieser sieht ein Palmzweig nach einem Jahr aus: farblos, brüchig, unansehnlich. Für Aschermittwoch wurden die alten Palmzweige verbrannt und mit der Asche wurde uns ein Kreuz auf die Stirn gemalt. Ein Aschenkreuz, das uns sagte: Nicht unsere Ohnmacht und der sichere Tod haben uns im Griff, das Kreuz auf der Stirn ist das große Plus, das stärker ist als der Tod. *(L. hebt den frischen Palmzweig)* Wenn wir mit dem heu-

tigen frischen Zweig die Kreuze zu Hause schmücken, dürfen wir uns daran erinnern: Das Wort „Hosanna", das wir unserem König zugerufen haben, heißt „Hilf doch, Herr!" Und der Palmzweig wird zum Zeichen des Sieges, weil Christus auch uns aus dem Tod holen wird.

3. Symbolgeschichte zum Evangelium und zur Passion

Zwei ***Palmzweige*** unterhalten sich *(zwei SprecherInnen sprechen sehr meditativ durch Palmzweige)*: „Was war denn heute in Jerusalem los?" „Du bist wohl der Letzte, der noch nichts davon gehört hat: Ein König ist eingezogen!" „Mit einer wertvollen Krone auf dem Kopf?" „Nein, auf einem Esel!" „Was, kein stolzes Pferd?" „Nein, er trägt die Lasten anderer, gibt Armen Brot und Zuwendung, heilt Kranke und erzählt von Gott!" „Komischer König. Hat er viele Freunde?" „Manche munkeln, dass die Sache mit Jesus böse ausgeht." „Ja, ich bin mal gespannt, was so ein König der kleinen Leute gegen die Mächtigen der Stadt ausrichten kann."

Ostern

1. Zyklen zu den Evangelien

a) ***Fasten-Leiter.*** Heute: Ein herrlicher großer ***Schmetterling***.
b) ***Hungertuch.*** Heute: Ein ***Rosenstrauch,*** der in Blüte steht.

2. Symbolpredigten zum Evangelium: Mk 16,1–7

Auferstehung. –
a) *(L. schwenkt die **Fahne** eines bekannten Vereins)* Mir geht es nicht um den Verein, der hier angezeigt ist, mir geht es um die Fahne als solche. Ein Fan bekundet mit dieser Fahne: Auf diesem Verein stehe ich! – Eine Fahne zeigt auch das Osterlamm *(eventuell auf der Osterkerze)*. Fahnen gibt's oft in der und um die Kirche: Um sie scharen sich Anhänger eines bestimmten Heiligen. Jesus möchte seine Fans um sich scharen! *(L. hört mit dem Schwenken auf)* Aber

wo sind die Begeisterten? Ist uns dieser Jesus in Gesprächen zu Hause noch wichtig? Ist die Stimmung in die Clubs, Diskos und Stadien abgewandert? *(L. schwenkt wieder)* Dabei gibt es nichts Großartigeres als dem anzugehören, der gesagt hat: „Tod, wo ist dein Sieg? Wer sich um mich schart, braucht Tod und Teufel nicht zu fürchten. Komm, feiere mit das Fest gegen den Tod, das Fest der Feste!" *(Fahne gegen den Altar lehnen)*

b) *(L. geht mit einer **Kamera** auf Nahaufnahme, z.B. zu einer Blume auf dem Altar)* Interessant ist es, die faszinierende Welt des Mikrokosmos ins Auge zu fassen, aber wir leben in der Gefahr, der täglich einströmenden Bilderflut nicht mehr mit Tiefenschärfe zu begegnen; zumal manche Kameras ins Schlüsselloch anderer gehängt werden. *(L. stellt die Kamera auf „Unendlich" und richtet sie auf die Gemeinde)* Wir brauchen auch den Weitblick, um nicht auf den Horizont von Maulwürfen herabzusinken. Darum feiern wir die großen Feste unseres Glaubens wie Ostern: Christus hat das letzte Wort über das Auf und Ab unseres Lebens. Oder Weihnachten: Keine Angst, in diesem Kind ist das Licht aufgegangen, gegen die alle Finsternis machtlos ist. Oder Pfingsten: Es gibt einen Heiligen Geist auch außerhalb der Landebahnen der Kirchen, der alles Geistlose positiv verändern kann. – Ich lade ein, unseren Blickwinkel auf „Unendlich" zu stellen und uns mit der Tiefenschärfe Gottes an dieser Welt zu erfreuen. (Nach Reinhold Stecher)

c) Symbolpredigt zur Taufe. – Kinder malen eine ***Blume*** aus, die für sie selbst steht. Jede ist einzigartig und wunderbar. Sie schreiben ihren Namen darauf und stellen sie dann in eine ***Blumenwiese***. Nach der Taufe wird eine Blume mit dem Namen des Täuflings hinzugestellt. (Vgl. „Dinzinger B", S. 118ff)

3. Symbolgeschichte

Ostern in der Titusbasilika von Heraklion auf Kreta: Immer wieder werden Körbe voll duftender ***Rosenblätter*** auf das aufgebaute „Heilige Grab" gestreut, immerfort wird es besprengt mit geweihtem Wasser, begleitet von Liedern und Gesängen. Weihrauch steigt empor. Ein Fest für alle Sinne! Dann treten die Gläubigen näher, küssen die Christus-Ikone und nehmen sich mehrere Rosenblätter mit – um damit Leidende und Kranke zu trösten, Traurige zu erheitern, Zerstrittene zur Versöhnung zu bringen; um „duftendes Licht der Auferstehung" in die Tage und Nächte zu holen … (Verkürzt nach Hans Wallhof)

Hinweis: Symbolpredigten zum Evangelium von den Emmausjüngern (= Ostermontag): Siehe 3. Sonntag der Osterzeit, Lesejahr A, Seite 37.

Zweiter Sonntag der Osterzeit (Weißer Sonntag)

1. Symbolpredigt zur ersten Lesung: Apg 4,32–35

Sie waren ein Herz und eine Seele. –
Was das bedeutet, möchte ich an dieser ***kommunizierenden Röhre*** zeigen. Schon der Name ist interessant. Die Röhren, die Menschen, „kommunizieren" miteinander. Egal, wo ich etwas hineingieße, überall steigt das (gefärbte!) Wasser gleichmäßig hoch. Kommt einer missgelaunt in diese Gemeinschaft, zieht das eine gute Atmosphäre nach unten; wer einen Klassenkameraden oder eine Klassenkameradin bestiehlt, zerstört viel Vertrauen untereinander; wenn Leute schlecht über einen sprechen, geht das durchs ganze Dorf/durch den ganzen Stadtteil. Heute kommuniziert die ganze Welt miteinander: Wir sehen z.B., wie die Börse weltweit reagiert, wenn der Dollar steigt oder sinkt. Auch die Gemeinschaft der Christen damals wie heute ist wie so eine kommunizierende Röhre: Die Christen der Urgemeinde sorgten dafür, dass keiner Not litt; sie beteten für- und miteinander (Apg 2,46); sie sagten die gute Nachricht weiter. – Wenn wir heute die Kommunion empfangen, denken wir auch an die Erstkommunionkinder – lassen wir uns durch das lebendige Brot mit Gott und den Menschen verbinden.

2. Symbolpredigt zum Weißen Sonntag

Schaut euch genau diese ***Monstranz*** an! Sie ist einer Sonne nachgebildet, ihre Strahlen möchten auch uns erreichen. Die Mitte fehlt ihr noch, die kleine „Sonne" aus Brot, von der heilende Kräfte und Segen ausgehen. Jesus hatte damals die Ausstrahlung einer Sonne, die die Menschen anzog und heilte und Licht in jede Dunkelheit brachte. So leuchtet uns sein lebendiges Brot entgegen. Wir katholische Christen finden das so wichtig und schön, dass wir sie bald wieder einmal hinaustragen, um aller Welt ihre heilende Ausstrahlung zu zeigen und damit den Segen in alle Himmelsrichtungen erteilen. Heute aber wünschen wir besonders denen die Sonnenstrahlen, die zum ersten Mal dieses Brot empfangen können. Mögen sie strahlen bis in ihre Seelen hinein. (Nach Martin Ebner/Stefan Mai)

3. Symbolgeschichte zum Weißen Sonntag

Ein Heiliglandfahrer berichtete, wie er bei einer Bushaltestelle zwei Hunde beobachtete, die sich um ein halbes ***Brot*** balgten, das verdreckt hin und her geschoben wurde. Als der junge Fahrer zum Bus zurückkam und das zerbissene Brot mit den bellenden Hunden sah, ging er entsetzt dazwischen, nahm das schmutzige Brot, küsste es und legte es auf einen Mauervorsprung, wo die Hunde nicht hinkonnten. Dann sagte er in gutem Deutsch: „Das habe ich von meiner Mutter gelernt." (Nach P. Heinz Perne) – Wer das normale Brot nicht als heilig ansieht, das viele Menschen vor lauter Hunger fast anbeten, wird auch nicht mit allen Sinnen erspüren können, welches Wunder ihm im lebendigen Brot des Himmels in die Hand gelegt wird.

Dritter Sonntag der Osterzeit

Symbolpredigten zum Evangelium: Lk 24,35–48

a) *Zu Lk 24,36:* Er trat in ihre Mitte. – Eben hieß es im Evangelium: „Er trat in ihre Mitte." Schaut mal in den Mittelgang *(Kinder rollen ein altes* ***Wagenrad*** *bis vor den Altar).* Die Mitte war also Jesus *(L. klebt ein Jesusbild über die Nabe),* die Jünger sind die Speichen. Wenn sie sich von der Mitte halten lassen und sich alle dorthin ausrichten, stehen sie stabil. Wenn sie sich nach außen in eine Gemeinschaft (= Felge) einbinden, halten die Speichen noch stabiler zusammen, ja sind belastbarer. So dachte sich Jesus die Kirche: Er ist die Mitte, die wir auch in der hl. Kommunion empfangen, die uns dann mit ihm und untereinander verbindet. Wenn wir uns auf Christus ausrichten und an ihm festhalten, können wir auch leichter verkraften, was in der Gemeinschaft der Kirche ganz oben und ganz unten ärgert.
Dazu eine Geschichte:
Der Abt eines Klosters kam mit einem Besucher ins Gespräch:

„Wieso funktioniert euer Zusammenleben so gut, wo doch bei einem strengen Leben jeder Mönch ein Individuum darstellt, das auch seine Eigenheiten hat?“ Der Abt antwortete: „Es ist wie mit einem Rad. Die Felge ist die Mauer des Klosters, die aber nur äußerlich alles zusammenhält. Die Mönche sind all die Speichen, die von der Nabe in der Mitte gehalten werden. Und diese Nabe ist für uns Christus, der alles von innen zusammenhält. Wenn alles richtig läuft, dann kommen wir uns auch untereinander immer näher, je mehr wir uns der Mitte nähern.“

b) Ähnlich eine ***Baumscheibe***: Die einzelnen Personen liegen wie Jahresringe um die Mitte (= Jesus) und dürfen dabei ihre Individualität bewahren. Wenn sie verbunden bleiben, bilden sie einen starken Stamm, der Früchte im Baum zulässt.

Vierter Sonntag der Osterzeit

1. Symbolpredigt zur ersten Lesung: Apg 4,8–12

Jesus, der Eckstein. –
Ein großer ***Stein*** wird hingelegt (auch Altar möglich) und mit einem großen roten Chi-Ro ☧ überklebt (oder einem Christusbild). Die Kinder werden gebeten, nach vorne zu kommen und ihren Stein, den sie beim Hereinkommen wählen konnten, an diesen Eckstein anzulegen: Seit der Taufe sind wir als „lebendige“ Steine seine Kirche.

2. Symbolpredigten zum Evangelium: Joh 10,11–18

Der Gute Hirt. –

a) Einen ***Hirten*** (mit Schaf?) vorstellen. Herr N.N. ist ein echter Hirte; es ist sein Beruf. Ich lege ihm einen Mantel um als Schutz bei Tag und Nacht. Ein guter Hirt bleibt auch nachts bei seiner Herde. Er ist immer für seine Schafe da. – Ich gebe ihm seinen Stab, auf den er sich stützen kann, wenn er die Herde beobachtet. Am unteren Ende des Stabes befindet sich ein kleiner Widerhaken, mit dem er Leckerbissen ausgräbt oder den Fuß eines Schafes anhebt, um eine Verletzung zu behandeln. – Ich gebe ihm noch seinen Hut, der stundenlangen Regen verträgt. Er wirft mit der breiten Krempe auch einen Schatten über sein Gesicht, wenn er in die Ferne schaut, um eine Gefahr vorherzusehen. – Im Kopf hat er natürlich all das Wissen und die Erfahrung, um eine Schafherde gedeihen zu lassen. – Wenn Jesus sagt: „Ich bin der gute Hirt" und „ich gebe mein Leben für die Schafe", dann ahnen wir, warum wir uns ihm anvertrauen dürfen.

b) Sie hören auf meine Stimme (Vers 16): Ein großes gemaltes ***Ohr*** zeigen oder das Kunstwerk von Toni Zenz „Der Hörende". Ihr wisst aus der Schule: Wer nicht zuhören kann, bekommt mit dem Stoff Schwierigkeiten. Ihr wisst von zu Hause: Wer nicht hören kann, bekommt Ärger. Auf die Stimme Jesu hören heißt: Bei all den Stimmen, die ich in mir wahrnehmen kann, muss ich *seine* Stimme heraushören: Wenn ich fremdes Eigentum nehmen will, wenn ich beten will …

c) Der ***Stab*** des Hirten: Siehe dazu 3. Sonntag der Osterzeit, Lesejahr A, 3. Vorschlag, Seite 37. Wir alle sind irgendwo Hirten. Eine schöne Geste ist, wenn unser Bischof bei einer besonderen Amtseinführung seinen Stab für einige Augenblicke einem „Auserkorenen" überlässt und ihm damit sozusagen einen Teil seiner Verantwortung anvertraut.

Achtung: Sonntag des Guten Hirten = Welttag für neue geistliche Berufe.

Fünfter Sonntag der Osterzeit

Symbolpredigten zum Evangelium: Joh 15,1–8

Weinstock – Reben. –

a) Auf einem ***Tandem*** fahren zwei im gleichen Rhythmus und sie entfernen sich nicht voneinander, auch wenn sie unterschiedliche Aufgaben haben – eine ähnliche Verbindung wie Weinstock und Reben. Auf einer Tandem-Fahrt ist gemeinsame Freude doppelte Freude; vier Augen sehen mehr als zwei; der Stärkere muss Rücksicht nehmen. Wenn etwas schief läuft, hilft ein gemeinsames Gespräch, um die entstandene schlechte Atmosphäre aufzufangen; gerade bei einer Rast, beim Essen und Trinken, findet Begegnung statt, die mit neuem Elan weiterradeln lässt. Wenn wir uns so eng mit Jesus verbinden wie der Weinstock mit den Reben, wie zwei auf einem Tandem, dann kommen wir leichter ans Ziel. (Nach Karlheinz Buhleier)

b) Interview mit einem ***Weinbauer***. – Eventuelle Fragen: Wie tief reichen die Wurzeln eines Weinstocks ins Erdreich? (Bis 20 Meter tief, um Halt und Feuchtigkeit zu finden.) – Wie alt kann ein Weinstock werden? (Bis hundert Jahre.) Welche Arbeiten fallen bis zur Ernte an? (An Stöcken anbinden, Erde oft lockern, Unkraut beseitigen, viele Triebe abschneiden, oft gegen Ungeziefer ausrücken.) – Geduld muss sein, denn erst nach Jahren tragen die Weinstöcke gute Trauben. Bei der Ernte geht dann erst recht der Stress los. Durch den knorrigen Weinstock fließt der Lebenssaft für die Reben und deren Trauben. Wenn dieser Zusammenhalt verloren geht, vertrocknet der Trieb. Darum die Verbindung mit dem Weinstock Jesus halten im Gebet, Gottesdienst, im Vertrauen auf Gott und der Liebe zu den Menschen.
c) Dieses getöpferte ***Baumblatt*** möchte ich einem Brautpaar zur kirchlichen Trauung schenken, weil es vieles über die Verbindung der beiden aussagen kann. Jedes Blatt kommt aus einem Ast (= Eltern, Großeltern) und braucht auch weiter diese Verbindung; denn das Blatt braucht den Ast und der Ast das Blatt, um leben zu können. Ein Blatt ist nicht nur für sich selbst da. Es wirkt wie das Brautpaar in Kirche und Welt hinein und sorgt für frischen Sauerstoff und eine gute Atmosphäre. Den Saft, der hin und her fließt und Leben schenkt, möchte ich mit Güte, Erbarmen, Geduld, Demut (vgl. Kol 3,12–15) umschreiben. Wenn ich dann die Stola, die Hand Jesu, um die ineinander gelegten Hände der Brautleute lege, dann heißt das: Die Säfte von Glauben, Vertrauen und Liebe können nur fließen, wenn die Verbindung mit Ihm gehalten wird – wie die Rebe mit dem Weinstock. (Ähnlich, wenn ein „Ehe-Bäumchen" geschenkt wird.)

Sechster Sonntag der Osterzeit

1. Symbolpredigten zum Evangelium: Joh 15,9–17

Liebt einander! –
a) Gemeinde wie ein ***Klangspiel***. – Die Stäbe werden ins Klangspiel gehängt = seit der Taufe in die Gemeinde eingefügt. Wenn alle gemeinsam ihren Ton in Harmonie = Liebe einbringen, kommt etwas zum Klingen. (Beim ***Windspiel*** muss der Wind Gottes =

Gottes Geist hindurchfahren.) – Ein Klangspiel gehört aufgehängt; der „Faden nach oben" meint die Verbindung mit Gott, der uns hält. Das Holz in der Mitte (evtl. ein Kreuz) muss sanft gegen die Stäbe geschlagen werden, um sie zum Klingen zu bringen = „innere" Aktion wie das Gebet und „äußere" Aktion wie zum Beispiel ein Hungermarsch. Übrigens hängt im Kirchturm das „Klangspiel" der Glocken. (Nach Elsbeth Bihler/Ulf Häbel)

b) *Zu Joh 15,14–17:* Jesus spricht uns als Freunde an. – Weil Freundschaft ein tolles Geschenk ist, habe ich dieses ***Schmuckkästchen*** mitgebracht. Es ist auch etwas darin, was sie verdeutlichen kann. Hier ein Stück ***Seil***: Ein Freund muss ein Halt sein, wenn alle Stricke reißen. Ich muss ihm vertrauen können, wenn ich gefährlich im Berg hänge. Und dieser ***Spiegel***? Von einem echten Freund erwarte ich, dass er mir nicht nach dem Mund redet, sondern mir auch unverblümt sagt, was er als falsch einstuft – aber mit Liebe! Ein Sprichwort aus Australien: „Wer einen guten Freund hat, der braucht keinen Spiegel!"
Diese ***Baumscheibe*** deutet an, dass erst viele Begegnungen sich wie Jahresringe um unsere Freundschaft legen, bis sie stark geworden ist. – Was heißt das für die Freundschaft mit Jesus? *(Seilchen zeigen:)* Er hält mich, selbst in der Stunde des Todes. *(Spiegel zeigen:)* Ihm kann ich ehrlich und offen alles sagen. *(Baumscheibe zeigen:)* Ich muss mir Zeit für Begegnungen mit ihm lassen! – Keine Straße im Leben ist zu lang mit diesem Freund an der Seite. (Nach Peter Frowein)

c) *Zu Joh 15,12–14.17:* Liebt einander! Wer in eine schlammige ***Pfütze*** tritt, geht schimpfend weiter. Aber er könnte auch zurückgehen, einen Augenblick warten und dann sehen, wie der Himmel sich darin spiegelt! – Wir treffen auf Menschen, um die wir einen großen Bogen machen aus Furcht, wir könnten uns „beschmutzen". Jesus blieb bei der Sünderin, bei Zachäus, ja beim Schächer am Kreuz stehen und sah jeweils den Brückenkopf des Guten in ihnen; sah, wo der Himmel sich in diesen Menschen spiegelte, und konnte anders mit ihnen umgehen. – Hoffentlich denken wir daran zu suchen, wo sich im Gegenüber der Himmel spiegelt. (Nach einer Idee von Maria Regina Broj)

2. Symbolpredigt mit Symbolgeschichte zu Joh 15,12.17

Liebt einander! –
Neunmal kam das Wort „lieben" im Evangelium vor; darum habe ich hier gleich den ***Universalschlüssel*** „Liebe" mitgebracht, denn der passt auf alle Türschlösser. Und doch haben wir Schwierigkeiten mit der Liebe. Darum erzähle ich folgende Geschichte:
Ein großer König wollte neben all seinem Reichtum auch noch die Schlüssel zu den Himmelstoren besitzen, aber – so sagte ein weiser Mann zu ihm – die musst du selber suchen! Der Engel vor dem Himmelstor lächelte: „Es blühen genügend Himmelsschlüssel auf der Erde, du musst die richtigen drei finden." Und er fand den ersten nach vielen Jahren der Mühe, als er sich nicht zu schade war, einer verdurstenden Pflanze Wasser zu geben; den zweiten, als er ein krankes Tier in seinem Palast gesund pflegte, und den dritten, als er ein verwahrlostes Kind ins Schloss aufnahm. – Der Universalschlüssel „Liebe" bewährt sich also am besten bei der Liebe zu allen Geschöpfen. (Stark verkürzt nach Manfred Kyber)
„Liebt einander, so wie ich euch geliebt habe" ist der Schlüssel zum Glück, zur Freude und zum Himmel.

Siebter Sonntag der Osterzeit

Symbolpredigten zum Evangelium: Joh 17,6a.11b–19

Liebe aus dem Geist Gottes. –

a) Jesus zeigt uns, wie wichtig Beten ist. Das Gebet ist mit einer ***Blume*** zu vergleichen, die zum Himmel schaut. Wir schauen uns das Gebet Jesu näher an: Der Blütenkelch ist sein Vertrauen zum Vater *(Blütenkelch mit dem Wort „vertrauen" auf eine Flanellwand heften).* Wie oft dankt er seinem Vater *(Blütenblatt mit „danken" an den Blütenkelch heften)!* Er bittet für seine Jünger *(Blütenblatt „bitten" anlegen);* er sorgt sich um die ihm Anbefohlenen *(„sorgen");* er vertraut sie dem Vater an *(„anvertrauen");* er liebt dabei *(„lieben")* aus ganzem Herzen. – Jesus lehrt uns beten! (Nach „Dinzinger B")
b) Symbol ***Ring*** als Zeichen der Liebe. Wie oft kommt das Wort „Liebe" in den Abschiedsreden Jesu vor (heute auch in der 2. Lesung)! Mit

diesem Ring darf ich die Liebe einmal umschreiben, denn ihr schenkt euch ja einen Freundschaftsring und Brautleute stecken sich gegenseitig den Ehering an und der will ja etwas aussagen: Der Ring ist ein Kreis. „Komm in unseren Kreis!“, hören wir manchmal, d.h. „Tritt in unseren Schutz!“, – wie Eheleute sich schützend um ihre Kinder stellen. Schön, dass auch der Kreis ein Zeichen für Gott ist: ohne Anfang und Ende. Da steckt also auch Treue drin: Eine Liebe ohne Anfang und Ende, wie Brautleute sie einander versprechen. Dieser Ring kann auch an einen Rettungsring erinnern, den ich auswerfe, wenn einer unterzugehen droht. Und er darf an den Ring der Vergebung erinnern, den der barmherzige Vater dem wiedergefundenen Sohn an den Finger steckt. – Diese Liebe meinte Jesus.

Pfingsten

1. Symbolpredigten zur ersten Lesung am Tag: Apg 2,1–11

Pfingstereignis. – Der Hl. Geist ist wie der Wind:

a) Er hebt die kleinen Fallschirme der ***Pusteblume*** in die Luft und trägt sie, wohin er will. Er treibt sie auseinander, dass alle genug brauchbare Erde finden, und lässt die Samenkörner daraus zu neuen Blumen ausschlagen.
b) Er treibt die ***Windmühlen*** in Griechenland: Sie schöpfen Grundwasser, das das Land erneuert. (Auf die Flügel können die Kinder ihre Namen schreiben.) (Nach Lucie Bütler)

2. Symbolpredigten zur zweiten Lesung (am Tag): 1 Kor 12,3b–7.12–13

Früchte des Geistes. –

a) Wie das Osterbäumchen die Siegesfahne zeigt, so malen die Kinder ***Lebensfahnen***, auf denen sie einen Begriff malen, der ihnen am meisten gefällt: Freude, Friede, Geduld, Güte …
b) ***Heilkräuter*** gegen eine kranke Welt: Es gibt so viele „Giftkräuter“ wie Missgunst, Streit, Jähzorn (Paulus: Werke des Fleisches). Dagegen setzen wir die Heilkräuter ein wie Liebe, Freundlichkeit, Langmut …

3. Symbolpredigten zum Pfingstereignis: Joh 20,19–23

a) Die Kinder haben ihre ummalten und ausgeschnittenen Hände auf rotem Karton mitgebracht, die jetzt in einen vertrockneten Dornbusch gehängt werden. Sie erinnern an den ***brennenden Dornbusch***, Zeichen des gegenwärtigen Gottes („Ich bin der ‚Ich bin da'"), der Mose einen Auftrag gibt: „Ich sende dich!" (Ex 3,10). So sind auch wir gesandt; Gottes Gegenwart kann uns dabei die Angst nehmen.

b) Ein großer „durstiger" ***Naturschwamm***: So ausgetrocknet fühlen wir uns auch manchmal, dürsten nach Freude und Zufriedenheit ... Jesus sagt: „Wer Durst hat, komme zu mir ..." (Evangelium am Vorabend: Joh 7,37–39). *(Jetzt auf einem Teller Wasser über den Schwamm gießen)* Seht, wie durstig er trinkt und dabei weich und beweglich wird. Jetzt ist er wieder in dem Element, aus dem er kam. Jetzt ist er brauchbar. *(L. drückt den Schwamm aus:)* Es können auch noch andere davon leben, wenn einer voll ist mit Heiligem Geist. (Evtl. für die Kinder kleine Naturschwämme.) (Nach „Dinzinger B")

c) Kirche, das sind wir: ein ***Baum*** mit vielen Blättern, auf denen die Namen der Teilnehmenden stehen. Mit Jesus, dem Stamm, verbunden, können wir die Atmosphäre der Welt verändern. – Hände, zu einem großen Feuer zusammengeklebt: Auf jeden kommt es an, dass andere Orientierung und Wärme erfahren.

4. Symbolgeschichten

a) Selbst öffnen. Ein Maler schuf ein Bild mit Christus, der an die Tür einer Hütte klopft. Doch an der Tür ist kein Griff. Gefragt, ob er den Griff vergessen habe, gibt er die Auskunft: „Wenn Christus an die Tür deines Hauses anklopft, dann kann sie nur von innen geöffnet werden."

b) Gegen die Mittelmäßigkeit. Einem Rat Suchenden, der sich *ein wenig* bemühte, in Frieden zu leben, im Denken sauber zu bleiben und auch zu fasten und zu beten, sagte ein Rabbi: „Wenn Ihr wollt, könnt Ihr ganz zur ***Flamme*** werden!" Und er hob dabei beide Arme so in den Himmel, dass seine Finger zehn lodernden Fackeln glichen. (Nach Yushi Nomura)

Hinweis: Siehe in diesem Buch auch unter „Pfingsten" der Lesejahre A und C, Seite 43 und 202.

Sonntage im Jahreskreis

2. Sonntag im Jahreskreis

Hinweis: Predigten zum „Lamm Gottes“ siehe in diesem Buch unter 2. Sonntag i.J. A, Seite 45.

1. Symbolpredigt zur ersten Lesung 1 Sam 3,3b–10.19 und zum Evangelium Joh 1,35–42

Jesus sucht Menschen, um sie mit Gott zu verbinden. –
Vom Altarkreuz (oder Altar) ***gehen viele bunte Bänder aus***, die sich bis zu den ersten Bankreihen spannen lassen. Kinder werden wie zu einer Berufung (vgl. 1. Lesung: Samuel wird von Gott berufen) nach vorne gerufen und halten die Bänder. So wie die beiden Jünger von Jesus angezogen und berufen wurden, so braucht Gott heute Menschen, die sich einbinden lassen, das weiterzusagen und zu tun, was die Lebensaufgabe Jesu war. (Jeder erhält zur Erinnerung ein kleines Stück Band.) (Verändert nach „Frisch B“)

2. Symbolpredigt zum Evangelium: Joh 1,35–42

Jesus als Brückenbauer. –
Im antiken Rom hieß der Oberpriester Pontifex = Brückenbauer. Er sollte ***Brücken*** bauen zwischen den Menschen und der Gottheit. Christus ist so ein Brückenbauer, der den Abgrund, der sich zwischen Gott und Menschen gebildet hatte, überwinden wollte; denn der Graben war breit geworden und den Menschen fehlte der Mut zum Sprung. Wohin denn auch springen? So eine Brücke braucht starke Pfeiler. Unter den ersten findet er einen, den er Kephas nennt, Petrus, „Fels“: Ein sicherer Halt in der reißenden Flut, weil auf zuverlässigem Grund gebaut? Ohne Gottes Ja auch heute ein Risiko – wie wir alle, mit denen Gott an seiner Brücke baut. Aber ohne solche Brücken kommt niemand voran. (Verändert nach Werner Eizinger)

3. Sonntag im Jahreskreis

1. Symbolpredigt zur ersten Lesung: Jona 3,1–5.10

Jona ruft Ninive zur Buße auf. –
Wir kennen die Vorgeschichte dieses Propheten: Er weigert sich, das Wort Gottes Ungläubigen zu verkünden. Aber der große Fisch (= der Wille Gottes) „zwingt" ihn in die Berufung: Ein großes ***Herz*** wird aufgeklebt, dahinein die ***Erdkugel*** anbringen, auf die Bilder von Menschen aller Rassen, aber auch mitgebrachte Fotos/Zeichnungen der anwesenden Kinder gesteckt werden = Wir Christen sind berufen, die Gute Nachricht Jesu allen Völkern zu verkünden. (Vgl. Evangelium) (Nach „Frisch B")

2. Symbolpredigt zum Evangelium: Mt 1, 14–20

Jesus sucht Freunde. –
Ein langes ***Freundschaftsband***, geflochten aus bunten Bändchen. Seit der Taufe sind wir in die Freundschaft Gottes gerufen worden und seitdem besonders mit allen verbunden, die auch auf den Namen Jesu getauft sind. Viele Kinder kommen nach vorne, die das Band halten, und wir beten: für Einsame, Traurige, Ängstliche, Kranke, Enttäuschte … Jetzt erhalten die Kinder Materialien, um zu Hause selbst Freundschaftsbändchen zu flechten und dann an den besten Freund/die beste Freundin weiterzuschenken. Die Mühe und der Zeitaufwand machen es besonders kostbar. (Nach „Dinzinger B")

3. Symbolpredigt zum Evangelium: Mt 1,14–20

Netz. – Wir knüpfen ein „Menschenfischernetz" aus Seilen und benennen die Knoten im „Sicherheitsnetz Gottes": Vertrauen auf Gott, Solidarität, Freundlichkeit, Begeisterung, Versöhnung, Gesinnung Christi, Toleranz, Ehrlichkeit, Treue, Friedfertigkeit … Wenn es fertig gestellt ist, wird ein Kind hineingelegt und ein Stück weit getragen, um die Belastbarkeit und Sicherheit zu überprüfen. Es ist für die „Menschenfischer", die es jetzt tragen, gar nicht so einfach …

4. Geschichte zum Thema „Berufung"

Heutzutage tun sich Jugendliche in wichtigen Entscheidungen schwerer als früher. Dazu die Geschichte „Der Berg der Entschiedenheit": „Wie lange bist du schon Mönch?", wollte ich wissen. „Ein richtiger Mönch? Noch nicht lange. Ich habe allein fünfzig Jahre gebraucht, um den Berg der Entschiedenheit zu besteigen." „Sollte man zuerst sehen und dann entscheiden oder entscheidet man zuerst und sieht dann?" „Wenn ich dir einen Rat geben darf", sagte er, „vergiss die Fragen und nimm den Berg unter die Füße!" (Aus image, April 2001)

4. Sonntag im Jahreskreis

1. Symbolpredigten zum Evangelium: Mk 1,21–28

Die Heilung des Besessenen. –

a) Es gibt auch heute Besessenheit = eine ***Person in*** ein ***Netz*** eingehüllt oder gefesselt: Eine Sucht hält sie in Besitz, wie zum Beispiel die Spielsucht, Drogensucht, Geltungssucht, Herrschsucht, Konsumsucht, Kleptomanie ... manchmal anerzogen, verführt, in den Teufelskreis gekommen ... Die Betroffenen und die Umgebung möchten sich von diesem Netz/diesen Fesseln befreien, aber die Verstrickung dauert an. Nur die starke Liebe einer Person (nebst ärztlicher Begleitung) und gute verständnisvolle Freunde können die ***Fesseln lösen***. Es gibt auch viele, die über eine Bekehrung, eine neue Liebe, zu Jesus, dem starken Freund, gefunden haben.
b) Die heutige Angepasstheit ist bei manchen auch schon eine Besessenheit. Wie ein ***Chamäleon*** seine Farben, so wechseln sie ihre Ansichten und Moden, um sich der Umgebung anzupassen, und drohen dabei an eigener Überanstrengung wie der des Geldbeutels zugrunde zu gehen. Wie ein Chamäleon tatsächlich – auf einen bunten Teppich gesetzt – sich stundenlang bemühte, auch bei sich die verschiedenen Farben der einzelnen Quadrate des Teppichs anzulegen, und an Überanstrengung starb. – Eine im Gesicht weiß geschminkte Person (= gesichtslos werden) bekommt von in verschiedenen Farben gekleideten Personen etwas aufgeschwätzt (Steig aus! Schon Sex probiert? Spritz doch mal! Komm mit in unser Paradies!) und dann das neue Kleidungsstück übergehängt

– bis sie sich schließlich alles vom Leibe reißt und *ihren* Weg geht. Danach schminkt sie sich ab.

c) Wer ist Jesus? Verschiedene Spieler treten mit Symbolen auf und legen nach ihren Bekenntnissen den angegebenen Gegenstand auf den Altar: Apostel Matthias: Jesus liebt (***Bibel*** auf den Altar legen); Bartimäus: Er heilt (***Blindenstock*** gegen den Altar lehnen); Besessener: Er befreit (wirft ***Strick*** vor den Altar) usw. (Nach „Dinzinger B")

2. Symbolgeschichte zum Evangelium

Ein armer Schuster sang von morgens bis abends vergnügt bei seiner Arbeit. Einen reichen Mann nebenan störte das beim Geldzählen – und er schenkte ihm einen Beutel voller Goldstücke. Noch nie hatte der Schuster so viel ***Geld*** gesehen. Er zählte es sorgfältig und ließ es nicht mehr aus den Augen. Jetzt musste er immer an das viele Geld denken, konnte nicht mehr schlafen und suchte nach immer neuen Verstecken. Zum Arbeiten und Singen kam er schließlich nicht mehr richtig. Zuletzt war er so unglücklich, dass er dem Nachbarn das Gold zurückbrachte: „Nimm dein Geld zurück. Die Sorge macht mich ganz krank. Und außerdem kommen meine Freunde, die Kinder, nicht mehr." Bald war er wieder genauso vergnügt wie vorher. (Nach Jean de La Fontaine)

5. Sonntag im Jahreskreis

1. Symbolpredigten zum Evangelium: Mk 1,29–49

Jesus, der Heiland. –

a) Er trieb die Dämonen aus. Eine ***Marionette*** zeigen: Sie ist nicht frei, sondern ganz abhängig von mir. Wenn ich sie weglege, kann sie nichts mehr tun. Wie bei diesem Kind *(es hat Seilchen um beide Arme, beide Beine und den Brustkorb geschlungen),* das hin und her gerissen wird *(jeweils an einem Seil ziehen):* Dämon „Fernsehen": Schalt sofort ein, sonst versäumst du was! – Dämon „Gewalt": Schlag zurück! Lass dir nichts gefallen! – Dämon „böse Wörter": Sag Gemeines! Verletze! – Dämon „Freizeitstress": Ständig auf Achse sein! – Jesus will uns frei machen!

Auf die jeweilige Bitte „Jesus, befreie uns!“ die Seile lösen, denn Jesus möchte nicht, dass wir Marionetten sind. (Nach „Dinzinger B“)
Diese Fäden können auch sein: Leistung, Mode, Wohlstand, Schicksal …

b) Es gibt unheimliche, zerstörerische Kräfte, die wie ein (gemalter) ***Strudel*** in den Abgrund ziehen. Es gibt auch immer noch den Wahnsinn in der Politik, der jährlich Millionen Kinder verhungern lässt, aber Milliarden Euro in Waffen steckt. Im Strudel greifen Menschen nach Strohhalmen, auch nach Scharlatanen. Jesus streckt seine Hand aus – wie ein zugeworfenes ***Seil***: Wer es ergreift, kann sich herausziehen lassen.
c) Alle suchen dich (Mk 1,37). – „Jesus war wie ein ***Magnet*** und damit fuhr Gottes Hand über die Erde“ (Alfred Salomon). Wer sich anziehen ließ und seine Kraft erfuhr, konnte auch andere magnetisieren: Sein Ruf verbreitete sich im ganzen Land.

2. Symbolgeschichten zum Evangelium

a) *Zu Mk 1,31:* Er fasste sie an der ***Hand***. – Der Junge vor dem Operationssaal: „Vater, ich habe keine Angst, wenn du bei mir bleibst!“ Der Arzt erlaubte es, und bevor der Junge narkotisiert wird, vergewissert er sich noch einmal: „Vater, bist du da?“ Als der Junge betäubt liegt, sagt der Arzt: „Nun können Sie gehen!“ „Nein“, sagt der Vater, „ich habe ihm versprochen zu bleiben, dann möchte ich auch bleiben.“ Als der Junge erwacht, hält der Vater noch immer seine Hand. Da lächelt der Junge: „Vater, du bist da?“ und schläft beruhigt wieder ein. – So einer ist Jesus!
b) *Zu Mk 1,34:* Er trieb viele Dämonen aus. – Auch ein Wolf hat vom Kind in der Krippe gehört, schleicht näher und setzt zum Sprung an. Da berührt ihn liebevoll die Hand des Jesuskindes. Zum ersten Mal streichelt jemand sein hässliches, struppiges Fell. Da geschieht Unvorstellbares: Die Tierhaut platzt und heraus steigt ein Mensch, der in die Knie sinkt und die Hände des Kindes küsst. – Erlösende Berührung. (Nach Huub Oosterhuis)

Anregung: Interview mit jemandem vom Krankenhauspersonal.

6. Sonntag im Jahreskreis

Vorüberlegung: Zitat von Heinrich Böll: „Selbst die allerschlechteste christliche Welt würde ich der besten heidnischen vorziehen, weil es in einer christlichen Welt Raum gibt für die, denen keine heidnische Welt je Raum gab: für Schwerbehinderte und Kranke, Alte und Schwache, und mehr noch als Raum gab es für sie: Liebe – für alle, die der heidnischen wie der gottlosen Welt nutzlos erschienen und erscheinen!"

1. Symbolpredigten zum Evangelium: Mk 1,40–45

Heilung des Aussätzigen. –

a) Das ***Netz***, das uns verbindet. Einige Kinder stehen im Kreis, werfen sich einen Knäuel Wolle zu und halten den Faden jeweils an der zugeworfenen Stelle fest. So entsteht ein „Netz von Beziehungen". Dafür müssen aber alle das Netz gespannt halten, sich auf die anderen einstellen und Rücksicht nehmen. – Ein Kind lässt nun einen Faden fallen (oder einer zerschneidet ihn): Das ganze Netz ist betroffen, weil die Spannung verloren geht. Erst wenn der Faden – und das ist sehr schwierig – wieder neu verknüpft ist, funktioniert das Netz wieder. (Nach „Frisch B") Deuten!

b) Ein ***Aids-Kranker*** oder eine Drogenabhängige (Achtung: Anonymität wahren!) wird interviewt, möglichst auch ein Angehöriger und ein Sozialarbeiter und zusätzlich jemand von der ärztlichen Betreuung.
Fragen: Wie fühlst du dich? Gibt es so was wie eine Isolierung? Was wünschst du dir? Könnte Jesus oder eine christliche Gemeinde dir helfen?

c) ***Interview mit einem Heiligen***, der von einem Gemeindemitglied live dargestellt wird: Franziskus küsste(!) einen Aussätzigen; Pater Damian Deveuster ging für immer in die Hölle der Aussätzigeninsel; eine/r vom Deutschen Aussätzigen-Hilfswerk informiert.

2. Symbolgeschichte zum Thema „Heilen durch Berühren" (Mk 1,41)

Vor einer jugendlichen Mörderin im Gefängnis war gewarnt worden; auf keinen Fall dürfe die Zelle betreten werden. Die Fürsorgerin sah durch den Türschlitz die Gefangene, die verkrampft auf den Boden starrte. Da ließ sie trotz der Warnung die Tür öffnen, ging auf das Mädchen zu, schloss es in die Arme und küsste es. Da ließ die Mörderin die Arme sinken, begann zu weinen und sagte nach einer Weile: „Das ist der erste ***Kuss***, den ich in meinem Leben bekommen habe."

Hinweis: Siehe auch 5. Sonntag i.J. B, Symbolgeschichten, Seite 128.

7. Sonntag im Jahreskreis

1. Symbolpredigt zur zweiten Lesung: 2 Kor 1,21–22

Gesalbt und besiegelt. –
Mit ***Chrisam*** gesalbt und besiegelt durch den Hl. Geist in Taufe und Firmung: Siehe Taufe des Herrn, Lesejahr C, Predigt b, Seite 182.

2. Symbolpredigten zum Evangelium: Mk 2,1–12

Heilung des Gelähmten. –

a) An ein ***Stehaufmännchen*** werden Gewichte gehängt, die es zu Boden drücken. Auf den Gewichten steht: Hass, Neid, Mobbing, Lüge, Streit, Faulheit, Heimtücke … Jesus möchte heilen – auch durch uns, damit die Menschen sich aufrichten können. *(Gewichte abnehmen)*

b) Ein ***Mensch*** (= Menschheit) kommt ***mit*** einem dicken ***Klotz*** (aus Styropor) ***am Bein***. Darauf werden große Schilder geklebt wie Umweltzerstörung,Terrorismus, Armut, Ungerechtigkeit. Jesus möchte, dass wir der Menschheit Zukunft schenken. (Nach „Essen 2")

c) In einen ***Rollstuhl*** werden große Wortkarten geklebt, auf denen steht, was uns lähmt, starr und unbeweglich macht: Sorgen, Angst, Schuld, Trauer, Bequemlichkeit … Jesus möchte auch uns durch seine Nähe heilen …

d) Interview mit ***Abschleppseil*** und einer Person, die Abbé Pierre spielt. Seine Emmaus-Gemeinschaften ziehen auch heute die Clochards (nicht nur in Paris) aus den Schächten der Metro oder unter den Seine-Brücken hoch ins Leben. (Nach „Essen 2")

3. Symbolgeschichte zu „schwerstbehindert"

Er stellte einen Mehrfach-Behinderten in ihre Mitte und fragte: „Wie hoch schätzt ihr diesen Menschen?" Sie dachten an die hohen Kosten, den geringen Wertzuwachs und schwiegen. Er sah sie der Reihe nach an und sagte: „Dieser Mensch ist wertvoller als euer ganzer Etat für Soziales! Er ist Gottes Geschöpf, einmalig und nicht austauschbar. Gottes Ebenbild. Er verherrlicht auf seine Weise Gott." Da hoben sie wie unter sanftem Zwang die Köpfe und staunten; sie erkannten einen bisher nicht wahrgenommenen Glanz in seinem Gesicht. (Nach B. Lutz)

8. Sonntag im Jahreskreis

1. Symbolpredigt zur zweiten Lesung: 2 Kor 3,1b–6

Christen sind Empfehlungsschreiben. –
Ein ***Brief*** mit Inhalt: Siehe dazu Dreifaltigkeitssonntag, Lesejahr B, 1a, Seite 167f. Aus dem Brief können wichtige Worte der Bergpredigt geholt und vorgelesen werden: „Gott vertrauen", „das Herz steht über dem Gebot", „sogar die Feinde lieben", „auf Felsen bauen", „den Balken aus dem eigenen Auge holen", „barmherzig sein" usw.

2. Symbolpredigten zum Evangelium: Mk 2,18–22

Eine neue Zeit bricht mit Jesus an. –

a) Ein ***neues Fenster aus ausrangierten Glasscheiben*** bauen. Als eine große Kathedrale gebaut wurde, bat ein Handwerker den Meister der Bauhütte, ein buntes Fenster gestalten zu dürfen. Der Baumeister willigte unter Vorbehalt ein. Monatelang arbeitete der Mann in einem provisorischen Verschlag, aber als dann das Fenster fertig war, staunte alles über seine Schönheit und die glühenden Farben. „Woher hast du all das wunderbar leuchtende Glas?", wollte der begeisterte Baumeister wissen. „Ich habe schon lange überall gesucht, auch in anderen Werkstätten, und habe das Fenster aus Glasresten zusammengesetzt, die von anderen als unbrauchbar weggeworfen wurden." – Jesu Botschaft fußt auf dem

Alten Testament, das ihm viele brauchbare „Glasscheiben" bot. Aber er hat manch „alte Schläuche" der Pharisäer oder die Johannes-Gesinnung (Axt am Baum, Spreu verbrennen) nicht übernommen, sondern mit dem Bleiband der Liebe manche verletzende Kante überzogen und so ein leuchtendes Fenster erstellt, durch das wir uns an der Barmherzigkeit Gottes erfreuen können.

b) L. schreibt auf eine große Tafel: „Auge um Auge, Zahn um Zahn". Das war weitgehend die Mentalität des Alten Testamentes. Jede Zeile des Gesetzes musste buchstabengetreu erfüllt werden. Wer sich verging, musste Sühneopfer darbringen. Jesus brachte Neues: Er stellte das ***Herz*** über das Gesetz *(L. malt ein großes rotes Herz über die Buchstaben).* Ja, manchmal nahm Jesus gewissermaßen einen ***Schwamm*** und löschte alle Anklagen und Schuld aus (z.B. bei der Ehebrecherin). Um alle unsere Schuld zu tilgen, starb er am Kreuz.

3. Symbolgeschichte

Die Tochter wollte unbedingt eine schicke Jacke aus Rohleinen, aber allein der Materialpreis überstieg die finanziellen Möglichkeiten. Die Mutter suchte nach, was mehrere Entrümpelungsaktionen überstanden hatte, und fand einen Strohsack aus – Rohleinen! Doch wie sah er aus: Grau, schmutzig, mit Stockflecken, abgerissenen Ecken, einem Brandloch! Fast aussichtslos, daraus eine modische Jacke zu schneidern. Es kostete Mutter und Tochter zwar viel Mühe, doch es gelang: Ein passender Schnitt, ein besonders hübscher Futterstoff, exquisite Knöpfe – eine Jacke, die die Tochter gerne trug. – Jesus hat einen neuen Anfang gemacht, einen neuen Bund geschaffen, ohne den alten Gottesbund mit Noah und den am Sinai zu vergessen. –

Hinweis: Siehe auch oben unter „Symbolpredigten".

9. Sonntag im Jahreskreis

1. Symbolpredigt zur zweiten Lesung: 2 Kor 4,6–11

Schatz in zerbrechlichem Gefäß. –
Eine starke ***Lichtquelle in*** einem dünnen ***Tongefäß*** anbringen, sodass sie leicht durchscheint: Gott und seine Geschenke/Schätze/Gnade leuchten aus unserem Inneren. Selbst im Verbrecher bleibt noch ein „Brückenkopf des Guten" = Gott ist das kostbare Geheimnis in der Mitte unseres Lebens; wir sind ja seine Abbilder, ja Ebenbilder. In Jesus ist Gott besonders aufgeleuchtet; die Jünger auf dem Berge Tabor erfuhren es und auch den Emmaus-Jüngern „brannte das Herz" davon.

2. Symbolpredigten zur ersten Lesung Dtn 5,12–15 und zum Evangelium Mk 2,23–3,6

Den Sonntag heiligen. –

a) „Der Sonntag ist dazu da, der Seele Flügel wachsen zu lassen." In einen ***Vogelkäfig*** (die Stäbe versinnbildlichen all unsere Verpflichtungen: überfüllter Terminkalender, selbst bei den Kindern) wird ein ***Vogel*** (= Sonntag) gesetzt, sonst fehlen der Woche die Seele, das Erhebende, die Flügel; gleichzusetzen mit Stille, Ausspannen (= Ruhetag) und gemeinsam *den* feiern, der uns erlöst hat.
b) Das ***Herz*** steht über dem Gesetz, der Mensch über dem Sabbatgebot: Siehe in diesem Buch: 8. Sonntag i.J. B, Symbole „Herz" und „Schwamm", Seite 132.

3. Symbolgeschichte zum Evangelium

Das ***Herz*** steht über dem Gesetz. Der nach New York ausgewanderte Arzt Kurt aus Deutschland konnte erst nach vier Monaten das amerikanische Staatsexamen ablegen und war dann berechtigt, als promovierter Kinderarzt, der er in Berlin gewesen war, tätig zu sein. Das Kind seines Vermieters, Jimmy, rang mit dem Tode. Der amerikanische Arzt kam nicht mehr, weil schon der letzte Besuch nicht bezahlt werden konnte. Zehn Tage kämpfte Kurt um das Leben des Kindes.

An dem Tag, an dem Jimmy zum ersten Mal aufstehen durfte, wurde Kurt verhaftet. Der amerikanische Arzt hatte Anzeige erstattet. Aber nicht nur die Bewohner des Hauses, sondern die der ganzen Straße drängten sich im Saal, als das Gericht die Sache verhandelte. Als der Richter fragte: „Schuldig oder nicht schuldig?", rief die Menge: „Nicht schuldig!" Die Menschen hatten bereits die Strafe von 86 Dollar für den Angeklagten gesammelt. Der Richter ließ sich informieren. Dann klopfte er mit dem Hammer auf den Tisch und verkündete: „Sie haben gegen das Gesetz verstoßen, um einem höheren Gesetz zu gehorchen. Ich spreche Sie frei!" (Frei nach Heinz Liepmann)

4. Symbolgeschichte zum Sonntagsgebot

In der Ortschaft „Freudenstadt" lachten die Menschen mehr als anderswo. Sie saßen gern zusammen und trafen sich sonntags zum Gottesdienst. Aber ihre „Häuser" blieben kleiner als die in den anderen Städten. Darum schafften sie die Feiertage und Sonntage ab, schickten auch die Frauen in die Fabriken, die Kinder in Tagesstätten, die Alten und Kranken in Alters- oder Pflegeheime und nannten die Stadt ab sofort „Werklingen". Werklingen wurde groß, grau, laut, langweilig und es wurde gefährlich auf den Straßen. Es kam immer öfter vor, dass Kinder fragten: „Stimmt es, dass früher hier alles fröhlicher war?" „Ja, das stimmt", sagten die Großeltern, „und alles fing damit an, dass sie den Sonntag abschafften." (Nach Josef Osterwalder)

10. Sonntag im Jahreskreis

1. Symbolpredigten zum Evangelium: Mk 3,20–35

Er ist von Sinnen (Mk 3,21). –

a) *(L. zieht eine **Narrenkappe** auf)* Bevor ihr laut lacht und meint, ich habe die Jahreszeit verwechselt, darf ich einmal ein paar Sätze von Jesus sagen und dann könnt ihr ermessen, ob die Leute damals so Unrecht hatten, wenn sie sagten: „Er ist von Sinnen." Jesus sagte: „Wenn dich einer zwingen will, eine Meile mit ihm zu gehen, dann geh zwei mit ihm!" (Mt 5,41) – „Liebt eure Feinde. Betet für alle, die euch verfolgen!" (Mt 5,44) – „Wer mein Fleisch isst und mein Blut trinkt, der hat das ewige Leben!" (Joh 6,54) Könnt ihr verstehen, dass die Künstler Jesus manchmal als Narr, Clown oder Harlekin dargestellt haben? Ich frage euch: So einem Ver-rückten wollt ihr nachlaufen?

b) Gespalten? (Mk 3,24–26). – Dieses ***Netz*** spanne ich jetzt unsichtbar über unseren Pfarrverband und rufe das Wort Jesu in Erinnerung: „Eine gespaltene Familie hat in sich keinen Bestand!" (Mk 3,25). Anfangs ging es gut: Verbrauchte Fäden ließen sich im Netz durch neue ersetzen und lockere Knoten fester knüpfen. Aber hört ihr das Geflüster (hier Aktuelles einbringen)? „Wir hier am Rand scheinen nicht so wichtig zu sein", „Mir passt die Verknüpfung nach rechts und links nicht", „Gerade die sind doch unfähig, den Riss aufzufangen!", „Ich reibe mich wirklich an denen, die ständig in den Vordergrund drängen!", „Wir pochen auf unsere angestammten Rechte!" – Wie lange dauert es noch, bis das Netz reißt?

2. Symbolgeschichten zu „Brüder und Schwestern" (Mk 3,31–35)

a) Bei einer Olympiade der Behinderten in den USA stürzte der Führende kurz vor dem Ziel im 400-m-Endlauf der Männer. Der Zweite rennt nicht vorbei, um sich den Sieg zu sichern. Er stoppt, richtet den Gestürzten mühsam auf, schleppt ihn mit sich und zu zweit humpeln sie weiter. Da kommen auch die anderen sechs heran, alle greifen sich unter die Arme, den Gestürzten in der Mitte, und so laufen und schleppen sie sich gemeinsam ins Ziel. (Nach Axel Kühner)

b) Fünf wunderschöne, bunte ***Vögel*** hatten sich im Urwald zusammengetan und flogen mittags vor das Haus eines Bauern und sangen und tanzten. Der trat dann auch regelmäßig heraus und rief: „Danke! Wie herrlich bunt ihr seid und wie wunderschön ihr singt!" Dann streute er ihnen reichlich Futter hin.
Eines Morgens hatten die fünf Vögel den gleichen Gedanken: „Wenn ich allein singe und tanze, dann bekomme ich das ganze Futter für mich ganz allein!" Aber einzeln hörte sich der Gesang eher kläglich an, der Tanz gelang auch nicht so recht, der Bauer freute sich nicht und streute kein einziges Korn. Da ging den Vögeln ein Licht auf …

11. Sonntag im Jahreskreis

1. Symbolpredigt zur ersten Lesung: Ez 17,22–24

Der verdorrte Baum blüht neu auf. –
Was in der Natur unmöglich erscheint, wenn etwas verdorrt ist, zeigt uns die ***Auferstehungsblume***. Weiter siehe 3. Fastensonntag, Lesejahr A, 3b, Seite 29.

2. Symbolgeschichten zum Evangelium: Mk 4,26–29

Zum Wachsen der Saat. –

a) Geduld haben. Beppo hieß der Straßenkehrer im Roman „Momo", der eine genauso lange Straße zum Bearbeiten vor sich sah wie wir jeden Tag, und auch glaubte, das schaffe ich niemals. Beppo verrät uns sein Geheimnis, wie es ihm ohne Angst und Stress gelingt: „Man darf nie an die ganze Straße auf einmal denken, nur an den nächsten Schritt, an den nächsten Atemzug, an den nächsten ***Besen***strich. Dann macht es Freude, das ist wichtig; dann macht man seine Sache gut. Auf einmal merkt man, dass man Schritt für Schritt die ganze Straße geschafft hat."
b) Geduld haben. Siehe in diesem Buch 1. Fastensonntag, Lesejahr C, 3b, Seite 184.

3. Symbolpredigt zum Evangelium: Mk 4,30–32

Vom ***Senfkorn***. – Siehe in diesem Buch 16. Sonntag i.J. A, Predigt b, Seite 65.

4. Symbolgeschichten zum Evangelium: Mk 4,30–32

Vom ***Senfkorn*** zum Baum. –

a) Ein älterer Mann in Frankreich, dem Frau und Sohn gestorben sind, zieht sich enttäuscht in eine trostlose Gegend zurück. Er nimmt nur ein paar Schafe mit. Der Mann erkennt: Diese Landschaft wird zur Wüste, wenn hier keine Bäume wachsen. Jeden Tag, wenn die Schafe weiden, setzt er ein paar Eicheln und hält das jahrelang durch. Als er 1947 im Alter von 89 Jahren stirbt, hat er drei riesige Eichenwälder geschaffen, deren unzählige Wurzeln den Wasserspiegel gehoben haben und wieder eine blühende Landschaft erstehen ließen, in die Menschen und Tiere gerne zurückkehren. („Kurzg. 1“, Nr. 5)

b) Ein Engel hinter der Ladentheke der Welt, dem Menschen alle möglichen Wünsche für ein glückliches Leben nennen, gibt zur Antwort: „Wir verkaufen hier keine Früchte, sondern nur den Samen.“ (vgl. „Kurzg. 1“, Nr. 99) – *Wir* müssen säen, gießen und behüten, damit das Reich Gottes wächst.

12. Sonntag im Jahreskreis

1. Symbolpredigten zum Evangelium: Mk 4,35–41

Jesus stillt den Sturm. –

a) An ein ***Schiff*** (= Kirche), auf dessen Bug als Wellen die Wortkarten „allein“, „dunkel“, „arbeitslos“, „glaubenslos“, „krank“, „verzweifelt“ ... angebracht sind, werden folgende Gegenstände oder Bilder geheftet: Rettungsring (= für alle, die über Bord gehen), Anker (= Hoffnung, nicht zu zerschellen), Seekarte (= Bibel), Mannschaft (= wir), Kapitän (Jesus) usw.: Wir sind nicht allein auf der Fahrt durch das Meer.

b) In der Bibel und im frühen Christentum werden zwei Tiere genannt, die uns über das Wasser des Lebens helfen können, auch wenn wir Schiffbruch erleiden: der ***Adler*** (siehe 11. Sonntag im Jahreskreis A, 1a, Seite 58) und der ***Delphin*** (siehe 19. Sonntag im Jahreskreis A, 1d, Seite 70).

c) Gegen die Angst. – Jesus verspricht uns Nähe. Das Bild oder die Plastik von D. Steigerwald zeigt eine ***große Hand um ein Kind*** (siehe 4. Sonntag der Osterzeit, Lesejahr C, 2a, Seite 198).

2. Symbolgeschichten zum Evangelium

Die Nähe Gottes nimmt die Angst. –

a) Eine Frau hing stundenlang in einem Lift fest. Der Geschäftsführer fragte besorgt: „Sind Sie allein?“ „Nein, nicht allein“, gab sie zur Antwort. Als sich schließlich die Tür öffnete und die Frau doch allein heraustrat, schaute er sie verwundert an. Sie aber sagte ruhig: „Ich war nicht allein. Gott war bei mir." (Nach Norman Vincent Peale)

b) Die Nähe des Vaters. Zwei Familien wurden in den Bergen von einem Gewitter überrascht. Prasselnder Regen, grollender Donner, gefürchtete Blitze. Sie ängstigten sich besonders um die Kinder und eilten bergwärts zur Hütte. Als der Vater einmal nach dem Kleinsten im Reiserucksack schaute, war er inmitten von Regen und Sturm, Donner und Blitz friedlich eingeschlafen. (Nach Otto Baur)
Ähnlich: Siehe Taufe des Herrn, Lesejahr B, Nr. 2, Seite 103, und 5. Sonntag i.J. B, 2a, Seite 128.

13. Sonntag im Jahreskreis

1. Symbolpredigten zum Evangelium: Mk 5,21–43

Heilung der Frau; Auferweckung der Tochter des Jaïrus. –

a) Hilfsmittel gegen die Not. Sowohl die Frau wie Jaïrus sind aus Angst vor der Zukunft gelähmt, traurig über die Umstände und müssen sich mit Krankheit auseinander setzen. – Jesus bietet an, was hilft: Ein ***Kreuz*** (= Glaube an Christus vertreibt die Angst), ein ***Anker*** (= Hoffnung besiegt Traurigkeit) und ein ***Herz*** (= Liebe besiegt Krankheit, sogar den Tod) werden gut sichtbar auf den Altar gelegt (= göttliche Tugenden, Geschenke Gottes). (Nach „Dinzinger B")

b) *Zu Mk 5,27b:* Sie drängelte sich in der Menge an ihn heran. – Jesus erweist sich als Publikums-***Magnet***; die Jünger hätten zu Bodyguards ausgebildet werden müssen. Umso unverständlicher, dass Jesus in fast barschem Ton wissen will, wer ihn berührt hat (Vers 30b); oder er schickt alle Leute aus dem Haus des Synagogenvorstehers (Vers 40b). Jesus erspürt mehr als ein Star: bei der Frau, dass eine Hand anders nach ihm gegriffen hat. Er schenkt ihr zur Heilung auch noch Zuwendung und Frieden. Die laute Menge um Jaïrus, die kein Wunder mehr für möglich hält, meidet er wie seine Heimatstadt, in der er keine Wunder wirken konnte, um ganz im Vertrauen auf seinen Vater zu leben. Also kein Star, der Publikum sucht, sondern der Heiland, der heilen will.

2. Symbolgeschichten zum Evangelium

a) Das Wagnis. – Ein plötzlich ausbrechendes Feuer fraß sich im Aufwind des Treppenhauses eines großen Hotels blitzschnell wie ein Höllenschlund empor und schnitt dem Gast den Fluchtweg ab, denn von der anderen Seite drang dichter Rauch. Er stürzte zum Fenster, aber auch hier drang Qualm aus den unteren Fenstern hoch. Da schien es ihm, durch das Prasseln, Krachen und Fauchen eine Stimme zu hören, die „Springen Sie!" rief. Aber er war sich nicht sicher und erinnerte sich an das mörderische Kopfsteinpflaster. War da eine Stimme? Hatte er richtig verstanden? Meinte die Stimme ihn? (Nach Katharina Seidel)
Die Frau und Jaïrus wagten den Sprung und – gewannen das Leben.

b) Siehe auch unter „Dreifaltigkeit" im Lesejahr A, 2b: Mut zum Sprung; Seite 91.

c) Eine Legende erzählt: Das einzige Töchterchen einer Frau kam bucklig zur Welt. Wenn sie mit dem Kind spazieren ging, sich alle nach ihm umdrehten und das Kind nach dem Grund fragte, führte die Mutter das auf sein wunderschönes Kleid zurück. Die Mutter starb. Die Stiefmutter aber ging nie mit dem Kind spazieren. Als das Kind immer mehr bettelte, sagte sie nur: „Bucklige Kinder bleiben immer zu Hause!" Im Spiegel sah es seinen Buckel und fragte sich: „Was mag nur darin sein?" Das Kind aber wurde immer blasser und schwächer und starb. Ein Engel kam und wollte es zur Mutter in den Himmel holen. Es fragte schüchtern: „Kommen denn auch bucklige Kinder in den Himmel?" Da berührte der Engel den Buckel, der wie eine hohle Schale abfiel, und es entfalteten sich zwei herrliche Flügel. Die spannte das Kind aus und flog der Mutter geradezu in die Arme. (Stark verkürzt nach Richard von Volkmann-Leander)

14. Sonntag im Jahreskreis

1. Symbolpredigt zur zweiten Lesung: 2 Kor 12,7–10

Der Stachel im Fleisch – die Gnade Gottes. –
Mitten in einer „Trockenphase“ oder einem Schicksalsschlag die Gnade Gottes spüren wie bei der ***Auferstehungsblume***, die jahrelang trocken liegt und durch etwas Wasser (= Gnade Gottes) wieder aufblüht, oder bei dem ***Dornstrauch***, der wieder Blüten trägt, oder der ***Kaktee***, die wieder eine Blüte treibt, oder durch ***Stacheldraht***, aus dem in Auschwitz eine Rose wächst.

2. Symbolgeschichten zur zweiten Lesung

Den Dunkelheiten trauen. –

a) Das Märchen der Brüder Grimm von der Unke (= Kröte, Schlange): Immer, wenn das kleine Kind sein Schüsselchen Milch und Weckbrocken von der Mutter bekam, kroch auch eine Hausunke näher und bediente sich. Das Kind hatte seine Freude daran und rief sie immer, wenn sie nicht gleich kam. Die Unke zeigte sich auch dankbar und brachte Perlen und glänzende Steine mit. Weil die Unke aber immer nur an der Milch trank, schlug ihr das Kind sanft mit dem Löffelchen auf den Kopf und sagte: „Auch Brocken essen!“ Als die Mutter das einmal sah, missverstand sie die Situation und schlug das Tier tot. Darauf verfiel das Kind, magerte ab und starb schließlich. (Gekürzt)
Das heißt tiefenpsychologisch: Es gibt dunkle Kräfte in uns, Schatten, Stachel, wie eine unbegründete Schwermut, die kann unser Bewusstsein nicht durchleuchten. Solche Dunkelheiten wie auch Krankheit, Zukunftsängste und Misserfolge müssen hingenommen werden, denn sie können Kräfte in uns wecken, die uns weiterbringen. Ich darf nicht beherrschen wollen, das tötet die Unke. Der Glaube kann uns dabei auf dem Weg zur Ganzheit helfen. (Nach Klaus Roos)

b) Ein Mann wollte seinen ***Schatten*** loswerden, aber was er auch versuchte, es gelang ihm nicht. Ein weiser Mann sagte dazu: Er brauchte sich doch nur in den Schatten eines Baumes zu stellen. Das heißt für Christen: Stell dich mit deiner Schuld in den Schatten des Kreuzes (der Gnade Gottes).

3. Symbolpredigten zum Evangelium: Mk 6,1b–6

Die Ablehnung Jesu in seiner Heimat. –

a) Jesus hat in seiner Heimat Spott und Ablehnung erlebt, aber er gab deshalb nicht auf. Er setzte ein „Trotzdem“ dagegen. Weil auch wir manchmal abgelehnt und um unseres Glaubens willen ausgelacht werden, stelle ich uns ein ***Stehaufmännchen*** vor Augen: Was auch kommen mag, wir tun trotzdem das, was wir für richtig halten. (Zum Teil nach „Dinzinger B“)

b) Diese ***Auster*** sieht nach außen rau und hässlich aus; sie lässt nicht vermuten, welch kostbare ***Perle*** in ihr verborgen liegt. Die Leute in Nazareth hatten Vorurteile, sahen in Jesus nur ihresgleichen mit dem ganz gewöhnlichen Beruf eines Zimmermanns. Sie erkannten nicht, welche Schätze in diesem Jesus waren. Hoffentlich sehen wir auch nicht nur das Äußere bei einem arbeitslosen Jugendlichen, einem Asylanten, Türken, einem Kerl mit grünem Haarschopf …! (Ähnlich wie bei einem Amethyst: außen und innen.)

4. Symbolgeschichte zum Thema „Vorurteile“

Eine ältere Frau kauft sich im Schnellrestaurant einen Teller Suppe, stellt ihn auf einen der Stehtische und hängt ihre Handtasche darunter. Weil sie den Löffel vergessen hat, geht sie nochmals zur Theke. Als sie zurückkehrt, steht dort ein Afrikaner und löffelt ihre Suppe! Verdutzt stellt sie sich dazu, dann lächelt sie und beide essen den Teller leer. Der junge Mann spendiert noch einen Kaffee. Er verabschiedet sich höflich. Sie will auch gehen, greift zur Handtasche – verschwunden. Also doch ein Spitzbube! Sie schaut herum; er ist spurlos verschwunden. Und da erblickt sie am Nachbartisch ihren Teller Suppe und unten hängt die Handtasche. (Nach Manfred Zacher)

15. Sonntag im Jahreskreis

1. Symbolpredigten zum Evangelium: Mk 6,7–13

Die Aussendung der zwölf Jünger. –

a) „Jede/r ist ein ***Missionar***!", sagen die Muslime. Dürfen wir Christen da zurückstehen? Also: Wir geben ein Inserat in eine Zeitung, um Jüngerinnen und Jünger zu werben. Was müsste das Inserat beinhalten? Oder moderner: Wir gehen ins Internet, in die elektronisch vernetzte Welt, und erstellen eine Homepage zum Christentum www. Was müsste sie enthalten? (Hier können Kinder und Jugendliche Vorschläge erarbeiten, die dann vorgelesen und überdacht werden.)
Vorschlag für ein Inserat: Jünger für die christliche Kirche gesucht. Voraussetzungen: Starkes Gottvertrauen, begeistert von Jesus ... (Zum Teil nach „Dinzinger B")
b) Große gebastelte ***Dominosteine*** werden im richtigen Abstand vom Altar aus durch den Mittelgang gestellt: Jesus wollte, dass die Jünger seine Botschaft in alle Welt tragen. (Auf dem letzten Dominostein sind die Unterschriften derer zu sehen, die sie beim Eintritt gegeben haben = Jesus braucht auch uns.) Dann stößt L. den ersten Stein an. (Eine ähnliche Aktion kann mit ***großen Streichhölzern*** im richtigen Abstand stattfinden und dann das „Lauffeuer" von der Osterkerze her in Gang setzen.)
c) Heiligenbiografien vorlesen, z.B. die von Franz Xaverius, die in der ganzen Welt für Christus warben.
d) *Zu Mk 6,13:* Kranke mit ***Öl*** salben: Siehe 15. Sonntag i.J. C, 1a, Seite 223.

2. Symbolgeschichten zum Evangelium

a) Auf einer internationalen Jugendtagung wurde über die Verbreitung des Evangeliums heute diskutiert: Mehr Papier für die Werbung? Von Tür zu Tür gehen? Aufrufe und Angebote übers Internet? Da meldete sich ein junges Mädchen aus Afrika: „Wir schicken in die Dörfer, die wir gewinnen möchten, keine Schriften, sondern eine gläubige Familie, damit die Leute sehen, was christliches Leben bedeutet." (Nach R. Stertenbrink)
b) Ein Zwanzigjähriger sprach einen Frankfurter Jugendpfarrer an:

„Du bist dir doch völlig im Klaren, dass es den meisten meiner Altersgenossen völlig schnuppe ist, ob es Gott gibt oder nicht!“ „Und was erwarten deine Bekannten dann noch von einem Pfarrer oder von der Kirche?“ „Sie wollen euch atmen sehen! Dann wird Gott vielleicht für sie wieder zu einer Frage!“ (Nach Helmut Gabel)

16. Sonntag im Jahreskreis

1. Symbolpredigten zum Evangelium: Mk 6,30–34

Ruhe suchen nach der Arbeit. –

a) *(L. schaut durch ein **Kaleidoskop** [= Schönbildschau]:)* Wunderschöne Muster! Da entspannt sich das Auge. Der Kopf bekommt andere Gedanken. *(L. setzt das Kaleidoskop ab:)* Dabei liegen nur Bruchstücke darin, Metallteilchen, Spiegelreste, Steinsplitter – wie all unsere unfertige Arbeit oder der Ärger, der mir begegnet … *(L. schaut wieder*:) Doch wir brauchen Stunden der Ruhe, der Stille, des Entspannens, des Urlaubs, damit die Seele nicht in den Keller fällt. Deshalb fuhr auch Jesus mit den Jüngern an eine einsame Stelle.

b) Ein ***Verkehrszeichen***, das eine Parkmöglichkeit anzeigt (P), wie es regelmäßig an der Autobahn zu sehen ist. Warum wird solch ein Platz angesteuert? (Frische Luft, Bewegung, Entspannung, der Thrombose-Gefahr vorbeugen …) „Zurück zur Langsamkeit“ könnte man das Angebot mancher Bildungsstätten umschreiben, und die wissen in ihren Programmen meist, was Not tut. Wie sagte der liebenswürdige heilige Franz von Sales (1567–1622): „Jeder Mensch braucht am Tage dreißig Minuten nur für sich!“ Manche haben das kleine wichtige Sätzchen im Hauptgebot noch nicht entdeckt: „… lieben – wie sich selbst!“ Jesus wusste darum, als er mit seinen Jüngern in die einsame Gegend flüchtete.

2. Symbolgeschichte zum Evangelium

Besucher fragten einen Einsiedler: „Bringt Ihnen die Stille hier was?“ Der Mönch, der eben Wasser aus einem Brunnen schöpfte, antwortete: „Schauen Sie bitte mal in diese Zisterne!“ Sie blickten hinab: „Wir sehen nichts!" Lange schaute der Mönch sie verschmitzt an, dann sagte er: „Schauen Sie noch einmal! Was sehen Sie jetzt?" Die Leute blickten hinab und staunten: „Jetzt sehen wir uns selbst." – Erfahrung der Stille: sich selbst wieder mehr in den Blick bekommen.

17. Sonntag im Jahreskreis

Vorbemerkung: An vier Sonntagen steht die Brotrede des Johannes im Mittelpunkt. Darum die Themenfolge: 1. Brot verbindet; 2. Brot verändert; 3. Brot stiftet Frieden (Nr. 3).

Symbolgeschichte zum Evangelium: Joh 6,1–15

Die wunderbare Volksspeisung. –
Brot verbindet. – ***Fladenbrot*** aus einer türkischen Bäckerei wird in ausreichender Menge ausgeteilt. Während stumm gegessen wird, hören wir eine Geschichte über Brot, das verbindet:
Zu schnell wurde es dunkel. Er wusste, dass er es nicht mehr bis zum nächsten Ort schaffen würde. Und dann in der Wüste, in einer gefährlichen Gegend! Aber er wollte wenigstens noch bis zur Wasserstelle kommen, um dort zu übernachten.
Als er näher kam, sahen ihn drei finster aussehende Nomaden an. Sie hatten ein Zelt aufgeschlagen, ein Feuer brannte davor, ein Kessel mit Tee darauf. Voller Spannung ging er auf die Männer zu. „Salam", sagte der in der Mitte, wohl der Anführer. Das ließ hoffen! „Salam", Friede, das erwiderte auch der Ankommende. Einer der drei kramte in einem Sattelsack und reichte ihm ein Stückchen Brot. Sie aßen es zusammen. Da wusste er, hier konnte ihm nichts passieren. –
Wir haben beim Verteilen Verbindung gespürt, jetzt gemeinsam gegessen: Kann uns hier nichts passieren? – Jesus will aber noch mehr bewirken. Wir hören es angedeutet:

(LektorIn:) Einmal habe ich, so berichtet ein Priester, kniend im Steppensand, mit einigen Hereros in Südwestafrika das Mahl des Herrn gefeiert. Keiner verstand auch nur einen Laut von der Sprache des anderen. Aber als ich mit der Hand das Kreuzzeichen machte und schließlich das Brot mit ihnen brach, da lag ein Strahlen auf ihren dunklen Gesichtern.

Jesus will uns hier nicht den Magen füllen, er will uns untereinander verbinden. Nicht nur in dieser Stunde.

18. Sonntag im Jahreskreis

1. Symbolpredigt zum Evangelium: Joh 6,24–35

Ich bin das ***Brot*** des Lebens. –
Jesus hat oft solche „Ich bin"-Worte gesagt: Wer ist Jesus? – Um ein großes *Jesus-Bild* werden die folgenden Symbole für Jesus kurz angesprochen und aufgeheftet: Brot – Licht – Tür – Hirt – Weg – Leben – Weinstock.

2. Symbolgeschichten zum Evangelium

Das ***Brot*** vom Himmel. – Wer keine Ehrfurcht vor dem Brot auf dem Tisch zu Hause zeigt und dem Himmel und den Menschen nicht dafür dankt, die es uns letztlich geschenkt haben, der – so fürchte ich – nimmt auch bei der hl. Kommunion das Brot des Lebens, das Brot vom Himmel, nicht ehrfürchtig genug in die Hand. Was gemeint ist, kann folgende Geschichte deutlicher machen:

a) Das Mahl im Schlamm. – In vielen Armenvierteln der Welt gibt es keine Kirchen. Die Leute versammeln sich draußen – selbst in der Regenzeit. Da die Plätze nicht gepflastert sind, stehen sie im Schlamm, die meisten von ihnen ohne Schuhe, und warten auf den Priester. Dabei schlagen sie unaufhörlich nach den aufdringlichen Fliegen. Endlich kommt der Priester. Er hat fünf lange Weißbrote mitgebracht. Obwohl alle hungrig sind und sich viele durch Diebstahl über Wasser halten müssen, stiehlt sie ihm niemand.
   In der Messfeier sagt der Priester schließlich: „Das ist mein Leib", und hebt eines der Brote in die Höhe, sodass es alle sehen können. Es ist Gottes Brot, duftendes Brot.
   Und schließlich reichen sie ein Brot nach dem anderen in die Menge. Jemand bricht es durch, der nächste teilt auch die Hälften noch einmal. Die Hälften werden halbiert, geviertelt, geachtelt, gesechzehntelt. Die Teile werden immer kleiner und werden andächtig in den Mund geschoben, mit geschlossenen Augen lange gekaut.

Und das ist doch zum Staunen: Keiner bestiehlt den anderen, niemand erobert sich mit Gewalt ein halbes Brot und rennt damit fort. Jeder gönnt dem anderen so viel wie sich selbst. – Gott ist im Brot. Auch, wenn es nur ein ganz kleines Stück ist, ein Fetzen Kruste. Für viele, die die Messe mitgefeiert haben, ist es die einzige Nahrung an diesem Tag. –
Dieses Brot Gottes wird nicht einfach gegessen, es verändert. Das wird vielleicht noch deutlicher in folgender Begegnung:

b) Zwei junge Männer fuhren regelmäßig zu einem Rabbi, also einem jüdischen Priester, um am Sabbat mit ihm zu essen. Und wenn er das ***Brot*** brach, gab er dem einen Freund immer ein Zwillingsbrot, das dieser dann mit dem anderen teilte.
Einmal hatten sich die beiden gestritten. Dem Rabbi war es nicht verborgen geblieben. Als er nun das Brot austeilte, trennte er vorher den Zwillingslaib und gab jedem einen Teil.
Da erschraken sie, merkten sie doch, wie es schon aufgefallen war, dass sie untereinander Streit hatten. Da umarmten sie sich und schlossen wieder Frieden. (Nach einer chassidischen Geschichte von Martin Buber)

Wir verbinden uns alle untereinander mit den Händen und suchen unsere Blicke. Wo noch etwas Trennendes zwischen uns steht, da schauen wir besonders freundlich und versöhnlich.

19. Sonntag im Jahreskreis

1. Symbolpredigten zur ersten Lesung: 1 Kön 19,4–8

Elija unterm Ginsterstrauch. –

a) Vier Symbole der Weltreligionen kommen hier vor: Wüste, Berg, Brot und Wasser. Hier geht es also um eine grundlegende Beziehung zwischen Gott und Mensch: ***Wüste*** = Du brauchst Stille, wenn du Gott begegnen willst; ***Berg*** = er verbindet Erde und Himmel (wie der Baum); hier bist du Gott ganz nahe; ***Wasser*** (= Gottes Wort) und ***Brot*** (= Gottes Stärkung) deuten auf das, was du lebensnotwendig brauchst. Der Engel (= der verlängerte Arm Gottes) kommt noch dazu. So können wir die Wüste des Lebens durchqueren. (Zum Teil nach „Frisch B“)
b) Dieser ***Ginsterzweig*** erinnert an einen Propheten, der seinen

„Burn-out“ hatte und sterben will. Er dient als Symbol für das Burn-out, das heutzutage zahlreiche, auch junge Erwachsene trifft, die über ihre Kraft gepowert haben und psychisch und körperlich zusammenbrechen. Die Lesung zeigt, wie der Prophet aus dieser Krise herausfindet: Stille suchen, Wasser für die innere Pfahlwurzel („Wer durstig ist, komme zu mir“, Joh 7,37, Brot der Zuneigung und Barmherzigkeit und das „Brot des Lebens“, Joh 6,48, das Fasten = einfacher leben).
Hierzu interessant ist der ***Ginster***, der bis zu 95 Prozent seiner Nadelblätter verlieren kann, ohne abzusterben, und seine Pfahlwurzel bis zu fünf Meter in die Erde senkt, um Wasser zu erreichen.

2. Symbolpredigt zum Evangelium: Joh 6,41–51

Vom lebendigen Brot des Lebens. –
Eine ***Bibel*** wurde in ein ***Brot*** (in Backpapier) eingebacken. Jesus sagt: „Der Mensch lebt nicht vom Brot allein.“ L. bricht das Brot, holt die Bibel hervor und liest die Stelle vom lebendigen Brot (Joh 6,48–51) vor. Jetzt wird die Doppelbedeutung klar: Wir leben vom Brot Gottes *und* vom Wort Gottes – zwei Hilfsmittel Gottes als Angebot, um durch die Wüste des Lebens zu kommen.

3. Symbolgeschichte zum Thema „Brot versöhnt“

Ein Kerl stürzt in einen Bäckerladen und schiebt von innen den Riegel vor. Dann sehen alle den Grund: Vor der Tür erscheint ein Mann wie ein Schwergewichtsboxer mit einer Eisenstange in der Hand. „Der will mich erschlagen – mein Vater!“ Der alte Bäcker mischt sich ein, vermittelt, isst mit Sohn und Vater ein Stück ***Brot***. Dabei sehen sie sich wieder an und der alte Bäcker lächelt ihnen zu. Als sie das Brot gegessen haben, gehen sie wieder an die Arbeit. (Nach Heinrich A. Mertens, Geschichte ausführlicher in „Das Leben spiegeln“, Nr. 44, und in ganzer Länge in „Kommuniongeschichten“, S. 31–33.)
Alternative Geschichte: Siehe 2. Sonntag der Osterzeit – Weißer Sonntag, Lesejahr C, Seite 195.

20. Sonntag im Jahreskreis

1. Symbolpredigt zum Evangelium: Joh 6,51–58

Brot sein für andere. –
Zu Joh 6,51b.57: Jesus gibt sich hin für das Leben der Welt. Nach der Geschichte mit den Fäden in einer chinesischen Münze (siehe 4. Advent, Lesejahr C, 2., Seite 176), mit denen je eine Stunde Glück an einen anderen verschenkt werden kann, wird in eine große ***Jesusmünze*** ein Kreuz gelocht; darin sind für jedes Kind ***Fäden*** (oder Freundschaftsbändchen) geflochten. Der Kreuzestod bedeutet: Jesus gibt sich ganz = alle Wollfäden werden herausgenommen und verteilt; sie werden zur Erinnerung an Jesu Tat eine Zeit lang um das Handgelenk getragen. (Nach „Frisch B")

2. Symbolgeschichten zum Evangelium

Brot für andere. –

a) Das Märchen vom ***Brot***. – Es war einmal eine alte Frau, die einer Witwe zum Dank für die erwiesene Gastfreundschaft einen wundersamen Ring schenkte. „Mit diesem Ring kannst du alles verwandeln, was du möchtest", sagte sie und war wie vom Erdboden verschwunden. Die Frau aber versteckte den Ring.
   Als eine Notzeit über das Land kam, erinnerte sich die Frau an das wundersame Geschenk und sie verwandelte sich in einen Vogel. Sie flog in alle Himmelsrichtungen, um für sich und ihre Familie ein fruchtbares Land zu finden. Aber leider vergebens – überall hungerten die Menschen. Da kam der Frau ein rettender Gedanke: Sie verwandelte sich in ein riesengroßes Brot. Als der Sohn nach Hause kam und das riesige Brot fand, aber nicht seine Mutter, ahnte er, was geschehen war. Deshalb wollte er nichts von diesem Brot essen. Aber Hunger ist furchtbar. Schließlich konnte er an nichts anderes mehr denken. Er wurde immer schwächer und begann schließlich, davon zu essen. Einem bettelnden Nachbarn, mit dem sie in Streit lagen, wollte er zunächst nichts abgeben. Doch er gab seinem Herzen einen Stoß: Sie teilten und – versöhnten sich.
   Sofort sprach es sich im Dorf herum, und jetzt kamen alle gelaufen: Junge und Alte, Arme und Kranke, auch Verbitterte und Verfeindete. Von dem Brot schien eine wunderbare Kraft auszugehen:

Es machte nicht nur alle satt, es machte sie auch fröhlich und zuversichtlich, ja, es versöhnte die Zerstrittenen. Und das Erstaunlichste: Das große Brot nahm kein Ende – bis die neue Ernte eingebracht war. Da verwandelte sich das wundersame Brot wieder in die Frau. Und alle feierten voller Dankbarkeit ein großes Fest. (Nach Herbert Peter)

b) Ein Mann ist in eine tiefe Grube gefallen. Er schreit laut um Hilfe. Schließlich kommt einer, hockt sich an den Rand und sagt: „Du tust mir wirklich Leid. Aber ich weiß nicht, wie ich dir helfen soll!“ Dann nähert sich einer, der legt sich an den Rand und reicht seine Hand hinunter, so tief es nur geht, aber es reicht nicht zur Rettung. Und schließlich kommt noch einer, der springt in die Grube und lässt den Mann auf seine Schultern klettern, damit er so ins Freie gelangt. Der Retter selbst aber bleibt unten. –
Jesus, der Retter, ist mit dem letzten Mann zu vergleichen. Zahllose Menschen haben es ihm nachgemacht, wie zum Beispiel Maximilian Kolbe, der für einen Familienvater in den Hungerbunker ging oder P. Damian Deveuster, der sich auf der Leprösen-Insel absetzen ließ, von der es damals kein Zurück gab.

21. Sonntag im Jahreskreis

1. Symbolpredigten zum Evangelium: Joh 6,60–69

Sich für Jesus entscheiden. –

a) Immer wieder muss ich mich im Leben entscheiden. Wer sich ins Leben geworfen fühlt und nicht die Reißleine des Glaubens an Gott oder die Liebe zieht, zerschellt in Gottes Augen am Boden – trotz ***Fallschirm*** auf dem Rücken. – Wer einen ***Drachenflieger*** beim Start beobachtet hat, weiß, wie viel Wagnis dazugehört, zum Abgrund zu laufen; dann aber erfährt er das herrliche Gefühl des Getragenseins an seinem großen Flügel.

b) Mit verbundenen Augen (= Unsicherheit, Suche) steht eine/r vor den Altarstufen; viele ***Fußspuren*** führen in verschiedene Richtungen und er/sie wird umworben: „Komm mit in unser Paradies“ (Sekten), „Du bist doch nicht gefragt worden, ob du leben wolltest; lass andere zusehen, wie du durchkommst!“ (Selbstmitleid, Faulheit); „Vergiss deine Sorgen bei uns!“ (Freizeitstress) usw. Die

Person entscheidet sich für Jesus („Weil da einer mit mir geht, der auch in bösen Tagen zu mir steht"), nimmt die Augenbinde ab, sammelt alle Fußspuren auf und legt eine starke Straße zum Kreuz.

2. Symbolgeschichten zum Evangelium

a) Wer vor einer Rolltreppe steht, die „nach oben" führt, muss sich entscheiden, ob er durch die Lichtschranke gehen will oder nicht. – Solange einer Beweise erwartet oder nur auf die Katastrophen zeigt, bewegt sich nichts.
b) Der Besucher einer Stadt wundert sich, warum bei dem eisigen Wetter alle ohne Schuhe (= ohne Glauben) herumlaufen. Er trifft auf ein berühmtes Schuhhaus (= Kirche) mit einem sehr begabten Schuhanpreiser, der jede Woche darüber predigt, warum man Schuhe tragen sollte; oft sind die Leute dabei zu Tränen gerührt. Er begegnet auch einem traurigen Schuhmacher: „Niemand hier möchte Schuhe tragen; sie reden nur davon." Als der Besucher einem frierenden Stadtbewohner ein Paar Schuhe schenken will, lehnt der entsetzt ab: „Wissen Sie, das tut man hier eben nicht!" (Nach Hugh Price Hughes)

3. Symbolgeschichten zum Evangelium: Joh 6,68f

Wir sind zum Glauben gekommen. –
a) Als Papst Johannes XXIII. zur Papstkrönung noch auf den Schultern von zwölf Männern auf einem Tragsessel in den Petersdom getragen wurde, ließ er sie anhalten und sagte: „Als kleiner Junge trug mich mein Vater auf seiner Schulter in die Kirche. Jetzt tragt ihr mich. Dazwischen liegt mein Leben. Das Geheimnis besteht darin, sich von Gott tragen zu lassen." (Nach H. A. Höntges)
b) „Weruschij" hießen in den Konzentrationslagern der damaligen Sowjetunion alle, die um ihres Glaubens willen verurteilt waren. Zwei weigerten sich auch unter Schlägen, sonntags zu arbeiten. Der Lagerkommandant wollte sie loswerden: Es sollte wie eine Flucht aussehen, als er sie in die Tundra schickte. Dann jagte er sechs ausgehungerte Bluthunde hinterher. Die beiden ahnten ihr furchtbares Schicksal und fielen betend auf die Knie. Das böse Jaulen der Hunde ging in ein unsicheres Winseln über, dann in ein freundliches Wimmern. Die Männer sangen. Schließlich pfiff

der verunsicherte Lagerkommandant die Hunde zurück. – Es gibt etwas, das stärker ist als alle Gewalt. Wer Gott vertraut, kann Wunder erleben. (Nach Bernhard Roeder)

22. Sonntag im Jahreskreis

1. Symbolpredigten zur ersten Lesung: Dtn 4,1–2.6–8

Hört und ihr werdet leben. –

a) Ein ***Herz mit*** zwei großen ***Ohren***: Man hört nur mit dem Herzen gut.
b) (hier auch Bezug zum Evangelium) ***Zwei Schalen***, die eine ***mit Asche*** gefüllt (= viele Vorschriften, die aber oft nur das Äußere betreffen, tot sind, vgl. Evangelium), in der anderen brennt ein ***Feuer***, das wärmt (= Jesus achtet auf das Herz und die Gesinnung). (Nach „Frisch B")

2. Symbolpredigten zum Evangelium: Mk 7,1–23

Der reine Mensch ist der ungeteilte Mensch. –

a) Eine Handy-Attrappe (= mehr scheinen als sein) und ein funktionierendes ***Handy***, über das ich Hilfe holen kann: Siehe 31. Sonntag i.J. A, 1a, Seite 86.
b) L. zeigt verschiedene Gegenstände und gibt Erklärungen: Dieses ***T-Shirt*** ist sehr schmutzig und Mutter hat auch sehr geschimpft. Erst später hat sie erfahren, dass ihr Kind in eine Baugrube gesprungen ist, um einen Hund zu befreien. – Diese sehr einfache ***Schultasche*** gehört einem Kind, bei dem ein Elternteil darauf verzichtet, erwerbstätig zu sein, um mehr Zeit für die Kinder zu haben. Natürlich ist der Geldbeutel schmäler. – Diese ***Gehhilfe*** gehört einer Frau mit zwei künstlichen Hüften; aber ihr müsstet sie mal erleben, wenn sie Kindern in der N.N.-Straße Nachhilfeunterricht gibt usw. – Es kommt nicht aufs Äußere an!
c) Siehe oben 1b***: Zwei Schalen.***

3. Geschichten zum Evangelium

a) Der Achtzehnjährige sprach abwertend von unerträglicher Pelzmantelfrömmigkeit. Damit war seine Mutter gemeint und ihre Neigung zum regelmäßigen Kirchenbesuch. Die Mutter sprach abwertend von unerträglicher Faulheit. Damit war ihr Sohn gemeint und seine Neigung zum unregelmäßigen Kirchenbesuch. (Werner Schaube)
b) Sie war steinreich; ein Haus in Hamburg, eins in Paris, eins in London. Und doch wollte sie tot sein: „Ich würde auf alles verzichten, wenn ich nur ein wenig Zuneigung und Freundschaft erführe." (Nach Phil Bosmans)

23. Sonntag im Jahreskreis

1. Symbolpredigt zur zweiten Lesung: Jak 2,1–5

Keine Unterschiede machen. –
Kleider machen Leute? Diese ***Klamotten*** (Markenartikel) sollen es bringen? Manche behaupten, sie bekämen keine Einladungen mehr zu Partys, wenn sie nicht die „richtigen" Marken tragen. Also wieder: Kleider machen Leute?
Beispiel a): Autopanne. Wer steigt aus und hilft? Ein irrer Typ, kahl geschoren mit Hahnenkamm. Hätte ich nicht gedacht! – Beispiel b): Typ an einer Disco überlässt Parkplatz.
(L. holt Kinder mit unterschiedlichen ***Hautfarben*** *nach vorne:)* Hier gibt es das auch: Keine Unterschiede machen!

2. Symbolpredigten zum Evangelium: Mk 7,31–37

Heilung des Taubstummen. –
a) L. zeigt die bekannte Darstellung der drei Affen (= nichts hören, nichts sehen, nichts sagen, wobei hier nur auf das Nicht-Hören eingegangen wird) und ein sehr ***kleines Hörgerät***. „Momo" (Mädchen im Roman von Michael Ende) konnte so gut zuhören, dass dumme Leute plötzlich sehr gescheite Gedanken bekamen; dass Ratlose und Unentschlossene auf einmal ganz genau wussten, was sie tun wollten; dass Unglückliche und Bedrückte zuversichtlich

und froh wurden … Wir müssten so gut zuhören, wie es zum Beispiel Maria, Josef, Franziskus, Augustinus … konnten. Wenn Jesus im Evangelium zu uns spricht, genügt nicht nur das Aufstehen: Zuhören müsste man können!

b) Effata! Öffne dich. Jede/r erhält eine ***Blume***, deren Knospe sich gerade öffnet. Jeder Mensch ist wie eine Blume, und Gott möchte, dass sie sich öffnet und zur Entfaltung kommt und Zeuge seiner Wunder wird. (Nach Marianne Pichlmann)

3. Symbolgeschichte zum Zuhören-Können

Ein Vater hatte zwei Söhne. Als es nach seinem Tod ans Erben ging, überließ der eingebildete ältere Bruder dem freundlichen jüngeren nur ein geheimnisvolles Kästchen, mit dem er selbst nichts anfangen konnte, weil der Schlüssel fehlte, und schickte ihn fort. Der jüngere Bruder legte das Kästchen während seiner ersten Rast unter seinen Kopf. Im Traum erschien ihm der Vater und nannte ein seltsames Zauberwort. Als er erwachte und es wiederholte, sprang das Kästchen auf; es enthielt eine kleine ***Flöte***. Der Junge merkte sehr schnell: Solange das Kästchen geöffnet ist, kann er die Gedanken eines Menschen vernehmen, auch wenn dessen Mund nichts sagt. Spielte er dann auf der Flöte wie von selbst eine tröstliche Melodie, verwandelten sich schwermütige und klagende Gedanken ins Gegenteil. Wie Sonnenstrahlen wärmten die Töne die Herzen. Da zog er durch die Welt, sprach hier und da das Zauberwort und verwandelte mit seiner Flöte Böses in Gutes und Traurigkeit in Freude. Und dabei wurde er selbst ganz fröhlich. (Nach Behnke, Bruns, Lorentz, Ludwig; ausführlich in „Kibö“ 2000-2, S. 26)
So erging es dem Taubstummen (= Gehörlosen): Das Wort Jesu öffnete ihm die Sinne und er konnte fortan Jesu Botschaft auch mit dem Herzen verstehen und weitergeben.

24. Sonntag im Jahreskreis

1. Symbolpredigten zum Evangelium: Mk 8,27–35

Der Weg der Nachfolge. –

a) *Zu Mk 8,27:* Für wen halten mich die Menschen?
   - *A)* Siehe 21. Sonntag i.J. A, ***Verschiedene Jesusbilder***; Seite 72.
   - *B)* Jesus geht den Weg der Liebe. – Er will kein Elija sein, der mit dem ***Schwert*** alles Fremde und Böse vernichtete; er will nicht wie Johannes sein, ein Mensch mit erhobenem ***Zeigefinger***; auch nicht so, wie die Jünger ihn erwarteten, ein Messias mit ***Krone*** (darum ist Petrus ja so enttäuscht), nein, Jesus geht den Weg des ***Kreuz***es *(Schwert, Zeigefinger und Krone werden vor das Kreuz gelegt).* (Nach „Dinzinger B")

b) Für jede/n eine schöne ***Glaskugel*** (Murmel). Das Leben ist ein Spiel, kein Kinderspiel, und es funkelt in tausend Facetten: Freude – Leid, Konflikt – Friede, Freundschaft – gestörte Beziehung, Liebe – Gleichgültigkeit, Trauer, Angst, Unsicherheit, Einsamkeit ... Nur wer die dunklen Seiten des Lebens kennt, kann sich über das Licht der Sonnenseiten freuen; nur wer die Angst kennt, erlebt Vertrauen als Geschenk; nur wer innere Leere erlebt hat, kostet das Glück eines erfüllten Augenblickes aus. Wichtig ist: die „Kugeln" annehmen und auffangen, die das Leben und damit Gott uns zuwirft. Annehmen und nicht festhalten. (Nach Marianne Pichlmann)
   Dazu eine ***Symbolgeschichte***: Ein Mann (= Gott) wollte all die gesammelten ***Kugeln*** aus herrlich buntem Glas (= das Leben) einem Kind (= wir) zuwerfen und jede, so sagte er, wirf sofort zurück; denn der Sinn des Spiels ist folgender: Geben und nehmen im Wechsel. Nur im Flug glänzen die Kugeln so hell, wie sie sollen. Das Spiel begann – bis der Junge die schönste Kugel festhalten wollte. Er drückte sie fest an sich, da zerbrach sie – und schon lag die nächste zerbrochen am Boden, weil er sie vor Schreck vergaß zu fangen. Je öfter er versuchte, eine Kugel zu halten, umso größer wurde der Scherbenhaufen. Bis der Junge begriffen hatte. Er warf die Kugeln sofort zurück und im Flug veränderten sich die Farben: Aus Leid wurde Freude, aus Freude Leid. Jetzt war jede Bewegung des Jungen auf den Mann ausgerichtet. Jetzt gelang das Spiel sehr gut. –
   Petrus verstand nicht, auch das Leid anzunehmen, darum erhielt er von Jesus die Abfuhr.

In der Symbolgeschichte heißt es auch: Der Mann trug die Scherben, die der Junge angerichtet hatte, weg. Und jede Wunde, die er selbst dabei bekam, heilte eine Wunde des Jungen = Das erlösende Tun Jesu Christi.

c) Alle in der Kirche beweglichen ***Kreuze*** werden zu einem „Berg" zusammengetragen. In Litauen gibt es den „Berg der Kreuze": Unzählige Kreuze haben dort Menschen, die sich als Freunde Jesu verstehen, aufgestellt – Zeichen der Not und des Leides der Menschen, aber auch ihres Glaubens an Jesus. Das Licht seines Kreuzes leuchtet auch uns. (Nach Heinrich Löwenstein)

25. Sonntag im Jahreskreis

Symbolpredigten zum Evangelium: Mk 9,30–37

Vom Dienen. –

a) Das Caritas-Symbol = ***Kreuz mit Strahlen*** ist zu sehen. Im Dienen sollen hier Menschen das Licht Jesu vermitteln. Wo der Caritas das überall gelingt, erfahren wir nun (im Interview) von einem Mitarbeiter ...

b) Alle erhalten ein ***Gänseblümchen***. Folgende Geschichte wird dazu gespielt: Ein Kind will für die Mutter im Krankenhaus einen schönen Blumenstrauß pflücken. Aber alle großen Blumen wie Sonnenblume, Rittersporn, Lilie, Rose, Gladiole, Gerbera lehnen brüsk und eingebildet ab: „Nein, im Krankenhaus verwelken, das wollen wir nicht!" Da wendet sich das Kind an die unscheinbaren kleinen, freundlichen Gänseblümchen; sie sind bereit, der Kranken eine Freude zu machen. – Nicht an der „Größe" und Schönheit, Klugheit und Leistung darf ich Menschen messen, sondern an ihrer Bereitschaft zum Dienen. Auch hier hat Jesus die Ordnungen auf den Kopf gestellt und lebte es auch selbst vor (Martin, Christophorus ...). (Nach „Dinzinger B")

c) Kinder klettern auf eine ***Trittleiter*** und brüsten sich von Sprosse zu Sprosse, was sie alles haben und können. Dann wird das Evangelium vorgelesen. Danach die Trittleiter zusammenklappen und vor das ***Kreuz*** legen = Mut zum Dienen ist gefordert. („Es ist interessant", meint Erich Kästner: „Alle wissen, wer den Gordischen Knoten durchgeschlagen hat, aber wer ihn so kunstvoll geknüpft hatte, dass keiner auf der Welt ihn zu lösen vermochte, das ist nicht überliefert. Doch das sind die Gesetze ‚dieser' Welt: Eine schlechte Nachricht ist eine gute Nachricht.")

26. Sonntag im Jahreskreis

1. Symbolpredigten zum Evangelium: Mk 9,38–48

Der fremde Wundertäter. –

a) Eine ***halb gefüllte Flasche***. Es kommt auf den Blick an! Die Jünger, die mittlerweile „wer sind", wenn der berühmte Jesus mit ihnen durch die Dörfer zieht, befürchten jetzt Konkurrenz. Sie sagen: halb leer! Denen musst du das Handwerk legen. Jesus sagt: halb voll! Sie arbeiten für die gleiche Sache, für das Gute. Lasst sie!
Beispiele: Es beerdigt ein Mann in Anzug und Krawatte, kein Kirchenvertreter. Viele sind schockiert. Nachher sagen fast alle: „Der hat das gut gemacht. Um das zu bringen, müsste sich mancher Pfarrer etwas mehr anstrengen." – Beim pflegebedürftigen Nachbarn fährt nicht „Caritas" oder „Diakonie" oder „AWO" vor, sondern ein Privatunternehmen. „Wollen die nur Geld verdienen, wo bleibt der christliche Geist?" Aber dann spricht sich rund: Diese Leute vom Privatunternehmen machen das sehr gut und liebevoll. – Vor manchem Outfit eines Jugendlichen gehen Menschen rückwärts, aber dann staunen sie, wie liebevoll er mit Kindern oder alten Leuten umgeht. Halb voll! (Nach M. Ebner/St. Mai)
b) *Zu Mk 9,41:* Ein ***kleiner Becher voll Wasser*** meint die Kleinigkeiten, die das Öl im Getriebe des Miteinanders sind – im Geiste Christi gehandelt. (Beispiele erfragen oder bringen.) Es gibt da eine wundervolle Geschichte, die allen Mut machen kann, die meinen, selten ein Glas Wasser – symbolisch gesprochen – anderen anzureichen. Jetzt die bekannte Geschichte von dem bösen Menschen erzählen, der nie im Leben eine einzige gute Tat vollbracht hat – doch: Er hat einmal einem lästigen Bettler eine Zwiebel nachgeworfen. Da hat er doch eigentlich etwas gegeben! Und genau dieses Zwiebelchen hätte ausgereicht, ihn damit aus dem Feuerpfuhl zu ziehen, wenn nicht … (Nach Leo Tolstoi, ausführlicher in „Kurzg. 1", Nr. 249) Eine tröstliche Geschichte!

2. Symbolgeschichten zum Evangelium: Mk 9,38–40

Den richtigen Blick haben. –

a) Ein Mann hat von einem wunderschönen ***Garten*** gehört und möchte ihn näher ansehen. Aber der ältere Sohn des Besitzers zeigt nur Negatives: „Diese Gartenpforte muss erneuert werden“, „Die Blattläuse zerstören den Rosenstrauch“ ... Anschließend übernimmt der jüngere Sohn die Führung, geht durch ein anderes Tor und zeigt nur Positives: „Der Mandarinenbaum trägt die süßesten Früchte weit und breit“, „Der Brunnen ist so tief, dass es uns noch nie an Wasser fehlte“ ... Der Besitzer sagt zum Schluss: „Haben Sie gemerkt, dass Sie in ein und demselben Garten waren?“ (Stark gekürzt nach Renate Schubert)

b) Eine Frau regt sich jahrelang über die graue Wäsche auf der Leine der Nachbarin auf. Bis das Haus der Frau neue wärmedämmende Fenster erhält und sie feststellt: Die Wäsche dort – sie ist ja schneeweiß! (Nach Wolf Lasko)

27. Sonntag im Jahreskreis

1. Symbolpredigten zum Evangelium

a) *Zu Mk 20,2–12:* Von der Ehescheidung. –
In einer Ehe wird der kostbare Inhalt der Liebe in „zerbrechlichen Gefäßen“ getragen: Dieser ***Krug*** mit ***Wasser*** erinnert an die Liebesfähigkeit der beiden, an genügend Selbstwertgefühl, unerschütterliches Vertrauen zueinander und die Bereitschaft, sich verwandeln zu lassen; dann kann im Miteinander vieles sprießen. – Der ***Weinkrug*** steht für die gemeinsame Lebensfreude: Kinder, Gastfreundschaft, das Geben und Nehmen. – Der Mensch braucht aber noch mehr, weil er tiefer veranlagt ist. Dafür steht der ***Kelch***: Was wir an Irdischem einbringen, Wasser und Wein, soll Jesus durchdringen und Lebensfülle schenken. Jesus als Innerster im sakramentalen Bund, schenkt tiefste Zufriedenheit und kann, wenn der Wein ausgegangen ist, auch das salzige und bittere Wasser des Alltags wieder in Wein verwandeln. (Verändert nach Thomas Maria Renz)

b) *Zu Mk 20,13–16:* Die Segnung der Kinder. –

A) Er nahm sie in seine Arme. – Wie dieser ***Schwamm*** nach Wasser dürstet, so tut es ein Kind nach der Umarmung der Eltern: Es saugt sich voll mit dem Wasser des Vertrauens und der Geborgenheit. So wachsen Selbstwertgefühl und Selbstvertrauen, um einmal loszulassen und selbst Verantwortung zu übernehmen = von den empfangenen Wassern des Lebens an andere auszuteilen. Wer nie in die Arme genommen wurde, dürstet ein Leben lang und kann oft nur Essigschwämme austeilen.

B) Gehalten. – Diese ***Büroklammer***, eine große Schleife aus dünnem Draht, die noch eine kleinere „umarmt", kann Papiere zusammenhalten und ordnen. Symbol für die feste Verbindung eines Kindes zu Mutter und Vater: Nur ein Kind, das sich zunächst gehalten fühlt, findet zur Reife und inneren Freiheit. Verantwortung wird nur gelernt durch erfahrene Liebe. Selbst für Erwachsene gilt die Festhalte-Therapie: Einen Menschen in tiefer Not so lange in den Arm nehmen, bis er die Wut herausgeschrien oder den Kummer ausgeweint hat. Dabei glauben wir an einen Gott, der uns hält und sagt: „Ich bin für dich da." Und Jesus zeigt es im Evangelium.

C) Er legte die Hände auf. – (Das Bild von einer aufgelegten Hand, die einem schützenden ***Schirm*** gleicht, wird aufgehängt, und die Kinder heften ihr Foto als Smily darunter.) Wie einen Schirm hält Jesus die Hand über die Kinder, damit die bedrohenden Wolken ihnen nichts anhaben können. „Du beschirmst die Menschen" (Ps 31,21). (Nach „Dinzinger B", S. 24ff)

2. Symbolgeschichten zur Ehe

a) Beim Gang in die Gefangenschaft muss alles abgelegt werden, ein Landser aber reißt einen Fetzen von einem schmutzigen Tuch ab und steckt ihn in den Mund: Es ist ein Streifen vom Taschentuch seiner Braut, mit dem er ihr beim Abschied die Tränen abwischte. (Nach Josef Vink)

b) In der Hohen Sierra beobachtete ich, wie mein indianischer Träger sich jeden Tag zu einer bestimmten Stunde absonderte, um mit seinen Füßen einige Schritte rhythmisch zu tanzen und dabei leise zu singen. Gefragt, sagte er: „Wenn die Sonne einen Bogenschuss über dem Horizont steht, dann wende ich mich in die Richtung, in der ich meine Frau vermute – sie tut das auch – und wir singen und tanzen gemeinsam."

28. Sonntag im Jahreskreis

1. Symbolpredigt zur zweiten Lesung: Hebr 4,12–13

Die Schärfe des Wortes Gottes. –
Das ***zweischneidige Schwert***. – Das Schwert ist ein Symbol der Scheidung, der Entscheidung, der Trennung von Gut und Böse und darum auch der Gerechtigkeit. Jesus kam nicht, um Frieden zu bringen, sondern das Schwert (vgl. Mt 10,34), d.h. die Entscheidung für oder gegen ihn. Darum findet sich auf vielen Darstellungen des Jüngsten Gerichts Jesus Christus mit einem (zweischneidigen) Schwert, das aus seinem Munde hervorgeht (vgl. Offb 1,16). Gottes Wort wird im Gericht schärfer sein als ein zweischneidiges Schwert.

2. Symbolpredigten zum Evangelium: Mk 10,17–30

Vom Reichtum und der Nachfolge. –

a) Ein Kind will alles haben, was es an schönen Sachen an einem langen Seil angebunden hat. Es schlingt das ***Seil*** so um sich, dass es sich schließlich selbst gefesselt hat. Daneben steht Franziskus (gespielt), der die Hände und den Rucksack voller Kleidungsstücke aus dem Geschäft seines Vaters hat, und dann alles verschenkt *(L. kommentiert:)* an Arme und Aussätzige; schließlich zieht er sogar sein Gewand aus und wirft es dem Vater vor die Füße. Jetzt erst ist er erleichtert und froh und hat die Hände frei, die Kirche(n) aufzubauen.
b) Jede/r bekommt eine ***„Gold"-Münze*** = einen Euro. Meditation mit Blick darauf: Geld bedeutet uns viel. Für die Mentalität „Immer-mehr-haben-Wollen" legen wir uns krumm. Aber wie ungerecht ist unser Wohlstand; wir müssten viel mehr Solidarität zeigen mit den Armen! Wir vergessen bei der Sorge um das Geldverdienen, wofür es sich wirklich zu leben lohnt. Dazu die Geschichte vom Raben Tao, der ganz für ein gefundenes Geldstück lebt, aber darüber alle Federn verliert: Er kann nicht mehr fliegen. Er trifft auf einen Glückskäfer (= Marienkäfer?), der mit Hilfe einer Eule dem Geheimnis auf die Spur kommt: Jedes Mal, wenn Tao sich eine Fähigkeit der Sinne zurückerwirbt, wächst eine Feder; wenn er wieder unbesorgt schlafen, fühlen, hören, träumen, riechen, genüsslich essen, alles neu sehen, ja lieben kann. Jetzt erst bekom-

men alle ein ***Glückskäferchen*** geschenkt; der Euro kann in den Kollektenkorb (Teilen!) wandern. (Nach Marianne Pichlmann)

3. Symbolgeschichten zum Evangelium

Vom Reichtum und der Nachfolge. –

a) Eine ***Fensterscheibe***, durch die ich in die herrliche Welt schauen kann, versperrt durch ein bisschen Silber (= Reichtum) dahinter den Blick, schlimmer: Man sieht nur noch sich selbst.

b) Ein Kind möchte so fliegen können wie damals Dädalus und Ikarus. Der Meister lacht und lässt sich aufzählen, was ihm viel bedeutet: „Mountainbikes, Computer, CDs …“ „Halt“, sagt der Mann, „und was willst du morgen alles besitzen?“ „Ein Auto, ein Haus …“ „Könntest du auf alles verzichten, was du aufgezählt hast, nur nicht auf den Wunsch, fliegen zu können?“ „Nein, ich glaube nicht!“ „Deshalb kann auch deine Seele nicht fliegen!“ (Nach Hermann Multhaupt)

c) Ein reicher Geizhals hatte sich vorsorglich einen Beutel mit ***Gold*** in den Sarg legen lassen. Im Himmel sah er dann die feinsten Speisen und spürte einen ungeheuren Hunger (= nach Liebe). Er schmunzelte, als der Engel ihm die Preise nannte – alles wahnsinnig preiswert! Er griff schon zum Gold. Da schüttelte der Engel den Kopf: „Wir nehmen hier nur das Geld an, das einer im Leben *verschenkt* hat.“

29. Sonntag im Jahreskreis

1. Symbolpredigten zum Evangelium: Mk 10,35–45

Vom Herrschen und vom Dienen. –

a) Hier stehen ein ***Sessel*** und ein ***Schemel***. Was meint ihr, passt zur Nachfolge Jesu? – Danach treten ein Zebedäus-Sohn und Elisabeth von Thüringen auf: Zebedäus sah Jesus schon als König und wollte sich einen „Ministerposten“ sichern – Elisabeth erzählt aus ihrem Leben.

b) Diese ***Teekanne***, an der Ausguss und Henkel abgebrochen sind, und deren Deckel fehlt, war einmal die Königin auf dem Tisch. Sie war ja die Wichtigste! Was waren gegen sie Tassen und Untertassen, die Löffelchen, die Zuckerdose und das Sahnekännchen? Ihr stolzes Herz war wie aus Stein. Nach dem Sturz, der ihr die Schönheit nahm, füllte eine Frau Dreck in ihren Leib, da, wo einmal die edelsten Teesorten Platz fanden! Dann legte sie eine Blumenzwiebel in diese Erde. Die Teekanne spürte, das wird mein neues Herz – ein lebendiges; denn es wuchs eine wunderschöne Blume heran. Sie wurden beide auf die Fensterbank gestellt und manch einer blieb bewundernd stehen, schaute zwar nicht auf sie, sondern auf die herrliche Blume. Aber sie wusste ja, dass sie ihr Halt gab und die Feuchtigkeit hielt. Nie im Leben hatte sie sich so glücklich gefühlt wie jetzt, da sie ganz für diese Blume da war.

c) Anhand eines ***Bildes*** von einer Fußballmannschaft erfragen: Wer ist hier der Wichtigste?

2. Symbolgeschichten zum Evangelium vom Herrschen oder Dienen

a) Voller Bewunderung schauen drei Mütter am Brunnen auf ihre drei Söhne: Der Erste ist ungeheuer sportlich, schlägt Rad und kann den Handstand; der Zweite singt so schön wie eine Nachtigall und alle lauschen ergriffen. Der Dritte aber trägt der Mutter den schweren Eimer Wasser nach Hause. „Was hältst du von unseren Söhnen?", fragen sie einen alten Mann. Der antwortet: „Ich sah nur einen einzigen Sohn." (Nach Leo N. Tolstoi)

b) Ein Fürst in China gibt ein großes Fest. Während die Gäste vorfahren, gibt es einen kräftigen Gewitterschauer, und einer der Vornehmen bleibt beim Ausstieg am Trittbrett hängen und fällt der Länge nach in eine Pfütze. Der beschmutzte Gast will unter allen Umständen umkehren und nichts kann ihn zum Bleiben bewegen. Da lässt sich der Fürst mit seinen schönen Festgewändern in dieselbe Pfütze fallen, nimmt lächelnd den Gast an die Hand und beide ziehen, beschmutzt, wie sie sind, in den festlich geschmückten Saal. (Nach Ralf Johnen)

Hinweis: Siehe zum Ganzen in diesem Buch auch den 25. Sonntag i.J. B, Symbolpredigten a–c, Seite 155f.

30. Sonntag im Jahreskreis

1. Symbolpredigt zum Evangelium: Mk 10,46–52

Heilung des Blinden. –
In diesen ***Korb*** habe ich all das hineingepackt, was die Ehe von N.N. und N.N. (= ein Goldhochzeitspaar aus einem etwas entfernteren Nachbardorf nennen) über fünfzig Jahre so schön und lebendig gehalten hat. Sie dürfen einmal mitraten, was denn im Korb sein mag: Ein Foto von dem großen Haus, das sie mit ihren drei gesunden Kindern bewohnen durften? Ein Auszug des gefüllten Bankkontos? Oder die Automarke eines der drei Autos, die sie in diesen Jahren ohne schlimmen Unfall gefahren sind? Ein Geschenkgutschein der Kinder für eine Ferienreise nach Mallorca – was auf ein harmonisches Miteinander schließen lässt? Nein! *(L. zeigt den leeren Korb.)* Jetzt all die unsichtbaren Werte aufzählen und kommentieren, wie Vertrauen, Geborgenheit, Sympathien, Verzeihen, Hoffnung ... – Heilung der Blinden, die meinen, das Materielle würde das Entscheidende sein. (In Anlehnung an die Geschichte „Vom Korb mit den wunderbaren Sachen“ von Hubertus Halbfas oder „Kurzg. 4“, Nr. 23; oder in diesem Buch 2. Fastensonntag, Lesejahr B, Symbolgeschichte, Seite 107.)

2. Symbolgeschichten zur Heilung von Blindheit

a) Die Neunzigjährige hat die Augen geschlossen und atmet schwer, als die Schwiegertochter mit einem Kloß im Hals näher tritt. Sie war die zeitlebens Abgelehnte, hatte alles falsch gemacht. Konnte sie ihr jemals verzeihen, auch dass schließlich die Ehe zerbrach in der ewig schwelenden Atmosphäre der Ablehnung!? Behutsam streichelte sie die ausgemergelte Hand. Rachegefühle hatte sie jetzt nicht mehr; sie kannte ja mittlerweile die Hintergründe, die diese Frau geprägt hatten. Da, die Stimme der Neunzigjährigen ist kaum vernehmbar: „Gut, dass du da bist, Anna!“ Noch nie hat diese Frau sie bei ihrem Namen genannt. Noch nie hat sie zu dieser Frau „Mutter“ sagen können. Nun wagt sie es, flüsternd, und es fällt ihr nicht schwer. (Gekürzt nach Gabriele Lins)

b) Siehe in diesem Buch: 4. Fastensonntag i.J. A, Symbolgeschichte 3b, Seite 30.

31. Sonntag im Jahreskreis

1. Symbolpredigten zum Evangelium: Mk 12,28b–34

Das Hauptgebot. –

a) „Alles im Lot" heißt: Alles ist korrekt. Mit einem ***Lot*** kann man feststellen, ob eine Wand senkrecht hochgezogen wurde. Schiefe Häuser fallen ja irgendwann zusammen und die Millionen zur Stützung des Schiefen Turms von Pisa können wir uns nicht leisten. Ich behaupte nun, Jesus ist ein Lot für uns, unser Maßstab. Dazu nehmen wir ein Kreuz, um uns das genauer anzusehen. Der Längsbalken zeigt direkt in den Himmel und das heißt: Wenn du solide und gerade bauen willst, dann baue auf Gottvertrauen. Der Querbalken läuft, wenn ich ihn mir unendlich vorstelle, rund um die Welt und kann bedeuten: Liebe die anderen, besonders die in Not. Wenn wir uns daran hielten, käme die Welt wieder mehr ins Lot. (Verändert nach Pfarrei St. Theresia, Düsseldorf)

b) Auf ein ***Kreuz*** ohne Korpus werden Bilder geheftet: Auf den Längsbalken Bilder von Gottessymbolen und Gottesliebe (= Gottesdienst, Bibel, betende Menschen), auf den Querbalken Bilder für Nächstenliebe (Hospizbewegung, Caritas, ein „Dritte Welt"-Stand, Asylantenbetreuung). Die Mitte bleibt frei, dahinein wird das Wort JA geheftet. Es bedeutet: Wer Gott liebt und sich von Gott bejaht weiß, kann leichter „ja" zu sich selber sagen und dann auch leichter „ja" sagen zu allen Menschen. (Udo Casel)

c) Eine große ***Blüte*** aus Tonpapier zeigt im gefalteten Zustand die Aufschrift: Gott und den Nächsten und dich lieben. Wenn die Blütenblätter geöffnet werden, steht auf der Innenseite im Blütenkelch „vertrauen" und auf den Blütenblättern „teilen", „verzeihen", „beten", „helfen", „gemeinsam Gott danken" usw. Wenn die Blüte aus saugfähigem Papier (Kopierpapier 80 g) hergestellt ist, entfaltet sie sich schnell, sobald sie auf Wasser gelegt wird. Eventuell für jeden eine kleinere Blüte oder die Bastelanleitung dazu. (Nach Behnke, Bruns, Lorentz, Ludwig und „Dinzinger B")

d) Ein ***Rucksack*** voller ***Steine*** und der gelegte ***Rahmen eines Kreuzes***. Jede/r bekommt einen Stein. Ein Kind müht sich mit einem zu schweren Rucksack ab. An den Steinen, die herausgeholt werden, hängen Zettel, die Verfehlungen gegen die Liebe Gottes, die Liebe zum Nächsten und der Liebe zu sich selbst bezeichnen. Bedeutung: Immer, wenn wir gegen das Hauptgebot sündigen, belasten wir unseren Weg durchs Leben. Der Stein in unserer Hand mag uns daran erinnern. Aber wir können ihn ablegen *(alle legen die Steine ins Kreuz)* und neu und erleichtert beginnen. (Gekürzt nach Maria Geißl in „Anregung“, 3/92)

2. Symbolgeschichte

Die Zaubermünze. – Ein Mann, der wusste, dass er nicht mehr lange zu leben hat, verschenkte eine kostbare ***Münze*** an ein Kind, das er sehr lieb gewonnen hatte. Es brachte sie freudestrahlend nach Hause. Als es an die Sorgen der Mutter dachte und dass das Geld nie reichte, schenkte es ihr die Münze. Kaum war sie fertig mit Überlegen, was sie alles damit kaufen würde, schellte ein Bettler, dem man die Not aus dem Gesicht ablesen konnte. Da gab sie ihrem Herzen einen Stoß, denn der war noch ärmer als sie. Der Bettler konnte sein Glück nicht fassen und lief schnell, um sich etwas Essen zu kaufen; da saß vor der Ladentür einer auf einem Brett mit Rollen, er hatte keine Beine mehr ... Na, wer kann die Geschichte von der Zaubermünze weitererzählen? (Nach Karl Tilke)
Hierzu siehe auch in diesem Buch: 33. Sonntag i.J. A, 2a: Zum Dienen bereit, Seite 88f.

Zum Ganzen siehe in diesem Buch auch 30. Sonntag i.J. A, Seite 84f, und 15. Sonntag i.J. C, Seite 223f.

32. Sonntag im Jahreskreis

1. Symbolpredigten zum Evangelium: Mk 12,38–44

Worte gegen die Schriftgelehrten – Das Opfer der Witwe. –
a) Zur Heuchelei der Schriftgelehrten siehe in diesem Buch 31. Sonntag i.J. A, Symbol ***Handy***, Seite 86.
b) Das Opfer der Witwe. Mehrere ***Kollektenkörbchen*** unterhalten sich über ihre Erfahrungen mit Spendern: über Heuchelei, Großzügigkeit, die Haltung des Herzens. Bei Gott ist der Betrag zweitrangig, es entscheidet das Schenken aus dem Herzen wie bei der Witwe. (Nach „Dinzinger B“)

2. Symbolgeschichten zum Thema

a) In einem Wald lebten in einer Felsenhöhle ein paar sehr alte Mönche, die mit glühendem Herzen Gott ihre Lobgesänge und Dankeshymnen darbrachten – aber abscheulich falsch sangen, auch, weil sie zum Teil schon schwerhörig waren. Daher besuchte kaum noch jemand ihre Gottesdienste, und das machte sie traurig. Bei einem großen Fest verirrte sich ein Sänger zu ihnen, den sie baten, die Mitternachtsmesse zu singen. Er war bereit und sang so zu Herzen gehend, dass alle davon ergriffen waren. Doch am nächsten Morgen schaute in der Kapelle ein ***Engel*** die alten Mönche traurig an und sagte: „Wieso durften wir in der letzten Nacht nicht euren herrlichen Gesang hören?" Sie entschuldigten sich mit ihren Gebrechen und meinten: „Und die wundervolle Stimme des begnadeten Sängers?" Der Engel schüttelte den Kopf: „Die schönste Stimme kann uns nicht erreichen, wenn sie nicht selbstvergessend und zur Ehre Gottes singt." (Stark gekürzt nach Helene Haluschka)

b) Ein König baute Gott zu Ehren einen Dom und befahl, dass kein Mensch auch nur eine Mark dafür geben dürfe. Bald verkündete eine Marmortafel mit goldenen Buchstaben: „Diesen Dom erbaute König Maximilian II." Am nächsten Tag aber stand der Name einer armen Frau darauf. Als sie endlich gefunden war und zitternd vor dem König erschien, sagte sie: „Ich wusste, dass es verboten ist, wollte aber mein Scherflein geben. Ich kaufte nur ein wenig Heu für die Ochsen, die die Steine zum Dom zogen." Da bereute der König sein Denken und beschenkte die Frau. (Stark gekürzt nach D. Steinwede)

c) Siehe auch in diesem Buch 28. Sonntag i.J. B, 3c, Seite 160.

33. Sonntag im Jahreskreis

Symbolpredigten zum Evangelium: Mk 13,24–32

In den Tagen der großen Not. –

a) Viele Uhren stehen im Altarraum (= Zeit), auch eine große ***Sanduhr*** (selbst basteln: zwei Weinflaschen entgegengesetzt aufeinander stellen; Deutung: Unsere Zeit ist begrenzt). Vor dem Altar ist ein Bild mit zwei großen geöffneten Händen zu sehen (= wir fallen nicht in einen Abgrund, sondern in Gottes große Hände). (Teilweise nach „Dinzinger B“)

b) Ein ***Kaleidoskop***, ein „Schönbildschauer“, enthält innen zerschlagene bunte Kristallsteine, kleine Drahtreste und Spiegelscherben (= wir hinterlassen manche Bruchstücke und Scherben am Ende des Lebens), aber was die Jünger auf dem Berge schon visionär sehen durften, nämlich Gottes Herrlichkeit, das ist uns jetzt auch versprochen. Darum brauchen wir keine Angst zu haben, sondern schauen über den Horizont dieser Welt hinaus und sehen Phantastisches.

c) Ein schönes ***Buch mit Goldschnitt***. Wenn der Letzte Tag kommt, wird das Buch unseres Lebens aufgeschlagen (Offb 20,11–15): Die leeren Seiten (= Gutes unterlassen) werden uns anklagen, die herausgerissenen Seiten (= unrühmliche Kapitel in unserem Leben) sind bei Gott auch nicht vergessen; die Tintenkleckse und Eselsohren übersieht Gott. Wenn ich dann mein Buch überreichen muss mit all den angefangenen Kapiteln, wird Gott mir den Buchrücken zeigen: Jedes Blatt, jede Stunde meines Lebens hat er mich gehalten. Ich erkenne auch, wo er auf krummen Zeilen gerade geschrieben hat. Dann darf ich sagen, wie es auf Wegkreuzen steht: Mein Jesus, Barmherzigkeit! (Nach Irmgard Hamacher und Petrus Ceelen)

d) Ein ***Wegkreuz*** erinnert uns daran, dass Gott im Leben mit uns geht. Weil wir letztlich in seine Hände laufen, können wir ohne Angst unsere Wege gehen: Er hält uns auch noch, wenn uns keine Hand mehr erreichen kann.

Christkönigssonntag

1. Symbolpredigten zum Evangelium: Joh 18,33b–37

Ein König, nicht von dieser Welt. –

a) Ein ***Bild, das Christus als Narr oder Clown zeigt*** (Georges Rouault, Roland Peter Litzenburger): Wir glauben an einen König, der zuletzt lacht.

b) Die Insignien eines Königs werden auf einen „Königsthron“ gelegt: ***Krone, Zepter, Königsmantel***. Die Insignien des Christuskönigs werden vor eine Jesus-Ikone gelegt: ***Dornenkrone, Schilfzweig*** (= Bambusrohr), ***roter Stofffetzen***. (Nach „Dinzinger B“)

c) Ein großes ***A und*** Ω würde auch einem weltlichen König recht sein: eine Macht für ewige Zeiten und weltumgreifend ausüben. Bei Jesus Christus stellen wir aber ***brennende Kerzen*** dazwischen, die seinen verzehrenden Dienst und seinen Opfertod symbolisieren. (Vgl. „Frisch B")

d) Es gibt auch ***Bilder*** mit Christus am Kreuz, der eine richtige Krone trägt (Nach „Dinzinger C", S. 269): Christus, der Weltenkönig.

2. Symbolgeschichten zum Evangelium

a) Gott am Galgen. – In Auschwitz erhängte die SS zwei jüdische Männer und einen Jungen vor der versammelten Lagermannschaft. Die Männer starben rasch, der Todeskampf des Jungen dauerte eine halbe Stunde. „Wo ist Gott? Wo ist er?", fragte einer hinter mir. Als nach langer Zeit der Junge sich immer noch am Strick quälte, hörte ich den Mann wieder rufen: „Wo ist Gott jetzt?" Und ich hörte eine Stimme in mir antworten: „Wo Er ist? Hier ist Er … Er hängt dort am Galgen …" (Elie Wiesel)

b) Am Kamin erzählte einer von einer ***Tür*** ganz oben in einem Berg. Einige lachten darüber, anderen war die Mühe zu groß, aber einige machten sich auf den anstrengenden Weg. Und wirklich, schließlich standen sie staunend vor einer Tür. Aber sie ließ sich von keinem öffnen. Erst als ein Kind seine Hände darauf legte, gab die Tür nach. Gleißendes Licht umflutete sie und eine wohl tuende Wärme erfasste alle. Im Widerschein erkannten sie Bäume, die zugleich Blüten und Früchte trugen. Harmonische Musik schwang ihnen entgegen und sie standen geblendet vom Spiel der Farben. Dann schloss sich langsam die Tür. – Wer würde ihnen glauben, was sie erlebt hatten? (Stark verkürzt nach Margarete Walke)

Dreifaltigkeitssonntag

1. Symbolpredigten zum Evangelium: Mt 28,16–20

Taufbefehl. –

a) „Ihr seid ein ***Brief*** Christi". Ein Briefumschlag mit dieser Aufschrift aus 2 Kor 3,3 für jeden; darin eine Karte, auf der steht: „Ihr seid von Gott geliebt" (Kol 3,12) oder „Ich habe dich in meine Hand geschrieben“ (Jes 49,16) oder „Ich bin bei euch alle Tage!“ (Mt 28,10). Jesus war der Brief von Gott; er sandte seine Jünger (heute sind wir das), um dieses Wort Gottes weiterzugeben!

b) Der Glaube an die Gegenwart Gottes – wie ein ***Trampolin.*** Wir können aus diesem Vertrauen heraus viel höhere Sprünge machen. – Die Balance, die ich dabei üben muss, fließt auch aus diesem Vertrauen. – Die „Federung“ ist Gabe Gottes, Gnade, die er uns und allen Menschen unverdient schenkt. – Es ist schön, uns in die Höhe tragen zu lassen. – Ganz oben im Sprung bleibt ein Moment der Ruhe, um die Weite zu genießen oder uns der Gegenwart Gottes bewusst zu werden.

c) Ein leeres ***Zierfischaquarium***. Früher konnten „christliche Fische“ (altes Erkennungszeichen für Christen, die hinter Jesus, dem ***Fisch***, herschwimmen) leichter umherschwimmen *(L. gießt bei jeder Aufzählung* ***Wasser*** *ins Aquarium).* Da wurde in Familien gebetet, die Kinder im Kindergarten von Ordensschwestern religiös geprägt (manchmal etwas viel), sie wurden früh mit in den Gottesdienst genommen und angehalten, an Wegkreuzen, Kirche und Friedhof mit einem Gebet vorbeizugehen; ja und in dieses religiöse Umfeld wurde die Taufe gespendet *(L. gießt besonders viel Wasser ins Aquarium).* Heute verdunstet die Volkskirche, die Quellen versiegen, weil gegen eine Mehrheit, gegen den Spott vieler Fernsehmacher, gegen den Freizeitstress, gegen Lärm „angeglaubt“ werden muss. Es fehlt das Vitamin V = „Vorbild“. Aber es gibt den heiligen Rest von Menschen und Familien, die keine Alternative sehen. Es liegt an uns, wie viel Wasser wir für das Leben der jüngsten Fische zulassen.

d) Das ***Wagenrad*** Kirche/Glaube an Christus will auch heute in die Welt gerollt werden (= Taufbefehl). Wir schauen uns dieses Rad näher an: Die Nabe ist Christus *(Bild anheften)*; er ist durch seine Auferstehung die Mitte unseres Glaubens *(**Osterkerze** davorstellen)*; er will uns auch heute entflammen – wie damals die Jünger an Pfingsten *(**Feuerflamme** auf Felge heften)*; er braucht uns, um das Wagenrad in die Welt zu rollen – dafür wurden wir gefirmt *(Bild von Gemeinde davorstellen)*; er beruft ***Missionare***, die die Botschaft Jesu bis an die Grenzen der Erde tragen *(Bild von Missionsstation aufheften);* dabei kommen Christen an Spott und Verfolgung nicht vorbei *(**Kreuz** aufheften)*; das „Rosenfenster“ einer Kathedrale enthält die Konturen eines Wagenrades und zeigt oft den wiederkommenden Christus: Seine Liebe und Gegenwart begleiten uns *(**Rose** aufheften).*

2. Symbolgeschichte zur Dreifaltigkeit

Augustinus ging grübelnd über das Geheimnis des dreifaltigen Gottes am Meer entlang. Er bemerkte ein „Kind“, das mit seinem Eimerchen Wasser aus dem Meer in eine kleine Kuhle schöpfte, und fragte: „Was machst du da?“ Das „Kind“ antwortete: „Ich möchte das Meer in meinem Teich haben!“ Da lachte Augustinus: „Das wird dir nie gelingen.“ Darauf das „Kind“: „Aber du willst mit deinem kleinen Verstand das größte Geheimnis verstehen?“

3. Symbolpredigten zur Dreifaltigkeit

a) Ein leiser Hauch von Gott: Ein ***Klangspiel*** – wie ein Windspiel konstruiert – immer wieder anschlagen und Zeit zum Ausklingen lassen. Hinter Hetze und Lärm gibt es immer noch den harmonischen Gleichklang wie ein leiser Hauch von Gott: der Wellenschlag am Ufer – das Vogelkonzert im Wald – die Freiheit der Berge – der Blick in den Sternenhimmel – das Lächeln eines Kindes. Gott ist zu spüren in seinen vielfältigen Gaben: der Weisheit (wissen, worauf es ankommt) – Einsicht (mit dem Herzen sehen) – Frömmigkeit (Gott danken, ihn loben, ihm vertrauen) – Gottesfurcht (Ehrfurcht vor seinem Geheimnis zeigen). Ein leiser Hauch von Gott.

b) Ein großes ***Leporello*** mit drei Sichtseiten in Blau, Grün und Rot (siehe Skizze).
Von vorne sehe ich hauptsächlich blau (= Gegenwart Gottes); von rechts grün (= Jesus, der uns in seiner Botschaft so viel Hoffnung geschenkt hat); von links rot (= Hl. Geist, der sein Feuer und seine Liebe verschwendet). Die Kinder dürfen die drei Sichten ausprobieren. (Familienmesskreis Bergheim-Glesch)

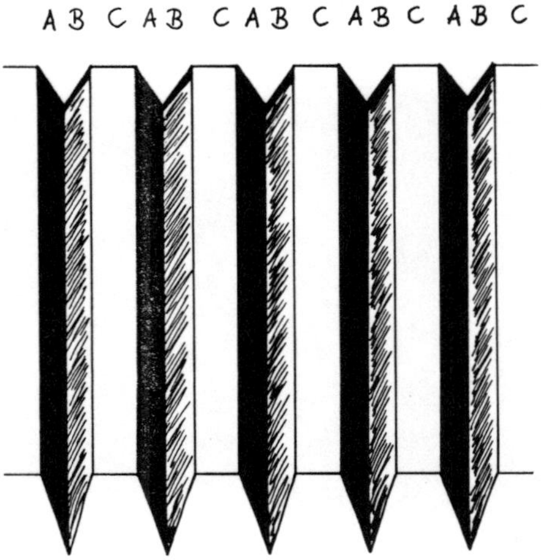

c) Ein Gott – viele Religionen. Die Segmente des ***Farbkreises*** (siehe Skizze Seite 170) werden mit Farben ausgemalt: Orange(= Juden-

tum; brennender Dornbusch), Gelb (= Buddhismus), Grün (= Islam; Garten des Paradieses für alle Rechtgläubigen), mittleres Blau (= Dao; der Himmel als Weltordnung), Lila (= Hinduismus; alles ist Leiden), Rot (= Liebe; wer liebt, bleibt in Gott), Weiß (= der Kreis). Die vielen Religionen spiegeln den einen Gott wider.
Wer alle Farben im Farbkasten mischt, erhält ein dreckiges Grau. Ökumene kann also auch heißen: Jede Religion so leben, dass sie rein und hell leuchtet unter dem Motto: Wer nicht gegen uns ist, ist für uns! (Mk 9,38ff) Und doch Mission, wenn wir den christlichen Weg als leichteren und erfüllteren sehen! (Nach Sr. Ursula Dirmeier)

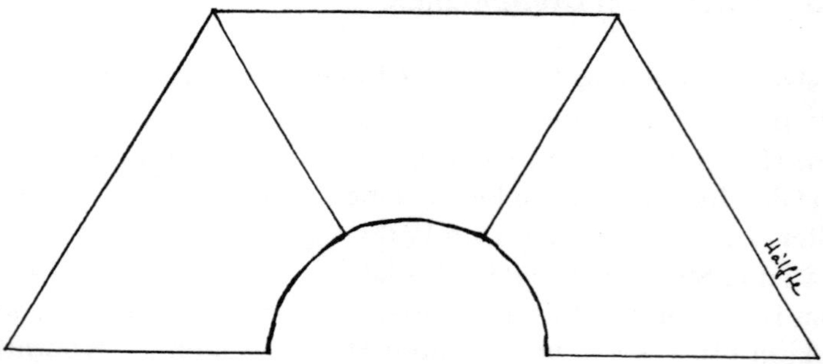

LESEJAHR C

Advents- und Weihnachtszeit

Adventszyklus mit einer großen Laterne,

an der jeden Sonntag eine neue Seite aufgedeckt wird.
1. Advent: Eine ***Hand***, die von oben herabgreift, als wolle sie anderen Halt sein = Gottes schützende und helfende Hand.
2. Advent: Ein ***Fußabdruck***. Es gibt Menschen, die andere geführt und begleitet haben – wie Mose, Johannes d.T.
3. Advent: Ein ***rotes Herz***: Gottes Liebe ist spürbar geworden in Menschen wie Barbara, Nikolaus, Luzia.
4. Advent: ***Zwei Hände, zwei Füße*** und ***ein Herz***. Maria und Elisabet spürten Gottes Liebe und gaben sie weiter. Sie möchten auch uns anstecken, damit es in der Welt heller wird. (Nach „Puk" 1/2001, S. 7–33)

Erster Adventsonntag

1. Symbolpredigten zum Evangelium bzw. zum Beginn des Advents: Lk 21,25–28.34–36

a) *Zu Lk 21,36:* Ein ***Öllämpchen*** und ***Lampenöl***: Wacht und betet allezeit!
(L. mit Lampenöl:) Wenn wir kein Öl in unsere Adventslampen füllen, bleibt das Eigentliche vom Advent außen vor – Glühwein und Kaufhausmusik geben leider nichts Brennbares her. Der Maßstab für brauchbares Öl bleibt die Stelle bei Mt 25,31ff: „Ich war hungrig und ihr habt mir zu essen gegeben; ich war durstig, fremd, obdachlos, nackt, krank, im Gefängnis …" Wir kennen die Stelle zur Genüge und Johannes der Täufer wird uns bald wieder mit

Spreu vom Weizen vergleichen, der zu leicht befunden und im nie erlöschenden Feuer verbrannt wird. Welch ein Weihnachtsfest, wenn die schöne Form dieser Lampe wichtiger sein sollte als das Öl, das sie leuchten lässt! Wacht und betet, damit wir unsere Häupter erheben können, wenn ER kommt. (Nach Ulrike Fell)

b) *Zu Lk 21,25–36:* Eine ***Mesusa*** für jeden, um die Häupter zu erheben! (Mesusa heißt die Kapsel am rechten Türpfosten eines jüdischen Hauseinganges, in dem kleine Pergamentrollen mit handgeschriebenen Bibeltexten stecken. Wir haben sie in Bambusröllchen untergebracht, deren eine Seite mit Heißkleber verschlossen wurde. Mit zwei Fäden am anderen Ende versehen, können sie um den Hals getragen werden.) Jede Woche gab es einen neuen Text für die Mesusa mit Stellen aus der Bibel, die aufrichten können: Dtn 6,4–9: Höre, Israel = Gottesliebe; Lk 21,26.28.38: Wacht und betet allezeit; Lk 3,10–11: Wer zwei Gewänder hat …; Lk 1,26–38: Maria sagte Ja im Vertrauen auf Gott – das schenkte ihr Flügel wie die eines Adlers (Jes 40,28.29.31).

c) *Zu Lk 21,25–36:* Erhebt eure Häupter. – ***Sterne*** austeilen und beschriften. „Wer sein Haupt hebt", kann nachts die Sterne sehen, die auch überall in der Adventszeit in den verschiedensten Formen zu sehen sind. Sie erhalten jetzt Sterne und einen Stift: Sie sind gebeten, einen positiven Gedanken darauf zu schreiben, der auch uns helfen kann. Wir werden einen Teil davon nachher vorlesen … Alle schreiben (oder es steht schon auf den Sternen): Es fällt für uns ein Stern vom Himmel, wenn …
   - wir durch eine Krankheit die Gesundheit wieder zu schätzen wissen;
   - wenn wir in unserem Leersein entdecken, wo unser Reichtum liegt;
   - wenn uns nach langem Suchen etwas Unerwartetes froh macht …

Zweiter Adventssonntag

1. Symbolgeschichte zur zweiten Lesung: Phil 1,4–6.8–11

Ich vertraue darauf, dass er, der bei euch das gute Werk begonnen hat, es auch vollenden wird … –
Dieses Vertrauen des Apostels kann auch uns stark machen, trotz

Misserfolgs immer wieder die ***Netze*** neu auszuwerfen wie der Fischer in der folgenden Kurzgeschichte:
Einüben in die Hoffnung. –
Ein Boot in der Lagune. Ein alter Fischer – er steht am Bug, das Wurfnetz in den Händen. Seit einer halben Stunde sehe ich ihm zu. Er versteht sein Handwerk. In vollendetem Kreis fällt das Netz in das Wasser. Er lässt es sinken. Wartet, bis der bleibeschwerte Rand den Boden berührt. Dann zieht er es hoch, behutsam, mit hoffenden Händen spürend, ob Leben im Netz ist oder ob der Wurf wieder einmal umsonst war.
Das Netz ist leer. Er schüttelt es aus, entfernt den Unrat, bereitet sich zum nächsten Wurf. Ich habe die Würfe gezählt: Dreiundzwanzig Mal ist das Netz auf das Wasser geklatscht. Jedes Mal zog er es leer heraus. Der alte Fischer weiß: Es gibt Tage, da muss man das Netz werfen wider besseres Wissen: zwanzigmal, fünfzigmal, hundertmal – weil es nötig ist, das Netz zu werfen – als Einübung in die Praxis der Hoffnung – weil nicht werfen aufgeben hieße – und aufgeben hieße, aufhören zu leben. (Lindolfo Weingärtner)

2. Symbolpredigt zum Evangelium: Lk 3,1–6

Bereitet dem Herrn den Weg. –
(L. zeigt Stimmgabel) Sie kennen das Geheimnis der ***Stimmgabel***. Mitten im Stimmengewirr gibt sie den richtigen Ton. Es gäbe nur Katzenmusik, wenn sich verschiedene Chorstimmen nicht an ihrem Ton orientieren würden.
Damals wie zu allen Zeiten herrschte Katzengejammer: Die Reichen saugten die Armen wie eh und je aus. Die Armen waren zu schwach, sich zu erheben oder fielen auf falsche Messiasse rein. Da tritt Johannes der Täufer auf. Er ist wie eine Stimmgabel, die klar angibt: Es hilft nur das Teilen. Es hilft nur die Treue (der Ehebruch wird angeklagt). Es hilft nur Ehrlichkeit und der Glaube an einen gerechten Gott, der über die Taten der Menschen richten wird. Eines Tages wird ihm von Jesus die Stimmgabel aus der Hand genommen. Sein Ton ist noch klarer und durchdringender. Wie Johannes musste auch er seiner Ehrlichkeit Tribut zollen und wurde hingerichtet. *Sein* Ton will von uns weitergetragen werden.

Dritter Adventssonntag

1. Symbolpredigt zum Evangelium: Lk 3,10–18

Was sollen wir tun, bis der kommt, der stärker ist? –
Verschiedene Brillen. „Kauft, Leute, kauft!" Wir sehen manches nur noch verschwommen! Kauft diese *Schutzbrille*: In den Auseinandersetzungen zu Hause garantiert unzerbrechlich! – Oder diese *Sonnenbrille*: Aber bitte nicht in der Wohnung tragen, sonst sehen wir die ganze Welt dunkel getönt. – Diese *Taucherbrille* hilft den U-Boot-Christen beim Abtauchen von der Gemeinde. – Welche Brille würde uns denn Johannes d.T. verkaufen wollen? Höchstwahrscheinlich diese *Klarsichtbrille*: Unsere Zeit mit dem wachsenden Werteverfall nüchtern betrachten und Rückschlüsse ziehen! Diese *bifokale Brille* käme ihm nah: Ganz nahe rechts und links das Elend sehen, aber auch mit dem Fernblick auf Jesus, mit dem wir alles wagen können. Oder ganz modern ist diese *Gleitsichtbrille*: Oben die Weitsicht des Christen über den Horizont dieser Welt hinaus; in der Mitte der geschärfte Blick für den Bildschirm – die gegenwärtigen Aufgaben. Mit dem unteren Teil der Brille ganz nahe schauen: Wo kann ich spürbarer teilen, um die Ungerechtigkeit dieser Welt zu verringern?

2. Symbolgeschichte zum Satz: Was sollen wir tun?

Einmal schickte Gott wieder einen altgedienten Propheten zu den Menschen, weil er zu viele Klagen hörte. Er gab ihm die bewährten Werkzeuge Glaube, Hoffnung und Liebe mit auf den ***Weg***. Am Eingang zur Erde staunte der Prophet: Hier führte doch einmal eine breite Straße kerzengerade zu den Menschen! Jetzt war sie mit Steinen übersät und von dornigem Gestrüpp zugewachsen. Zahlreiche Seitenpfade führten durch dichtes Buschwerk. Schließlich stand er vor der Stadt, die grau im Nebel lag. Fast alle Türen waren verschlossen, die Fenster gesichert, selten ein Haus ohne Alarmanlage. Da ging der Prophet von Haus zu Haus und rief: „Bereitet Gott einen Weg, legt wieder eine Straße des Vertrauens an, räumt die Steine der Habgier und des übermäßigen Konsums weg, beseitigt die Dornen des Eigensinns und des Neides und benutzt die Werkzeuge, die von Gott kommen: Glaube, Hoffnung und Liebe!" Hier und da öffnete sich ein

Fenster. – Was meinen Sie/meint ihr, was die wenigen dem Propheten zuriefen? (Standpunkte einholen)
(Zuletzt:) Was sollen wir also tun?

Vierter Adventssonntag

1. Symbolpredigten zum Evangelium: Lk 1,39–45

Gesegnet ist die Frucht deines Leibes. –

a) Mit einem ***Klangspiel*** (wie ein Windspiel, aber mit kräftigeren Klangkörpern; im Handel erhältlich oder von einer Familie ausleihen). Aus dem heutigen Evangelium und seiner Verlängerung im Magnifikat (Lk 1,46–55) sowie aus dem Glauben der Kirche immer wieder Sätze sagen, die vom Klangspiel (nahe am Mikro!) und viel Stille unterbrochen werden: Maria öffnete ihre Herzenstür dem Willen Gottes und sagte ihr Ja *(Klangspiel anschlagen).* Der Mächtige suchte die Harmonie mit dieser Frau, die den Erlöser gebar *(anschlagen!).* Maria grüßte Elisabet. Da hüpfte das Kind in ihrem Leib *(anschlagen).* Elisabet rief mit lauter Stimme: Gesegnet bist du mehr als alle Frauen *(anschlagen)*! Und gesegnet ist die Frucht deines Leibes *(anschlagen).* Selig bist du, die du geglaubt hast, dass sich erfüllt, was der Herr dir sagen ließ *(anschlagen).* Da sagte Maria: Meine Seele preist die Größe meines Herrn *(anschlagen)* usw. bis: Wir verehren in Maria das Urbild der Kirche. (Unterschätzen Sie nicht die Wirkung der harmonischen Klänge; die Botschaft fällt viel „tiefer“!)

b) ***Körbchen mit getrockneten Heilkräutern.*** – *(L. zeigt einige Kräuter und nennt ihre Bedeutung)* Solche Kräuter stehen klein und unscheinbar am Wege. Man muss schon ganz nahe herangehen, sich bücken oder sie berühren, um ihren Duft wahrzunehmen. So war auch Maria übersehbar. Aber Gott hat auf die Niedrigkeit seiner Magd geschaut (Lk 1,48 in Fortsetzung des heutigen Evangeliums). Er hat sie erhöht. So wurden wir in ihr reich beschenkt – besonders im „Heilkraut“ Jesus Christus. Er ist sogar das Kraut gegen den Tod. Aber wir dürfen auch sie anrufen, wenn in uns die Wunden der Zeit allzu sehr brennen.
Wir danken allen in der Gemeinde, die klein und unscheinbar am Wege stehen und mitmachen und unsere Kirche „ganz unten“ zusammenhalten.

2. Symbolgeschichte

*Die **Kupfermünze.*** – Am Heiligen Abend saß ein Europäer, der eine Zeit lang in China lebte, verheult in seinem Zimmer. Der oberste Koch des Hotels hatte es bemerkt und überreichte ihm eine chinesische Kupfermünze, die in der Mitte ein Loch hatte. Durch dieses Loch waren viele bunte Fäden gezogen und zu einem Zopf zusammengeflochten. Dabei erklärte er, wer von den Bediensteten im Hotel einen ***Faden*** spendiert hatte. – Ein Bekannter, der seit Jahren in China lebte, erläuterte dem Europäer das merkwürdige Geschenk: Jeder Faden bedeutet eine Stunde Glück. Der Koch war rundgegangen und hatte seine Freunde gebeten, eine Stunde von dem Glück, das für das eigene Leben vorherbestimmt war, abzutreten! Sie schenkten ihm also einen Teil ihres Lebens, eine Glücksstunde noch dazu! Das war das tollste Weihnachtsgeschenk, das er je erhalten hatte. Von diesem Tag an fühlte er sich in China zu Hause. Jahrelang begleitete ihn die Münze mit dem Zopf – bis er auf einen Menschen traf, der noch übler dran war als er damals. Da nahm er einen Faden, knüpfte ihn zu den anderen und gab die Münze weiter. (Gekürzt nach Joe Federer)
(Das könnte mit einer gelochten Münze für jede/n in einen Gottesdienst eingebracht werden.)

Weihnachten

1. Symbolpredigten zu Weihnachten

a) Eine ***Babypuppe***, (*die L. in den Arm nimmt*): Der Retter kam als Kind! Er hätte doch auch als Erwachsener aus der Stille ins Licht der Öffentlichkeit treten können! Aber im Kind kann Gott leichter an die Tür unseres Herzens pochen. Die Geburt eines Kindes rührt uns an. Die meisten Eltern geben es in den Schutz der Kirche und lassen es taufen. Wenn ein Kind ungefähr drei Jahre alt ist, merken manche Christen, die jahrelang der Kirche fern standen, dass ein Kind mehr braucht als ein gutes Zuhause und eine solide Ausbildung. Und der Weg zwischen Süchten und Sekten ist heutzutage zur Gratwanderung geworden! Die fast letzte Chance, dass ein Kind unserem Herzen einen Stoß gibt, ist die Vorbereitung auf die Erstkommunion, wenn nicht nur auf ein Fest mit seinen Geschenken spekuliert wird. Das Kind hat eine große Macht. Und was erst können wir diesem Kind in der Krippe zutrauen! (Dazu passt gut aus „Kurzg. 5“, Nr. 140: Ein Kind bringt es fertig.)

b) Krippe, Schwamm, Stern, große Brothostie: Was unseren Durst und Hunger stillen kann. – L. legt drei Gegenstände zum Kind in die ***Krippe***:
Einen ***Schwamm***, der aufzeigen soll, wie viele Menschen nach Zuneigung und Anerkennung dürsten. Wie oft kommt noch das Wort des Verzeihens über unsere Lippen: „Schwamm drüber!“? Wie oft reichen wir Essigschwämme des Tadels und der Bitterkeit? Dieses Kind sagt: Du bist von Gott geliebt! –
Der ***Stern***, der über der Krippe stehen blieb, erhellt eine Sternstunde: Wir brauchen nicht mehr die tausend Dinge außen, die unsere Seele doch nicht erfüllen können. Lass dich von diesem Kind an die Hand nehmen und du verfehlst nicht den richtigen Weg *(Stern hinter den Kopf des Jesuskindes legen)*. – Diese große ***Brothostie*** weist auf Bethlehem hin; übersetzt heißt Bethlehem „Haus des Brotes“. Da liegt Jesus in der Krippe, Jesus, der sich später als das lebendige Brot bezeichnet, das vom Himmel herabgekommen ist und uns darin Wegzehrung sein will hin zum eigentlichen Mahl im Himmel. (Nach Norbert Possmann)
(Ähnlich: In die Krippe eine Bibel und ein Brot legen: Beides sind *die* Hilfen des Kindes in der Krippe auf dem Weg ins eigentliche Leben.)

c) ***Abgenadelter Christbaum***, in dem etwas ***Lametta*** hängt: Wie schnell vergeht die Herrlichkeit der Welt! Zuerst kann kaum einer warten und die erleuchteten Christbäume stehen schon wochenlang vor dem eigentlichen Fest; doch sind die beiden Weihnachtstage vorbei, liegen die ersten Tannen beim Müll. Auch Menschen werden heute schon mit gut fünfzig Jahren in den Vorruhestand geschickt, sozusagen aussortiert: Wohlstandsmüll; von der älteren Generation will ich erst gar nicht sprechen! Aber da hängt noch etwas Lametta: Es erinnert an den Glanz, den das Kind in der Krippe gebracht hat. Diese Herrlichkeit, wenn auch noch übersehbar, tröstet Menschen, die diesem Gottessohn vertrauen, weil er das letzte Wort erst noch sprechen wird.

d) In einer ***Höhle*** geboren. Auf vielen alten Ikonen (z.B. Postkarte Nr. 5615 im Kunstverlag D-56653 Maria Laach; moderner die Karte Nr. 5425 von Beate Heinen, ebd.) wird die Geburt Jesu in einer Felsenhöhle dargestellt. Dieser dunkle Raum steht für den mütterlichen Schoß, aber mehr noch für den Bereich des Todes. In der

Höhle liegt das Kind auch nicht in einem Futtertrog, sondern in einem Sarkophag = dieses Kind wurde in unsere Finsternis und Dunkelheit des Todes geboren; es bleibt an unserer Seite, wenn das Sterben alle anderen Lichter löscht.

Von vorchristlichen Religionen sind auch zahlreiche Höhlenkulte bekannt (auch das Christentum erstand aus den Katakomben; Maria erschien in Lourdes in einer Grottenhöhle), die durch diese Darstellung verdrängt werden sollten: Die Höhlengeburt Jesu wie seine Höllenfahrt überbietet alles Dagewesene. Er hat die Unterweltkulte aufgebrochen.

2. Symbolgeschichten

a) Der Hirte und das ***Licht***. – Ein Hirt wollte nicht mit zum Stall; er fürchtete die Enttäuschung. So blieb er bei den Tieren, die ja gehütet sein mussten. Bis auch er einen Lichtschein entdeckte, den die anderen in Bethlehem erwarteten. Da erwachte in ihm die Sehnsucht: Er versuchte, das Licht zu ergreifen und festzuhalten. Am Ende geriet er jedoch in ein Gestrüpp und die Dornen ritzten seine Haut. – Als die anderen Hirten strahlend zurückkehrten, fragten sie nach seinen blutenden Händen. Da antwortete einer, dessen Gesicht von innen her leuchtete: „Du kannst dieses Licht nicht festhalten. Betrachte es, staune darüber, und wenn du siehst, dass es von Gott kommt, bete es an. Dann wird es auch dich durchdringen!" (Verkürzt nach Karl-Heinz Ronecker)

b) Der Weihnachtsnarr. – Als die Hirten und die drei Könige sich zur Krippe aufmachten, hatte auch ein Narr den Königsstern erblickt. Als Geschenk nahm er seine ***Narrenkappe***, sein ***Glockenspiel*** und seine ***Blume*** mit, um seine Dienste anzubieten. Unterwegs begegnete er einem gelähmten Kind, das weinte, weil es nicht mit den anderen Kindern spielen konnte. Da schenkte er ihm die Narrenkappe. Als das Kind vor Freude lachte, war es ihm Dank genug. Dann begegnete er einem blinden Kind, das ebenfalls weinte, weil es sich ausgeschlossen fühlte. Da schenkte er ihm sein Glockenspiel und es war ihm Dank genug, dass es vor Freude lachte. Schließlich begegnete er einem tauben Kind, das weinte, weil es nicht mit anderen Kindern spielen konnte. Da schenkte er ihm seine Blume. Es war ihm Dank genug, dass es vor Freude lachte. Da wollte der Narr umkehren, weil er nichts mehr zu schenken hatte, aber der Stern leuchtete heller als sonst. So trat er in den Stall, in dem Maria sich gerade hilfesuchend umblickte, weil sie eine frische Windel übers Stroh breiten wollte und nicht wusste, wo sie das Kind für einen Augenblick hinlegen sollte. Weil die Könige und Hirten ihre Hände voller Geschenke hatten und Josef gerade den Esel fütterte, legte sie das Kind vertrauensvoll in die leeren Hände des Narren. Da hatte er seinen König gefunden, dem er in Zukunft dienen wollte. (Nach Max Bolliger)

Fest der Heiligen Familie
(Sonntag in der Weihnachtsoktav)

1. Zur zweiten Lesung: Kol 3,12–21

Siehe in diesem Buch 1. Advent, Lesejahr A, 2. Lesung, Seite 12.

2. Symbolpredigten zum Evangelium: Lk 2,41–52

Sie verstanden ihn nicht (mehr auf Familie bezogen und die Auseinandersetzungen in ihr).

a) Ein ***Weinballon mit Gärröhrchen*** und eine ***Flasche Wein***. Pubertierende Jugendliche in einer Familie: manchmal zum Davonlaufen – für beide Seiten! Doch wer einmal köstlichen Wein ernten will und nicht nur Traubensaft, muss den Reifeprozess und dabei auch die Gärungszeit Jugendlicher zulassen. Die erste Phase ist der Federweiße (Süßmost), zu vergleichen mit einem Kleinkind. Er hat süßen, perlenden Geschmack, aber der Verschluss muss luftdurchlässig sein – auch ein Kleinkind darf nicht immer nur die Flügel gestutzt bekommen, sonst kann es später nicht fliegen. In der Pubertät kommt dann der Gärungsprozess in die explosive Phase: Dabei muss das Gärglas offen sein, die übel riechenden Gase müssen abziehen können. Das Gärröhrchen ist mit Wasser gefüllt, das verhindert, dass Luft mit dem gärenden Traubensaft in Berührung kommt und zerstörerische Pilze einschmuggelt = die Eltern müssen ihre Heranwachsenden manchmal mit strenger, konsequenter Liebe schützen. Gott sagt: Ich liebe dich, wie du bist. Etwas von dieser Einstellung wünsche ich uns allen, auch wenn wir – wie die Eltern Jesu – manchmal nicht verstehen können. (Nach Martin Auffarth)

b) ***Nussknackerfigur***: Warum werden sie immer männlich dargestellt, wo in den Familien doch die Mütter die meisten Nüsse zu knacken haben? Warum sieht er so bärbeißig aus? Wenn er in solcher Verfassung die „Nüsse“ zermatscht, ist keinem damit gedient. Die Mutter als Nussknacker in der Familie könnte ihre Aufgabe eigentlich deprimiert betrachten, weil ihr selbst immer nur die Schalen bleiben. Über die süßen Kerne stürzen andere her! Aber das ist nur die halbe Wahrheit. Junge Eltern schieben mit leuchtenden Augen dem Kleinkind den süßen Kern in den Mund. Ein Schenkender geht niemals leer aus. In der Pubertät werden die Nüsse härter. Spätestens dann müsste auch der Mann Stellung beziehen. Taube Nüsse knacken sich leichter. Aber es sollen aus den Kernen doch Bäume erwachsen!

c) ***Hampelmann***. Kinder belustigt es, am Schnürchen zu ziehen, damit er Arme und Beine bewegt. Schlimm, wenn Eltern ihr Kind zum Hampelmann machen und nicht in Selbstständigkeit entlassen. Beim Konkurrenzkampf in Kindergarten, Schule, Uni und Arbeitsplatz kommt es darauf an, dass *wir* am Schnürchen ziehen – wer will sich schon zum Hampelmann machen lassen? Manche bleiben immer Hampelmänner: Sie bewegen sich dorthin, wo Lust, Geld, Ansehen, Macht am Schnürchen ziehen. Andere sind missbrauchte Hampelmänner, von anderen willenlos und niedergemacht. Gott hat uns berufen, wenn wir uns freigestrampelt haben und uns nicht gebrauchen lassen, Verantwortung für die anderen zu übernehmen. (Gekürzt nach Werner Eizinger, Die Sprache der Dinge, Don Bosco Verlag, München 2000, S. 85f)

3. Symbolgeschichte

Das Verhältnis der Generationen zueinander. – Ein Fürst traf auf einem Spazierritt einen fleißigen und frohen Landmann beim Ackergeschäft an und ließ sich mit ihm auf ein Gespräch ein. Nach einigen Fragen erfuhr er, dass der Acker nicht sein Eigentum sei, sondern dass er als Tagelöhner täglich um fünfzehn Kreuzer arbeite.
Der Fürst verstand nicht, wie es möglich sei, täglich mit fünfzehn Kreuzern auszukommen und so frohen Mutes dabei zu sein, und verwunderte sich darüber. Der brave Landmann erwiderte ihm: „Es wäre übel, wenn ich so viel brauchte. Mir muss ein Drittteil davon genügen; mit dem anderen Drittteil zahle ich meine Schulden ab und den übrigen Drittteil lege ich auf Kapitalien an.“

Das war dem guten Fürsten ein neues Rätsel. Aber der fröhliche Landmann fuhr fort und sagte: „Ich teile meinen Verdienst mit meinen alten Eltern, die nicht mehr arbeiten können, und mit meinen Kindern, die es erst lernen müssen; jenen vergelte ich die Liebe, die sie mir in meiner Kindheit erwiesen haben, und von diesen hoffe ich, dass sie mich einst, in meinem müden Alter, auch nicht verlassen werden."
(Johann Peter Hebel)

Zweiter Sonntag nach Weihnachten

Symbolpredigten zum Evangelium: Joh 1,1–18

Licht in der Finsternis. –

a) *Zu Joh 1,1–5.9:* Die Kinder sammeln „Licht-Worte" und schreiben sie auf ***Herzen***: „Ich mag dich", „Ich brauche dich", „Ich liebe dich", „Ich will dein Freund sein", „Ich halte zu dir", „Du kannst dich auf mich verlassen", „Ich bin für dich da" … Diese Worte sind das Höchste, was Menschen einander sagen können. Jesus hat uns diese Worte gesagt und in seinem Leben bezeugt. Dafür danken wir ihm. (Jetzt werden die Herzen überall am Ambo befestigt; wenn möglich, wird er herumgedreht, damit alle das aufgeschlagene Evangelienbuch sehen können. Wenn vor dem Altar eine Krippe aufgestellt wird, kann durch Kinder auch eine Lichterkette vom Ambo zur Krippe und zum Altar gestellt werden.) (Nach „Dinzinger C")

b) *Zu Joh 1,4.5.9:* (Die Kirche wird abgedunkelt.) Eine ***Kerze*** wird entzündet. „Wir hören, was uns die Kerze zu sagen hat!" *(Eine unsichtbare Stimme aus der Sakristei sagt:)* „Es gehört Mut dazu, gegen so viel Dunkelheit anzubrennen. Bequemer wäre es, weiter geschützt in einem Karton zu liegen. Aber schaut mal: Jetzt bekomme ich Sinn dadurch, dass ich brenne. Freut euch an meiner Helligkeit und Wärme, die ich spende. Ja, ich werde dabei kürzer, gebe alles her, aber so erfüllt sich mein Leben."
So leuchtete auch damals ein Licht in die Finsternis. Und alle Finsternis der Welt konnte es nicht besiegen. Seitdem leuchtet es in alle dunklen Ecken der Welt. Es begleitet uns auch durch die Dunkelheit des Todes.
Probiert es aus: Nur wer andere froh macht, wird selbst froh. Nur wer Licht ist für andere, wird selbst Licht empfangen. Je mehr ihr

für andere brennt, umso heller wird es in euch selbst. So tretet ihr in die Fußstapfen des Kindes in der Krippe, das zum Licht der Welt wurde. (Nach A. L. Balling)

Sonntag nach Erscheinung – Taufe des Herrn

Symbolpredigten zum Evangelium: Lk 3,15–16.21–22

a) Taufe Jesu – unsere Taufe. – Das ***Taufbuch*** der Gemeinde mitbringen. Die Namen einiger anwesender Kinder werden gesucht und vorgelesen. Danach erklären, dass die Taufe Menschen zur Gemeinschaft führt. Gemeinsam fällt vieles leichter: das Singen, Beten und das Mahlhalten. Dadurch kann ich die anderen leichter um mich wissen, während ich wochentags als Christ oft allein stehe. (Nach „Frisch C")
b) Taufe Jesu – unsere Taufe. – ***Chrisamöl.*** Wir wurden bei der Taufe nicht nur mit Wasser übergossen, sondern auch mit einem heiligen Öl gesalbt. Dieses geweihte Chrisamöl ist ein Salböl, gut für die Haut und duftend. Damit wurden früher nur wichtige und mächtige Männer gesalbt: Könige, Priester, Propheten. Wir nennen Jesus den „Christus", d.h. „der Gesalbte", der Messias, unser König. Wenn wir in der Taufe mit Chrisam gesalbt wurden, dann bedeutet das: Wir sind Gott ganz wichtig. Wir haben seitdem ein königliches Amt. Wir sind „Christen", wie Christus Gesalbte! (In der Firmung wird die Salbung erneuert.) In Erinnerung daran lasse ich jetzt duftendes Öl in Schälchen durch die Reihen gehen und ihr salbt euch gegenseitig etwas davon in die Handflächen (möglich auch mit Weihwasser auf die Stirn). (Zum Teil nach „Dinzinger C")
c) Taufe heißt: Ich halte dich in meiner Hand. – (Dazu die ***Plastik „Zuflucht"*** von Dorothea Steigerwald zeigen. Bestellanschrift: Brendow Verlag, Postfach 1280, D-47402 Moers; es gibt davon auch die Postkarte K 81, „Bleib sein Kind".) „Du bist mein geliebtes Kind!", sagte die Stimme des himmlischen Vaters bei der Taufe Jesu. Seine Taufe hat eine etwas andere Bedeutung, aber auch uns ist dies bei der Taufe zugesagt. Wir sehen es an der Plastik! Die Hände Gottes sagen: Du gefällst mir. Ich halte dich fest in meiner guten Hand. Du bist bei mir geborgen. Wenn du deine eigenen Wege gehen willst, kannst du trotzdem jederzeit in meine Hände zurückkommen. (Nach „Dinzinger C")

Fasten- und Osterzeit

Zyklen zu den Lesungen der Fastenzeit

a) ***Türen öffnen:*** Die Neuorientierung der Österlichen Bußzeit soll durch das Öffnen von Türen ähnlich verdeutlicht werden wie auf einem Adventskalender. Dahinter kann zum Schluss die Auferstehungssonne hinter einem Kreuz sichtbar werden.
(Zum Teil verändert nach „Frisch C“ im gesamten Zyklus)
b) Eine ***Klagemauer*** (aus Umzugskartons) wird abgebaut; jeden Sonntag ein paar ***„Steine“,*** bis schließlich die große, gelbe Sonne hinter einem Kreuz sichtbar wird.

Erster Fastensonntag

1. Zyklen über die Lesungen der Fastenzeit

a) ***Türen öffnen.*** Heute: Erstes Fenster: Den Mund öffnen (= Mut, den Glauben zu bekennen: 1. und 2. Lesung). (Zum Teil verändert nach „Frisch C“ im gesamten Zyklus)
b) ***Klagemauer.*** Heute: Versuchungen abbauen durch Verzicht.

2. Symbolpredigt zum Evangelium: Lk 4,1–13

Von Macht und Reichtum lösen. –
Eine ***Maske,*** die teuflisches Grinsen zeigt: Wenn ich sie aufsetze, lacht ihr. Auf so was fallen wir nicht rein! Aber der Teufel, der große „Durcheinanderbringer“, der sich Lärm und Hetze zu Diensten gemacht hat, ist ja nicht harmloser als in früheren Jahrhunderten. (Beispiele und Versuchungen, wo er überall dahinter steckt!) Manchen fällt es schwer, ihr ehrliches Gesicht zu zeigen, das ja die Gottesebenbildlichkeit widerstrahlen sollte – im unverdorbenen Kindergesicht liegt es noch unverfälscht vor (ein Kleinkind holen). – Noch können wir vom Narrenschiff heruntersteigen; doch wenn es „zwölf“ schlägt, müssen wir uns auf das Schiff Petri geflüchtet haben.

3. Symbolgeschichten zum Evangelium

a) Nicht vom Brot allein lebt der Mensch. – Während die Mäuse Körner, Nüsse, Weizen und Stroh sammeln, „arbeitet" Frederick anders: Er sammelt „Sonnenstrahlen" für die kalten, dunklen Wintertage, bunte Farben für den grauen Winter und Wörter für die langen Tage, in denen der Gesprächsstoff ausgeht. – Auch wir Menschen brauchen materielle Vorräte. Aber viel wichtiger ist das Lachen, die Geborgenheit und das Vertrauen auf Gott (= Sonnenstrahlen), die Fantasie und Pausen zum Atemholen der Seele (= Farben) und die gegenseitigen Ermunterungen, die Dankbarkeit, das Gebet (= Wörter), um Wüstentage gut zu überleben.

b) Der Versuchungen Herr werden. – Ein Mensch hatte allen Mut verloren und glaubte kaum, je wieder Boden unter die Füße zu bekommen. Da riet ihm ein Meister: „Wenn dein Acker von Disteln und Dornen so übersät ist, dann verzweifle nicht über so viel Gestrüpp. Mach jeden Tag nur so viel vom Unkraut frei, wie dein Körper, wenn du liegst, Raum einnimmt. So kommst du allmählich voran und verlierst dabei nicht den Mut." Und in kurzer Zeit war der Acker gereinigt und urbar gemacht.

Zweiter Fastensonntag

1. Zyklen zu den Lesungen der Fastenzeit

a) ***Türen öffnen.*** *Heute:* Die Augen öffnen (= Jesus mit anderen Augen sehen – wie die Jünger auf dem Berge, um zum tieferen Glauben zu kommen).

b) ***Steine*** aus der ***Klagemauer*** abbauen: Weil Jesus uns weiterschauen lässt, können wir mit neuem Mut durchs Tal der täglichen Mühen gehen.

2. Symbolpredigten zum Evangelium: Lk 9,28b–36

Verklärung Christi. –

a) Eine ***Martinslaterne*** mitbringen. So ist kaum etwas von den schönen Fensterbildern zu entdecken. Doch wenn ich darin ein Licht anzünde *(Kerze anmachen oder Birnchen),* ist ihre Schönheit erkennbar, weil das Licht von innen leuchtet. Die Jünger auf dem Berg wurden auch „von innen" erleuchtet, weil ihnen die Sonne im Gesicht Jesu anzeigte, dass sie dem „Licht der Welt" folgten. – Von innen her strahlende Menschen, die wünscht Jesus sich als Jünger.

b) Jeweils auf einem ***Berg,*** der in der Bibel die besondere Gegenwart Gottes bedeutet, fanden herausragende Ereignisse statt: Auf dem Sinai wurden die Zehn Gebote überreicht; der Tempel in Jerusalem steht auf dem Berg Zion; die Bergpredigt; Jesus stirbt auf dem Kalvarienberg; fährt vom Ölberg aus in den Himmel auf ... Wer einen Berg zu Fuß besteigt, erfährt auch eine Sensibilisierung seiner Gefühle; er sieht mehr – wie die Jünger auf dem Berg der Verklärung. – Die Kanzel, von der früher gepredigt wurde, bedeutete auch: Der auf den „Berg" gestiegen ist und Gotteserfahrungen mitbringt, der soll zu uns sprechen!

c) Eine ***Christus-Ikone*** zeigt in der Regel den verklärten, wiederkommenden Christus. Der Moment der Verklärung auf dem Berg ist eingefangen und auf den gedeutet, der kommen wird. Mit ihm dürfen wir ins Gespräch treten.

d) Ein ***Windrad in Regenbogenfarben:*** Die verschiedenen Farben stehen für die verschiedenen Begebenheiten im Leben Jesu (rot = Kreuzestod; blau = Seesturm; grün = Bergpredigt; lila = Sündenvergebung; orange = Wunder). Wenn ich das Windrad kräftig anpuste und es sich schnell dreht, was wird dann aus den bunten Farben? Es entsteht eine neue Farbe: Weiß! Aufs Evangelium gedeutet: Heute erfahren die Jünger Jesus neu. Alle Farben seines Lebens haben sich zu Glanz und Licht verschmolzen, das ihn als Sohn Gottes ausweist. Einmal wird er – werden wir – ganz in seinem Glanz sein. Die Jünger durften es damals erleben, können aus der Vorfreude leben. (Nach Joel Fortmann und Thomas Lenski, D-77876 Kappelrodeck)

Dritter Fastensonntag

1. Zyklen zu den Lesungen der Fastenzeit

a) ***Türen öffnen.*** *Heute:* Die ***Ohren*** öffnen (= Mose hört auf Gottes Wort, die Jünger auf die Gleichnisse Jesu). Hören wir auf sein Wort und setzen es um?
b) ***Steine*** aus der ***Klagemauer*** abbauen: Weil Gott mit uns Geduld zeigt (Gleichnis Feigenbaum), können wir mehr dem Leistungsdruck, Stress und der Hetze entgegenwirken.

2. Symbolpredigten zur ersten Lesung: Ex 3,1–8a.13–15

Brennender Dornbusch. –
a) Jede/r schaut in ein ***brennendes Opferlicht:*** Das Urfeuer „Sonne" erwärmt unsere Erde. Im brennenden Dornbusch verrät Gott seinen Namen „Ich bin für euch da!" Dieser Name kann uns bis in die Seele wärmen. Das Feuer der Osterkerze zeigt, was bei Gott möglich ist: Es brennt auch im dunkelsten Augenblick des Lebens. Gott hat uns mit „Feuer" getauft (Lk 3,16), damit wir „Feuer und Flamme" sind und in diesem Hl. Geist die Welt heller machen.
b) Jede/r erhält einen ***Dornenzweig*** (im Frühjahr aus Rosenhecken schneiden): Zeichen des Fluches (Gen 3,17–19a), weil das Paradies verloren ging. Im Dornbusch wurde er zum Zeichen der Gegenwart Gottes (Gott wählte nicht den edlen Feigen- oder Maulbeerbaum), damit wir auch im Dornengeflecht des Bösen noch an seine Nähe glauben können. Christus trägt die Dornen – Zeichen des Fluches und der Gegenwart Gottes – bis ins bitterste Leid und macht so in seiner Auferstehung zwischen den Dornen Rosen möglich.

3. Symbolpredigten zum Evangelium: Lk 13,1–19

Der unfruchtbare Feigenbaum. –
a) Auf die Frage „Was kann ich gut?", schreiben die Kinder Eigenschaften auf und heften die Zettel auf kleine ***Holzäpfel,*** die als gute Früchte in ein Bäumchen gehängt werden.
b) Jede/r erhält die Spruchkarte Nr. 338/84 aus der Missionsdruckerei Mariannhill in D-86756 Reimlingen, Tel. 0 90 81/290 92-205,

Fax -/214, Einzelpreis ca. 0,20 €, auf der steht: „Der ***Obstbaum,*** der kein Obst bringt, wird unfruchtbar gescholten. Wer untersucht den Boden?“ (Bert Brecht) Auch der Spruch „Der Ast, der zusammenbricht, wird faul gescholten, aber hat nicht Schnee auf ihm gelegen?“ beleuchtet die Tatsache, dass wir nicht verurteilen dürfen. Zur Information: 60 Prozent der Sozialhilfeempfänger geraten nicht aus eigener Schuld in diese Lage (Beispiele). Aber wir können den Abgeschobenen, Entwurzelten und Unerwünschten eine neue Chance bieten.

c) Dieses Stück ***Holz*** *(zeigen!)* könnte von dem Feigenbaum stammen, der abgehauen werden sollte, aber dann doch Früchte brachte. Es kann auch an das Holz erinnern, aus dem die Arche gebaut war, die aus der Flut der Sünde rettete, oder an den Stab des Aaron, der die Schlangen des Pharaos verschlingen konnte, an den Stab des Guten Hirten, der auch mir Zuversicht geben will, an das Holz der Tragbahre, von der der tote Junge von Naïn sich erheben konnte, an das Holz der Krippe und des Kreuzes. Alles positive Hinweise auf Gottes Wirken. Wir sind also nicht auf dem Holzweg, wenn wir anderen auch eine neue Chance geben; vielleicht nehmen wir dazu als Erstes den Balken aus unserem eigenen Auge, wenn wir nach dem Splitter im Auge des Bruders suchen. (Nach Lothar Zenetti)

Vierter Fastensonntag

1. Zyklen zu den Lesungen der Fastenzeit

a) ***Türen öffnen.*** *Heute:* Offene ***Hände*** (= wie sie der Vater dem verlorenen Sohn entgegenstreckte) zur Versöhnung bereit halten.

b) ***Steine*** aus der ***Klagemauer*** abbauen: ***Schuldscheine***, auf denen die Kinder Fehler der letzten Zeit aufschreiben, werden in den Schlitz einer „Stein-Schachtel“ in der obersten Reihe der Mauer geworfen = weil Gott uns trotz unserer Schuld in die Arme nehmen will.

2. Symbolpredigten zum Evangelium: Lk 15,1–3.11–32

Gleichnis vom barmherzigen Vater. –

a) Was Gott für uns bedeutet. Die ***Kerzen*** auf einem ***siebenarmi-***

gen Leuchter werden nacheinander entzündet und mit Aussagen belegt: Gott ist mir Licht in den Versuchungen des Lebens; Licht hinter dem Horizont dieser Welt; er erhellt mich durch seine Barmherzigkeit (heutiges Evangelium); er ist mir Orientierung in mancher Blindheit; Lichtblick im Leid; lässt mich auch unter dem Kreuz nach Licht suchen – bis in die Ostersonne hinein. (Dazu ein Zyklus für die Fastenzeit in „Anschaulich verkündigen", Nr. 21)

b) Mit einem ***Blatt Papier*** (Vorderseite leer, Rückseite beschrieben). Manchmal fühle ich mich wie diese leere Seite Papier *(zeigen!),* bin traurig bis in die Seele hinein; manchmal geht es mir gut, dann fühle ich mich wie ein schön beschriebenes Blatt *(zeigen!),* alles läuft gut und ich komme an. Manchmal könnte ich mein Leben wegwerfen *(Papier zerknüllen und wegwerfen);* wer hat solche Augenblicke nicht auch schon aushalten müssen? Aber dann kommt jemand, der mich aufrichtet *(zerknülltes Papier aufheben und glätten),* mir zuhört, Mut macht und weiterhilft. Heute haben wir von einem gehört, der das immer anbietet (auch Hinweise auf Sünderin und Zachäus, ja Räuber am Kreuz). Das gibt oft so viel Rückenwind, dass ich diesen neuen Mut auch noch an andere weitergeben kann. (Nach Christoph Puschner)

c) Die Kinder schenken einander aus Pfeifenputzerdraht zusammengedrehte ***Ringe:*** Zeichen der Freundschaft (durch die Taufe auch Freunde Christi), das auch an die Barmherzigkeit Gottes erinnern soll: So gehen Freunde miteinander um! (Nach P. Pawlik)

d) Der Vater ließ dem heimkehrenden Sohn ein ***Gewand*** anlegen: Er bekam das besondere Gewand an, das ihn als Sohn gegenüber den Dienern und Sklaven auswies; der ***Ring*** galt als Zeichen der wiedererlangten Vollmacht, jetzt Anweisungen und Befehle geben zu können (eine Art Siegelring); die ***Schuhe*** besagten, du stehst auf eigenem Grund (Gäste zogen beim Betreten eines fremden Hauses die Schuhe aus, um das Besitzrecht des anderen anzuerkennen – wie Mose vor dem brennenden Dornbusch [Ex 3,5] die Schuhe auszog, weil der Ort Gott gehörte). – Wir als Söhne und Töchter Gottes haben in der Taufe das Kleid der Kindschaft Gottes erhalten; wir dürfen als Bevollmächtigte Gottes im „Weinberg" des Herrn arbeiten und können die Schuhe der Bereitschaft anziehen, die Welt in Besitz zu nehmen und als Teilhaber Gottes zu gestalten. (Nach Ulrich Parzany)

3. Symbolgeschichte zum Evangelium

Barmherzigkeit hilft uns auch selbst. – Ein Notarztwagen ist unterwegs zu einem Kind, das zu ersticken droht. Weil es im Berufsverkehr auf den Hauptstraßen kaum ein Durchkommen gab, kam dem Fahrer die Idee, eine Schnellstraße zu benutzen, die bald für den Verkehr freigegeben wird. Doch bei der Abfahrt stieß er auf einen tiefen Graben. Die ganze Strecke zurückfahren? Ein Baggerführer erkannte die Not des Fahrers, half den Graben zu überbrücken und in wenigen Minuten konnte der Notfallwagen weiterjagen. Das Kind war bereits blau im Gesicht. Gott sei Dank hatte der verschluckte Knopf noch etwas Atemluft durchgelassen. Ein paar gelernte Griffe, noch etwas Sauerstoff und der Fall war glücklich abgeschlossen. Am nächsten Tag kam der Fahrer durch Zufall wieder an der Stelle der Abfahrt vorbei und hielt an, um sich zu bedanken. Doch der Baggerführer stammelte mit Tränen in den Augen: „Danke, das Kind gestern – es war mein Sohn!" (Gekürzt nach Les Brown in „Das Beste" 9/80, S. 52f)

Hinweis: Siehe in diesem Buch auch 24. Sonntag i.J. C, 238f.

Fünfter Fastensonntag

1. Zyklen zu den Lesungen der Fastenzeit

a) ***Türen öffnen.*** *Heute:* Offenes ***Herz*** (= Jesus liebt uns, damit blickt er versöhnlich auf unsere Vergangenheit, schafft uns aber auch Zukunft und Segen), das wir alle für einen Neubeginn brauchen.
b) ***Steine*** aus der ***Klagemauer*** abbauen: Wer Steine wirft, verurteilt und verletzt (Beispiele). Etwas Neues aus dem bauen, was uns in den Weg gelegt wird.

2. Symbolpredigt zum Evangelium: Joh 8,1–11

Die Ehebrecherin. –
Mit diesem ***Haufen Steine*** (darunter auch flachere zum Darauftreten) könnten wir hier jetzt Schreckliches anrichten: sie wie gemeine Worte Leuten an den Kopf schleudern; Menschen damit treffen, die

ein Herz hart wie Stein haben; Leute damit verurteilen und hinrichten, die schwer gesündigt haben. Ich erinnere mich aber an eine Geschichte in der Heiligen Schrift, da wurden die Steine alle fallen gelassen. Ich lese sie euch vor (Evangelium). Vielleicht hat Jesus das Wort Vergebung in den Sand gekritzelt; das gilt auch uns. Was aber jetzt mit den Steinen machen? In Israel regnet es selten, doch wenn es regnet, dann oft als Platzregen, der in kürzester Zeit reißende Bäche entstehen lässt, die Straßen und Wege versperren. Stellt euch vor, da kommen Kinder und möchten miteinander spielen, aber der Bach hindert. Wer hat eine Idee? (Jetzt legen Kinder Steine als Weg über eine blaue Folie und bilden eine Helferkette.) Aus Schuld-Steinen eine Brücke bauen! (Nach „Materialdienst", Rheinischer Verband für Kindergottesdienst, 40237 Düsseldorf, Graf-Recke-Str. 209, Tel. 0211-669356, 41, S. 51f)

3. Symbolgeschichten zum Evangelium

a) Dieses ***Netz*** erinnert mich an eine Fischersfrau, die auch Ehebruch begangen hatte (Novelle „Das Netz" von Werner Bergengruen) und vor dem Richter bekannte: „Mein Liebhaber hatte mich wie in einem Netz gefangen." Sie wurde zum Tode verurteilt und sollte am nächsten Tag von einer hohen Klippe ins Meer gestürzt werden. Ihr Ehemann aber spannte heimlich in der Nacht große Netze unterhalb des Felsens, die seine Frau auffingen. Die Inselbewohner waren aufgebracht und forderten erneut den Tod. Die als Schiedsrichterin herbeigeholte Markgräfin aber nahm ihr goldschimmerndes Haarnetz vom Kopf und schenkte es der Fischersfrau mit den Worten: „Das Urteil wurde vollstreckt. Das Netz der Liebe deines Mannes hat dich gerettet. Du bist frei!" – Danke, dass Jesus auch für uns so ein Netz bereithält.
b) Dieses ***Kerzenlicht*** erinnert mich an einen Brauch im frühen Mittelalter: In der Osternacht entzündete der Kaiser persönlich von der Osterkerze her noch eine „Kerze der Ostergnade". Solange sie brannte, konnte jeder, der ein todeswürdiges Verbrechen gestand, von ihm Vergebung erwarten, die ein Schreiber in einem Gnadenbrief auch sofort beurkundete. Es wird berichtet, dass sich auch eine Ehefrau der Kerze näherte, sie ausblies und bekannte: „Ich habe mit so vielen Männern Ehebruch begangen, dass diese Gnade mir nicht zusteht." Als die Frau nach einiger Zeit wieder ihre Augen öffnete, brannte die Kerze. Ihr Mann hatte bereits die

Anklageschrift zur Scheidung in der Hand, aber damit hatte er das Licht von der Osterkerze geholt und die Gnadenkerze erneut entzündet. – Die Gnade Gottes leuchtet uns bald wieder in der Osterkerze entgegen. Wir dürfen an die Barmherzigkeit Gottes glauben und deshalb auch schuldig Gewordene barmherzig behandeln.

Hinweis: Siehe auch 10. Sonntag i.J. A, Lebenspuzzle, Seite 57. Heute kann auch auf Misereor eingegangen werden.

Palmsonntag

1. Zyklen zu den Lesungen der Fastenzeit

a) ***Türen öffnen.*** *Heute* (letztes Fenster): ***Tür*** öffnen, damit Christus, der König, eintreten kann.

b) ***Steine*** aus der ***Klagemauer*** abbauen. Auch wir reihen uns manchmal in den Kreis der Spötter ein … Wir beten für alle, die für ihr Bekenntnis zum Christuskönig verfolgt werden. (Danach wird der Rest der Klagemauer abgebaut und hinter einem Kreuz wird die Ostersonne voll sichtbar.)

2. Symbolpredigten zum Evangelium Lk 19,28–40 und zur Passionsgeschichte

a) Ein echter ***Palmzweig*** und ein ***Bund farbiger Bänder*** von ca. 50 cm Länge. Zwischen „Hosianna“ *(Palm schwenken)* und „Kreuzige ihn!“ spielt sich auch unser Leben ab: *(Beispiele aufzählen und dabei den Palmzweig um zwei Drittel abzupfen)* Die besten Freunde sind an meinem Geburtstag statt zu mir zu kommen ins Kino gegangen; gerade beginnt die Rente und nun diese Krankheit …
Mit so einer Rute *(zeigen!)* kann ich empfindlich zuschlagen, ein Jammertal kann lange andauern. Wer auf Jesus schaut, weiß vom Neubeginn „am Ende des Tunnels“ im Licht – auch zu Lebzeiten: „Ich möchte die Zeit nicht missen; ich lebe jetzt dankbarer und bewusster …“ *(L. legt die Bänder um die Rute mit den verbliebenen Blättern.)* Das Weizenkorn wandelt sich; aus der Puppe schlüpft der Schmetterling; das Halleluja liegt auf den Lippen.

b) L. zeigt ein ***Kruzifix.*** Wir schauen auf das INRI und sehen uns diesen König näher an: Sein Haupt ist leicht geneigt. Welche Kultur liegt in einer Kopfverneigung, wenn wir uns begegnen: Ich stelle dich in deiner unverwechselbaren Persönlichkeit höher als mich selbst. Jesus war bereit, Füße zu waschen. Er hält die Arme ausgebreitet: So wie du bist – komm in meine Arme! Verzeihende, tolerante Arme, die den anderen annehmen können, wie er ist, auch wenn alles Mögliche erzählt wird.
   Ein geöffnetes Herz: Lieben, bis es wehtut. „Liebt, wie ich euch geliebt habe!", ruft er uns zu. Was für ein König!

3. Symbolgeschichte zum Evangelium und zur Passion

Junge mit Fußball: Ihr habt ja heute die Geschichte gehört, wie Jesus am Palmsonntag bejubelt in die Stadt Jerusalem eingezogen ist und dann kurz danach … Mir ist es so ähnlich ergangen: Ich war gut in Form, habe die entscheidenden Tore erzielt, die Mannschaft schrie vor Begeisterung, auch der Lehrer hat mir auf die Schultern geklopft. Dann kam das Endspiel gegen die Nachbarschule um die Stadtmeisterschaft. Alles lief schief. Weil ich den Ärger meiner Freunde spürte, spielte ich noch schlechter. Wir verloren. Alle schoben die Schuld auf mich. Ich war fertig. Selbst meine besten Freunde rückten von mir ab … Ich kann Jesus verstehen: Heute „Hosanna!" und morgen „Kreuzige ihn!"

Ostern

1. Symbolpredigten zum Evangelium: Lk 24,1–12

Auferstehung des Herrn. –

a) Tiere, die etwas zum Osterfest aussagen: ***Lamm*** = Jesus als Osterlamm, das sein Leben hingab. Oft als gebackenes Lämmchen mit Siegesfahne. ***Schmetterling*** = wunderbares Symbol für die Auferstehung, wenn nach der Raupe und dem Kokon noch dieses Wunder möglich ist. ***Hase*** als Osterhase, der bunte Ostereier bringt: Er steht als Symbol für neues Leben, weil er sich sehr schnell vermehrt. Der ***Phönix*** stürzt sich im Alter ins Feuer und erhebt sich wieder jung – wie Christus aus der Asche (Aschenkreuz!) des Todes zu neuem Leben erstand. Der ***Pfau*** verliert im Herbst seine schönen Federn, die im Frühjahr neu wachsen: Leben, das nicht stirbt! Die ***Schnecke*** zieht im Herbst ein feines Häutchen vor den Eingang ihres Schneckenhauses, um nicht auszutrocknen; im Frühjahr durchbricht sie es zu neuem Leben. Der ***Pelikan*** stößt in der Not seinen Schnabel ins Herz, um die Jungen mit seinem Blut zu ernähren – Sinnbild für den Opfertod Christi.

b) Mit dem Glauben an die Auferstehung ist es wie mit einem ***Fallschirm,*** den jeder Pilot aus Sicherheitsgründen bei sich trägt und den Gott in seinem Rettungsangebot jedem Menschen anbietet. Wer dem Tod entgegenrast, muss aber die Reißleine selbst ziehen; d.h. die Entscheidung, ob dieser Glaube mich im Notfall tragen kann, muss ich selbst fällen. Wenn ich den Schirm öffne, bedeutet das eine abrupte Bewegungsänderung: Jetzt schwebe ich und könnte – leicht verändert – den Psalm 91 so beten: „Wer am Schirm des Höchsten hängt und in den Seilen des Allmächtigen schwebt, der spricht zum Herrn: Meine Zuversicht und meine Rettung, mein Gott, auf den ich hoffe." Der Glaube an den Auferstandenen oder die Angst vor dem Tage X: Ich kann in aller Freiheit wählen. (Nach Anton Allmer)

2. Symbolgeschichte zum Evangelium

Das Grab ist leer. – Dieses (Plastik-)***Ei*** ist leer *(L. öffnet es)* wie das Grab Jesu. Es erinnert mich an die Geschichte eines Jungen, der körperlich und geistig behindert war, manchmal komische Geräusche von sich gab und die Lehrerin oft nervte. Vor den Osterferien teilte sie an die Kinder kleine Plastikeier aus und bat sie, zur letzten Religionsstunde etwas hineinzulegen, was neues Leben anzeige. Die Kinder hatten sich viele Gedanken gemacht: Ein buntes Osterei lag darin, eine ***Frühlingsblume***, der ***Osterhase***, der ja so viel Nachwuchs haben kann, ein ***Osterfähnchen***, ein ***Schmetterling*** ... und dann spürte die Lehrerin, das nächste Ei war leer. „Ach ja, sicher das von unserem Sorgenkind", dachte sie und wollte es zur Seite legen. Aber der Junge hatte genau hingeschaut und rief: „Wollen Sie nicht über mein Ei sprechen?" „Aber – aber – das ist doch leer!" „Aber das Grab Jesu war doch auch leer!" Die Lehrerin musste schlucken. „Weißt du auch, warum?" „Ja, weil sein Vater ihn da rausgeholt und wieder lebendig gemacht hat!"

Als die Kinder schon in die Pause gestürmt waren, saß die Lehrerin immer noch da: Hatte dieser zurückgebliebene rätselhafte Junge von der Auferstehung nicht mehr verstanden als alle anderen? – Drei Monate später war der Junge tot. Als die Klasse mit dem Sarg zum Grab zog, wunderten sich manche, denn oben auf dem Sarg waren Eierschalenhälften zu sehen, die allesamt leer waren. (Stark gekürzt nach Ida Kempel)

Hinweis: Siehe auch 29. Sonntag i.J. B, 2b, S. 161.

Zweiter Sonntag der Osterzeit (Weißer Sonntag)

1. Symbolpredigten zum Weißen Sonntag

a) Kommunion = ***Perle.*** – Es gibt in unserer Welt versteckte Kostbarkeiten, die wir leicht übersehen können. So ein Wunder am Wege ist eine Muschel, außen rau, kantig und abweisend. Aber sie birgt eine herrliche Perle, gewachsen aus einer tödlichen Bedrohung, aus Leid und Schmerz und unendlich viel Geduld. So wurde aus Unglück Glück, aus dem spitzen Sandkorn eine kostbare, einmalige Perle. Wenn die Kinder heute zur Erstkommunion gehen, strecken sie auch ihre Hand aus nach etwas, was klein, rund, weiß und übersehbar wie diese Perle, aber unendlich kostbar ist. Das kleine, weiße Brot ist auch aus Leid und Schmerz geworden, musste sich als Samenkorn verwandeln, wurde zu Mehl zermahlen und zur runden Form gepresst. So wurde auch Jesus nicht Not und Verfolgung erspart, nicht Kreuz und Tod, um uns jetzt in diesem lebendigen Brot zu stärken und zu heiligen – als Wegzehrung zum ewigen Fest.

b) ***Tabernakelschlüssel*** und ***winziger Schlüssel.*** Dieser Tabernakelschlüssel gleicht am unteren Ende einem Tresorschlüssel, der das kostbare Geschenk des Himmels vor Dieben schützen soll. Wer aber in das Geheimnis des himmlischen Brotes eindringen will, braucht einen winzigen Schlüssel, den viele übersehen oder nicht besitzen. Die großen Schlüssel des Besitzes und der Schönheit, der Macht und Leistung prallen an der Tabernakeltür ab; dieser kleine Schlüssel ist ohne Fingerspitzengefühl gar nicht richtig zu fassen, weil er mit viel Zärtlichkeit die eigenen Herzenstüren öffnen muss – mit Gebet, Demut und dem Universalschlüssel Liebe. Der kleine

Zauberschlüssel kann auch Barmherzigkeit heißen. Und dann, wenn die Herzenstür geöffnet war und ich das Himmelsbrot empfangen habe, darf ich mit dem schönen Liebesgedicht aus dem Mittelalter sprechen: „Du bist mein, ich bin dein, dessen sollst du gewiss sein. Du bist eingeschlossen in meinem Herzen. Verloren ist das Schlüsselchen: Du musst jetzt immer darin bleiben."

2. Symbolgeschichte zum Weißen Sonntag

Was ein ***Brot*** vermag. – Es herrschte Krieg im Land. Mutter hatte aus den letzten Körnern ein Brot gebacken. Plötzlich stand ein schwer bewaffneter Spähtrupp in der Tür. Die Soldaten wollten nach dem Brot greifen, aber Michael stürzte sich darauf und Vater richtete eine Heugabel auf den Rücken des Hauptmanns. So standen sie in gegenseitiger Bedrohung – eine halbe Stunde, eine Stunde. Michael drückte das Brot zitternd zusammen, bis es schließlich durchbrach. Das brachte ihn auf eine Idee: Er ging rund und brach für jeden ein großes Stück ab – auch für die Soldaten. Die Heugabel und die Gewehre senkten sich. So standen sie schweigend und kauend – bis die Soldaten abzogen. Alle lebten noch! (Stark verkürzt nach Rüdiger Maschwitz)
Ein Brot, das versöhnt – wie uns das Himmelsbrot zum Brot der Liebe werden will, das uns zusammenbringt.

Dritter Sonntag der Osterzeit

1. Symbolpredigt zur zweiten Lesung: Offb 5,11–14

Das geschlachtete Lamm. – Ein Wappen, auf dem ein vergoldetes ***Osterlamm*** zu sehen ist. Auf Wappen werden in der Regel mächtige Tiere wie Bär, Adler oder Löwe gezeigt, die mit Gewalt für Gerechtigkeit sorgen sollen. Mit einem Lamm im Wappen durchkreuzen wir die Vorstellungen von Stärke und Größe, wir glauben an ein gewaltloses Zeichen, das den Teufelskreis aus Abhängigkeit und Unterdrückung durchbricht und Freiheit schenkt: So brachte das Lamm den Israeliten die Freiheit, so zeigt auch der Friedensweg Jesu, wer letztlich den längeren Atem hat. (Nach Robert Göppel in „PuK" 3/2001, S. 356ff)

2. Symbolpredigten zum Evangelium: Joh 21,1–19

Erscheinung des Auferstandenen am See. –

a) Ein ***Wurfnetz,*** wie es ein Fischer am Bug seines Bootes immer wieder auswirft. Der bleibeschwerte Rand sinkt tiefer und berührt schließlich den Grund. Dann zieht er es behutsam hoch, um zu sehen, ob ein Fisch ins Netz gegangen ist. Manchmal klatscht das Netz fünfzig, ja hundert Mal auf das Wasser. Er weiß, aufgeben hieße aufhören zu leben. So ähnlich haben die Jünger eine ganze Nacht die Netze ausgeworfen und nichts gefangen. Und da steht einer am Ufer und sagt: „Werft es noch einmal aus, auf der rechten Seite des Ufers!“ *(Jetzt gibt L. das Netz einem Kind, das in der Sakristei die vorbereiteten 153 Fische aus Brezelteig [ähnlich Fische als Salzgebäck] in das Netz legt und dann wieder zu L. bringt:)* 153 große Fische (= die damals bekannten Fischsorten = alle Menschen) haben die Jünger gefangen und an dieser Fülle erkannt, dass es Jesus ist, der ihnen den Auftrag gab. – Auch unsere Netze sind nach des Tages Mühen oft leer. Jesus sagt uns: „Nicht aufgeben. Werft sie erneut aus!“ Und vielleicht haben wir alle schon erfahren: Einen Erfolg hätten wir nicht mehr für möglich gehalten. Aber das Netz war voller Leben und Freude. *(Die Kinder holen sich danach einen Fisch aus dem Netz.)* (Nach „Dinzinger C“)

b) Dieses leere ***Netz*** erinnert mich an den Roman von E. Hemingway „Der alte Mann und das Meer“. Die Geschichte ist wirklich passiert: Nach 84 Tagen Fischfang ohne jeden Erfolg fängt der schon alte Mann einen großen Schwertfisch, der länger ist als sein Boot; er kann ihn mit einer Harpune töten. Von diesem Fisch wird er mehrere Monate leben können. Aber dann tauchen Haie auf und fallen über die Beute her. Als er den Strand erreicht, hängt nur noch das Gerippe des Fisches an seinem Boot. „Der Mensch darf nicht aufgeben“, sagte der alte Mann nach dem zwei Tage und zwei Nächte dauernden Kampf um den Fisch gegen die Haie. Das würde Jesus uns auch zurufen. Darum lege ich diesen ***Anker*** ins Netz, Zeichen der Hoffnung für alle Schiffsreisenden, wenn er sich im Sturm in einem Felsgrund festhakt und das Schiff nicht zerschellt. Werft das Netz voller Hoffnung wieder aus – trotz all der Haie, der geheimen Miterzieher; der Verächter; der Menschen, die gar nicht mehr wissen, wie Beten geht und was Glauben soll.

c) Es ist für den Fischfang (= Menschenfischer) der christlichen Kirchen sehr kalt geworden und es bläst uns ein unangenehmer Wind ins Gesicht. Darum empfehle ich als Kleidung einen dicken Seemanns-***Pullover,*** den der Gottes- und Nächstenliebe, die draußen auch dann noch beeindrucken können, wenn keine Bibel mehr gelesen wird. Auch empfehle ich ***Schuhe mit*** gutem ***Profil,*** die im Boot nicht ausrutschen lassen; damit meine ich eine gute Gewissensschulung und Weiterbildung im Glauben, um auf Fragen Antworten zu wissen. Und diese ***Öljacke*** zum Überstreifen, wenn es ganz schlimm vom Himmel kommt; damit will ich die Geduld und Gelassenheit ansprechen: Es kommt auch wieder einmal für die Menschenfischer die Sonne durch. (Nach Reinhold Stecher)

Vierter Sonntag der Osterzeit

1. Symbolpredigten zur zweiten Lesung: Offb 7,9.14b–17

a) Zum ***Lamm,*** das schon an der Krippe stand und als Osterlamm sein Blut vergossen hat: So wie das Paschalamm die Israeliten aus der Knechtschaft Ägyptens befreite, so rettete uns sein Blut auf dem Pfosten des Kreuzes vor dem ewigen Tod. Jesus starb in der Stunde, in der im Tempel die Lämmer für das Paschafest geschlachtet wurden. Als Osterlamm wird es mit Sieges- und Kreuzfahne, mit Kreuz oder Kreuznimbus dargestellt; das Blut fließt aus der Seitenwunde in den Kelch – Hinweis auf die Eucharistie. Wer die Kleider im Blut des Lammes rein gewaschen hat (= Jesus voll vertraut hat), darf ins Gottesreich.

b) ***Palmzweige*** sind ein weit verbreitetes Symbol für Sieg, Freude und ewigen Frieden. Zum festen Sprachgebrauch wurde: „Die Palme des Martyriums erringen". Die Märtyrer tragen den Zweig als Ehrenzeichen für durchgestandene Leiden. Die Palme wächst aus der härtesten Nuss, der Kokosnuss (eigentlich eine Steinfrucht); so wird der Palmzweig auch Zeichen des Sieges für alle, die die härteste Nuss, den Tod, aufgebrochen haben.

c) Das ***weiße Gewand*** erinnert an das Taufkleid als Abglanz der Auferstehungsherrlichkeit, an die Kutte des Mönches (= zweite Taufe als Verzicht auf die „Welt"), an die Kommunionkleider, Priestergewänder, das Brautkleid, das Totenhemd. Jesu Kleider waren bei seiner Verklärung weiß wie das Licht (Mt 17,2), wie denn auch die Auserwählten mit weißen Gewändern vor dem Throne des Lammes stehen: Keiner darf ohne hochzeitliches Gewand am himmlischen

Hochzeitsmahl teilnehmen (Mt 22,12), was sagen will: Ich muss meine schmutzige Lebensweste ins Blut des Lammes halten = in die Gnade Gottes, damit ich die Würde der Taufe wiedererlange.

2. Symbolpredigten zum Evangelium: Joh 10,27–30

Der gute Hirt. –
Zu Joh 10,28: Niemand wird sie meiner Hand entreißen. –

a) Wir betrachten ein Bild, bei dem sich ein Kind in die großen ***Hände*** Gottes schmiegt (z.B. Postkarte K 81, „Bleib sein Kind" von Dorothea Steigerwald im Brendow-Verlag, Moers, Tel. 02841/8090, oder den Holzschnitt „In manibus tuis" von W. Habdank, Karte Nr. 830 D, Rottenburger Kunstverlag Ver sacrum, Tel. 07472/3011, oder Karte 002004, © Editions H. Krackenberger S.a.r.l., F-07200 Aubenas, Tel. 75-937672, Fax 75-934326.)
b) Eine ***Herz-Jesu-Statue*** in nicht sentimentalem Stil. Wer sein Herzblut gegeben hat, der lässt seine Freunde nicht im Stich. Wichtig ist, dass wir uns zuerst von ihm lieben lassen.

Achtung: Sonntag des Guten Hirten = Welttag für neue geistliche Berufe.

Fünfter Sonntag der Osterzeit

1. Symbolpredigt zum Evangelium: Joh 13,31–33a.34–35

Liebt einander. –
Wie geht das mit dem neuen und alten Gebot der Liebe, das in den Kirchen so oft über die Lippen kommt und doch nicht so recht gelingt? Dieses ***Kreuz,*** Grundriss der meisten Kirchen, zeigt die beiden Richtungen: Der Längsbalken lenkt unseren Blick nach oben oder hinter alles Sichtbare. Wir halten uns voller Vertrauen an Gott fest, der in Jesus sichtbar und liebenswert wurde. Sollten wir dabei abgleiten, dürfen wir an den Kern der alten Sage glauben, die berichtet, dass der Gekreuzigte einen Dieb, der ihm die wertvolle schöne Krone rauben wollte, mit seinen Armen festhielt, als er ausrutschte und abzustürzen drohte. Eine Liebe also, die unser Denken sprengt, weil sie größer ist als alle Gerechtigkeit oder Verdienste. Aus dieser Begeg-

nung fließen dann so viele Kräfte, dass ich sie nach rechts und links (= Querbalken) an meine Mitmenschen weitergeben kann. Also nicht Leistung, sondern ein Weitergeben des Empfangenen. – Beachten wir am Kreuz: Der Längsbalken trägt den Querbalken, nicht umgekehrt. Wer sich von Gott gehalten weiß, gibt in der Nächstenliebe so schnell nicht auf, wenn Gutheit als Dummheit erscheint.

2. Symbolgeschichte zu „Liebt einander"

Der Schüler fragte: „Warum andere lieben, wenn die Liebe zu mir selbst so wichtig ist?" Der Lehrer antwortete: „Stell dir über der Welt ein gespanntes, unendliches ***Netz*** vor und in jedem ***Knoten*** ein wie ein Stern funkelnder Juwel. Wer nur einen genauer betrachtet, sieht, wie sich in diesem einzelnen Juwel alle anderen widerspiegeln, auch in all ihren Reflexionen. Wenn nur ein einziger Juwel aus dem Netz herausgenommen, bedeckt oder zerstört wird, stört dies das Wechselspiel der ganzen Pracht. Nicht einer der Juwelen würde mehr funkeln. Jeder einzelne Juwel entfaltet nur im Zusammenspiel mit den anderen seine Pracht, und die Pracht des Ganzen hängt zugleich von jedem einzelnen Juwel ab." Nach einer Pause fuhr er fort: „Du und ich, dein Freund und dein Feind, wir alle sind mit den Fäden unseres Lebens verknüpft wie die Juwelen im Netz. Was du tust oder lässt, wirkt sich unmittelbar auf den anderen und damit zugleich auch wieder auf dich selbst aus." (Verkürzt nach Ulrike Fell, nach indisch-chinesischer Mythologie)

Sechster Sonntag der Osterzeit

1. Symbolpredigt zur zweiten Lesung: Offb 21,10–14.22–23

(unbedingt auch die Verse 19 und 20 hineinnehmen!):
Die himmlische Stadt aus Edelsteinen. – (Eventuell ein Halbedelstein für jede/n: Firma Oppermann, Neumünster, Tel. 0180-5672121 Artikel 389176, bietet eine „Edel-Schatzkiste" mit 100 Halbedelsteinen für ca. 17 € an [Stand Herbst 2000].)
Der ***Edelstein*** in der Hand meint uns selbst: Wir sind ja kostbare Ebenbilder Gottes. Solche Edelsteine haben auch die Kraft zu heilen (die hl. Hildegard, Indianer u.a. wussten und wissen darum). Werden diese

Steine besonders geschliffen, werden sie zum Juwel; es gibt ja genug Prüfungen im Leben jedes Menschen. Solche Edelsteine hat Johannes in seinen Visionen – so eine Art Film – an den Grundsteinen der Stadtmauern des himmlischen Jerusalems gesehen, d.h. dort leuchten die Heiligen, die Verstorbenen und hoffentlich auch wir einmal in der Herrlichkeit Gottes wunderbar auf. (Nach einer Idee von Ursula Dirmeier)

2. Symbolpredigten zum Evangelium

a) *Zu Joh 14,24:* Sich an meinem Wort festhalten. – Warum hat jede Treppe ein ***Geländer;*** warum hält die Mutter dem Kind, das laufen lernt, die Hand hin…? Warum gibt es in den Bergen an schwierigen Stellen Drahtseile? So sollen uns Jesu Worte ein Halt sein, damit wir nicht abstürzen. Positive Worte schenken Halt, beflügeln, stärken unsere Schritte. (Nach Heribert Arens, „PuK" 3/2001, S. 391–393)
b) *Zu Joh 14,27:* Vom Frieden, den Jesus geben will. – Jesus spricht von einem Frieden, wie ihn die Welt nicht geben kann. Mit diesem ***Seil*** möchte ich durch ***Knoten*** symbolisieren, dass wir in Konflikten doch noch wenig vom Frieden Christi halten: Der erste Knoten *(die Schleife jeweils weit offen halten)* soll für Erbschaftsstreitigkeiten unter Christen stehen. Jedenfalls werden dann in der Regel die Messer ausgepackt – auch unter Christen. Der zweite steht für das, was Christen einander im Kosovo oder in Ruanda angetan haben; da stand die Zugehörigkeit zu einem Volksstamm auch höher als die Zusammengehörigkeit durch die Taufe. Der dritte Knoten mag für das stehen, was wir Christen den jüdischen Mitbürgern angetan haben … Soll ich weitermachen? Sie sehen, das Seil ist kürzer geworden. Wenn wir nicht den Frieden versuchen, den Jesus wollte, verkürzen wir unsere Lebenschancen. Wie aber die Knoten jetzt lösen? Durch Beharren auf *meiner* „Wahrheit"? Wird von beiden Seiten gezogen, verfestigen sie sich nur. Wenn nur eine Seite nachgibt *(nach links oder rechts halten),* dann löst sich der Knoten auch nicht; das Problem wird nur unter den Teppich gekehrt. Es gibt nur eine Möglichkeit, auch unter Christen: darüber reden, Wut und Schmerzen herausschreien und dann geduldig versuchen, den Knoten – mühselig – zu lösen. Diese Geduld und das Gebet zum Heiligen Geist gegen verhärtete Fronten und die Ausdauer – das erwartet Jesus. (Nach MISSIO-Material zum Weltmissionssonntag 1998)

Siebter Sonntag der Osterzeit

1. Symbolpredigt zur ersten Lesung: Apg 7,55–60

Steine, auf Stefanus geworfen, brachten ihn um. – Es müssen nicht immer Steine sein, die den Glauben prüfen – wie in so vielen Ländern der Erde. Spitze Worte genügen, um uns aus dem Gleichgewicht zu werfen: Solche spitzen Steine der Vorurteile, der Missverständnisse und des Spottes können uns mundtot machen. Wir legen diese Steine zu einem Kreuz, um damit anzudeuten, dass der Weg zu Gott nicht ohne Leid und Verletzungen zurückzulegen ist – wie bei Stefanus.

2. Symbolpredigten zum Evangelium: Joh 17,20–26

Alle sollen eins sein. –

a) Ein aus leichtem Karton zerreißbares ***Kreuz.*** Ein Kind, Peter, wird in die Mitte gestellt. Der Freund sagt von ihm, der kann nicht verlieren. Seine Oma sagt: Doch! – Die Mutter sagt: Manchmal ist er ganz schön frech. Vater sagt: Er ist sehr lieb. – Klassenkameraden sagen: Er ist faul. Mutter sagt: Er ist sehr hilfsbereit. – Man könnte meinen, wir reden über verschiedene Kinder.
So ist das auch mit dem Kreuz *(L. zerreißt es in drei Teile und heftet sie mit Zwischenräumen auf eine Flanelltafel).* Viele, die sich Christen nennen, fanden jeweils etwas anderes an Jesus wichtig. Die evangelischen Christen meinen: Was Jesus *gesagt* hat, ist uns ungeheuer wichtig. Deshalb lesen wir viel in der Bibel *(L. heftet „evangelisch" an).* Die Katholiken meinen: Was Jesus *getan* hat, ist uns wichtig – wir begegnen ihm in sieben Sakramenten, die wir feiern *(L. heftet „katholisch" an).* Die orthodoxen Christen betonen: Wir denken an die große *Zukunft*, die Christus uns versprochen hat; darum feiern wir in unseren Gottesdiensten einen Vorgeschmack davon: Herrliche Ikonen, Gesänge, Weihrauch *(L. heftet „orthodox" an).* Heute dürfen wir sagen: Jeder sieht da etwas Richtiges *(L. rückt die drei Teile des Kreuzes näher aneinander),* aber wir müssen wieder gemeinsam den ganzen Jesus erkennen. Ökumene! (Nach Pfarrei St. Theresia, Düsseldorf)
Alternative: Eine zerschnittene Hl.-Geist-***Taube*** wird (von Kindern) wieder zusammengesetzt. Es ist schön, wenn alle Teile zusammen-

passen, wenn eine Einheit entsteht. Dabei hilft uns der gute Geist Gottes, dessen Symbol wir hier sehen. (Nach „Dinzinger C")

b) In einen ***Patchwork-Wandbehang*** aus bunten Flicken ist ein Kreuz eingearbeitet oder draufgesetzt. – Die bunten Flicken versinnbildlichen die Verschiedenartigkeit der Menschen. Gut, dass wir nicht geklont sind: Diese Vielfalt der Einzelpersonen, Gemeinschaften und Kirchen lässt es nicht langweilig werden. Aber es gibt noch zu viele Gegensätze und Vorurteile, Missverständnisse und Lieblosigkeiten, die nur überbrückt werden können, wenn alle auf das Kreuz sehen und die Bitte Jesu beherzigen: dass doch alle eins seien!

c) Ein Gott – viele Religionen: Siehe in diesem Buch Dreifaltigkeitssonntag, Lesejahr B, 3b, Seite 169f.

3. Symbolgeschichte zum Frieden

Drei Frösche auf einer kleinen Insel in einem Teich streiten sich von morgens bis abends: „Das Wasser gehört *mir*!" „Die Erde gehört *mir*!" „Die Luft gehört *mir*!" Eine große Kröte taucht auf und sagt: „Welches Geschrei und Gezanke! Macht doch endlich Frieden!" Aber nichts da! Plötzlich gibt's ein gewaltiges Gewitter und der niederprasselnde Regen lässt den Wasserspiegel so steigen, dass die kleine Insel versinkt. Voller Kälte und Angst flüchten die Frösche auf einen einzigen Stein, der noch herausragt. Als die Flut zurückgeht, merken sie: Das war kein Stein; die Kröte hat sie gerettet. Da besinnen sie sich und quaken: „Alles gehört *uns*!" Und schnell spüren sie, wie schön sie es jetzt haben. (Kurzfassung der Geschichte „Das gehört mir!" von Leo Lionni, Middelhauve, München)

Pfingsten

1. Symbolpredigen zur ersten Lesung am Tag: Apg 2,1–11

Pfingstereignis. –

a) Der Heilige Geist wirkt wie ein ***Magnet,*** den Gott mit großer Anziehungskraft über die verschiedenen Völker hält und sie zusammenströmen lässt (Apg 2,6). Dreitausend ließen sich nachher taufen, waren also von diesem Geiste begeistert und magnetisierten dann noch viele andere, die aufhorchen und mehr erfahren wollen. Sie bleiben anziehend. (Nach Lore Kufner)

b) Wenn Atem durch die ***Flöte*** geht, kommt ein Ton heraus. Der Wind, der damals das ganze Haus erfüllte (Apg 2,2), möchte auch heute sein Instrument „Welt“ zum Klingen bringen.

2. Symbolpredigten zum Pfingstgeschehen

a) Der Osterfestkreis hat zwei Brennpunkte, darum spreche ich besser von einer *Ellipse*: das Oster- und das Pfingstfest. Für das Osterfest bringe ich diese ***Tür*** *(gebastelt)* mit, die noch geschlossen ist: Der Auferstandene sprengte die Pforten der Unterwelt *(hier öffnen)* und führte die Menschen aus dem „Reich des Todes“ (wie wir im Credo beten) in das Reich seines Vaters. Für das Pfingstfest öffne ich wieder dieses ***Tor***, denn wir feiern das Fest der offenen Türen. Wenn der Geist Gottes die verängstigten Jünger nicht in alle Welt getrieben hätte, dann säßen wir heute nicht hier.

b) ***Flagge*** zeigen! Siehe in diesem Buch 12. Sonntag i.J. A, Predigt b, Seite 59.

c) Der Boden einer ***Schatzkiste*** ist ***mit*** einem ***Spiegel*** ausgefüllt. Die Kinder werden gefragt: Wer ist Gottes größter Schatz und wichtigster Baustein für seine Kirche und das Reich Gottes? Dann kommen einige nach vorne und dürfen hineinschauen. Wenn sie lachen: Seht ihr, Gottes Liebe befreit uns dazu. (Nach Erwin Martine)

d) Christ in winterlicher Kirche: Siehe in diesem Buch 3. Sonntag der Osterzeit, Lesejahr C, Nr. 2c, Seite 196f.

e) Pfingsten im Symbol eines ***Autos,*** des Deutschen liebstes Kind: Es braucht *Sprit* (= Spiritus, übersetzt = Geist); ohne *Zündkerze* bleiben die PS-Kräfte wirkungslos; ich muss selbst den Zündschlüssel herumdrehen, damit der *Funke* überspringt. Mit den *Scheinwerfern* wird nicht alles ausgeleuchtet, aber ich kann die Begrenzungen und Rückleuchten besser erkennen – und Rücksicht nehmen. Die *Klimaanlage* steht für eine gute Atmosphäre, die herrschen kann, wenn ich Gottes Geist bei der Fahrt zulasse. (Nach Reinhold Stecher)

3. Symbolgeschichte

Wer hat missioniert? – Ein indischer Bischof wird in ein abgelegenes Dorf eingeladen, um die Menschen zu taufen. Der Bischof wundert sich: „Ihr seid doch Hindus und noch war kein Missionar bei euch!" Die Leute antworteten: „Vor vielen Jahren kam einer, der hat uns einen Brunnen gebohrt. Wir wussten, er war Christ, aber er hat nicht davon gesprochen. Doch was er kostenlos machte, hatte ja was mit seinem Glauben zu tun. Dann kam einer, der verteilte Schriften, die von Christus sprachen. Davon wollten wir mehr erfahren und einer hat uns alles erklärt – und jetzt möchten wir Christen werden." Der Bischof, erfreut, überlegte: „Wer hat hier missioniert? Der den Brunnen bohrte, der die Schriften verteilte oder der ihnen den Glauben erklärte?" (Jeder ein wenig, aber Gottes Geist fügte alles zusammen.)

Sonntage im Jahreskreis

2. Sonntag im Jahreskreis

1. Symbolpredigt zum Evangelium: Joh 2,1–11

Die Hochzeit von Kana. –

a) ***Zwei kleinere Krüge, ein größerer Krug***. (Es wäre schön, wenn ein Brautpaar sich bereit erklärte, sich heute trauen zu lassen; darauf bezieht sich die Predigt; sie ist mit kleineren Abänderungen aber auch so zu halten:) Hier stehen eure „Lebenskrüge" *(L. zeigt auf die kleineren),* angefüllt mit den Wassern eurer Liebe und all den Talenten, die ihr mitbekommen habt und einbringt. Die schütte ich jetzt in den „Ehe-Krug" (= größerer Krug), den ich euch zur Erinnerung schenken möchte. Hier zeigt sich schon das Geben und Nehmen, das Nehmen und Geben, ohne das eure Ehe nicht gelingen kann. Jesus will bei euch sein wie das gleich die Stola zeigt, die ich um eure Hände, eure guten Absichten lege. Er verwandelt eure Lebenswasser jetzt – wie in Kana – in Wein, damit eure Ehe ein Fest wird. Und immer, wenn ihr nur Wasser schmeckt, auch das Wasser der Tränen und Enttäuschungen, könnt ihr *Ihn* bitten, es wieder in Wein zu verwandeln.

b) ***Wasserkrug – Weinkrug – Kelch***: Siehe in diesem Buch 27. Sonntag i.J. B, Nr.1a, Seite 157.

2. Symbolgeschichten zum Evangelium

a) Wissen, was fehlt: Maria sieht, dass der Wein ausgegangen ist. – Ein Landwirt saß mit seinem Nachbarn in einem Gasthaus. Als er etwas tiefer ins Glas geschaut hatte, fragte er den Nachbarn: „Liebst du mich als guten Freund oder nicht?" Jener antwortete: „Ja, sehr!" Da schüttelte der Landwirt den Kopf: „Nein! Denn dann würdest du wissen, was mir fehlt!" – Liebe zu den Menschen ist: ihre Wünsche und Bedürfnisse zu erspüren und ihr Leid mitzutragen.

b) Alle waren zur Hochzeit des armen Brautpaares geladen und alle sollten eine Flasche Reis***wein*** mitbringen und am Eingang in ein großes Fass schütten, damit das Fest gelingen kann. Als dann alle zum Wohl des Brautpaares anstießen und tranken, versteinerten ihre Gesichter: Sie hatten alle nur *Wasser* im Glas. So konnte das Fest nicht stattfinden.

c) „Wo bleibt die Liebe in der Ehe, wenn man verheiratet ist?“, fragte ich den alten Chinesen. Er antwortete: „Bei uns setzt das junge Paar am Hochzeitstag den Topf mit dem ***Wasser*** der Liebe auf den häuslichen Herd. Und da wird es warm und immer wärmer. Bei euch kocht das Wasser der Liebe, wenn ihr heiratet – und dann wird es in der Ehe kalt.“ (Ba Kling)

d) Siehe auch in diesem Buch 27. Sonntag i.J. B, 2a und b, Seite 158.

3. Sonntag im Jahreskreis

1. Symbolpredigten zur zweiten Lesung: 1 Kor 12,12–31a

Ihr seid der Leib Christi. –

a) Ein ***Mobile*** zeigt, wie ein Miteinander gelingen kann: Alle Elemente, so verschieden sie auch sind, sind miteinander verbunden; die kleineren werden von größeren gehalten; alle bewegen sich ständig und harmonisch, ohne sich zu behindern; wenn ein neues Element hinzukommt, pendeln sich alle neu ein. Das Mobile ist an einem zentralen Punkt festgemacht = ein Leib, ein Geist. (Ähnlich mit einem Puzzle, einer Orgelpfeife, einer Schraube.)

b) Im ***Orchester*** klingen verschiedene Instrumente zusammen: Jedes Instrument ist wichtig, muss sich aber einordnen lassen und mit den anderen abgestimmt werden, damit Harmonie und Wohlklang möglich werden. Bei Blasinstrumenten: Der „Atem“, der Hl. Geist, erzeugt die verschiedenen Töne, die eine Botschaft in die Welt „hinausblasen“.

c) Ein ***Fußball*** ist aus vielen Lederstücken zusammengesetzt, deren richtiger Zusammenhalt die „innere Blase“ schützt, die mit Luft, mit „Kraft von außen“ (= Hl. Geist, Freude, Begeisterung) gefüllt ist. Dann kann das „Spiel“ beginnen. (Zum Teil nach Werner Eizinger)

d) Aus vielen ***Puzzlestücken*** bauen die Kinder die Umrisse eines Menschen, in den Bilder vom Gemeindeleben geklebt werden. (Nach „Frisch C“ und „Dinzinger C“)

2. Symbolgeschichten zur zweiten Lesung

a) Einmal ärgerten sich die Körperteile über den vermeintlich faulen Magen, der alle Früchte ihrer Arbeit verschlang, und sie beschlossen, ihm keine Nahrung mehr zu liefern. Aber schließlich, als sie alle immer schwächer wurden, merkten sie, dass sie in Wahrheit für ihr eigenes Wohlergehen arbeiteten, wenn sie ihm halfen.

b) Als die Leute den beiden bettelnden Mönchen nichts gaben, füllten sie auf dem Marktplatz einen großen Kessel mit Wasser und warfen auffällig Steine hinein, um auf einem Feuer eine Stein-Suppe zu kochen. Betroffen brachten die Dorfbewohner Zutaten wie Kartoffeln, Hafer, Karotten, Fleischstücke und Salz mit, die die Mönche in den Topf warfen und verrührten. Heraus kam eine schmackhafte Suppe, die das ganze Dorf zu einem Fest zusammenführte.

c) Ein unsichtbares ***Netz*** gutwilliger Menschen verband eine Pfarrei, damit niemand hindurchfalle. Selbst verbrauchte Fäden ließen sich durch neue ersetzen und lockere Knoten fester knüpfen. Aber mit der Zeit waren alle ***Fäden*** und ***Knoten*** selbstbewusst und anspruchsvoll geworden; es wurde verglichen und bald zersetzte sie Neid oder Überheblichkeit. Als die Stärkeren den Schwächeren Unfähigkeit vorwarfen, sich die Lauten an den Stillen rieben, auf bestimmte Vorrechte gepocht wurde …, zerriss das Netz.

3. Symbolpredigten zum Evangelium: Lk 4,14–21

Jesus in seiner Heimatstadt. –

a) Beim Eintritt ins Theater erhalte ich ein ***Programm***, um zu wissen, was auf mich zukommt. Das Programm Jesu lautet: „Armen" die gute Nachricht bringen, „Gefangenen" die Entlassung verkünden und „Blinden" das Augenlicht geben. (Heribert Arens in „Puk" 1/92, S. 119/122)

b) In einem ***Spiegel*** sehe ich mein Spiegelbild. Jesus war das Spiegelbild des Hl. Geistes, der „Arme", „Gefangene", „Zerschlagene" und „Blinde" mit neuer Kraft erfüllen will. (Nach Pfarrei St. Theresia)

4. Symbolgeschichte zum Evangelium

Ein Kind hatte einen „grünen Daumen", d.h. alles, was es berührte, blühte sofort auf. Und da der Wind überall in die Ritzen, Wände und

Zäune winzige Samenkörner getragen hat, konnte es sogar Gefängnisse, Armenviertel, Krankenhäuser, ja Kanonen in ein Blütenmeer verwandeln. – Wir haben wahrscheinlich keine grünen Daumen, aber Herzen, die – wie Jesus – umwandeln können, denn unsichtbare, winzige Samen dazu warten überall. (Nach Maurice Druon, Tistou mit dem grünen Daumen)

4. Sonntag im Jahreskreis

1. Symbolpredigten zur zweiten Lesung: 1 Kor 12,31–13,13

Vom Hohelied der Liebe. –

a) Eine ***Brücke mit drei Pfeilern*** (= Glaube, Hoffnung, Liebe) lässt alle Abgründe der Angst, des Zweifels und der Widerstände überwinden.
b) Eine ***Notizzettelklammer.*** Die beiden Plastikteile werden von einer Stahlfeder zusammengehalten. Wenn diese Feder ausleiert oder ihre Spannkraft verliert, fallen die beiden Teile auseinander und können nichts mehr von dem halten, was hineingesteckt wurde. Göttliche Spannkraft schenken Glaube, Hoffnung und Liebe: Sie kann Eheleute fest zusammenhalten und alle, die sich ihnen anvertrauen (= Kinder, Gäste …).
c) ***Zwei blühende Rosen***: Von der ersten Blüte wird Blatt für Blatt abgezupft und dabei erzählt, was alles zerfällt, wenn die Liebe in einer Ehe „verduftet" ist … Zuletzt wird der Stängel mit dem Stempel und dem Blütenansatz sichtbar: der Stängel (= Gott) will uns halten und uns Nahrung zuführen; der Stempel (= Christus) will unsere Mitte sein, um den sich die Blütenblätter scharen; in ihm können auch Spannungen überwunden werden; er hat ja seine Nähe bei der Trauung versprochen. Den Duft der anderen blühenden Rose einatmen (= Sehnsucht nach Vollkommenheit und Harmonie) und auf den Altar legen als Zeichen dafür, dass die Liebe siegen kann.
d) Eine ***Brille mit dunklen Gläsern***, eine ***rote Herzbrille***: Wo die Liebe fehlt, kann ich alles missdeuten und schwarz malen. Die Liebe lässt alles mit dem Herzen sehen und die Welt zum Guten verwandeln.

2. Symbolgeschichten zur zweiten Lesung

a) Der Brückendienst. – An einem schönen Morgen, als die Zeit wieder einmal zu den Menschen unterwegs war, um sich ihnen zu schenken, traf sie auf eine alte ***Brücke***. Sie blieb stehen, schaute sie an und fragte freundlich: „Na, meine Liebe, was arbeitest du denn so den ganzen Tag?" „Ich habe nur eine einzige Aufgabe", erwiderte die Brücke, „nämlich den Menschen zu helfen, dass sie auf dem Weg zum Sinngebirge über Gräben hinwegfinden." „Erfüllt dich diese Arbeit?", erkundigte sich die Zeit. Die Brücke gab zur Antwort: „Für mich ist das die herrlichste Aufgabe der Welt, weil ich dienen darf: den Menschen, indem ich Trennendes verbinde und ihnen den Weg zum Ziel erleichtere; dir, der Zeit, indem ich dazu beitrage, dass Menschen dich annehmen, um sich über Gräben hinweg zu begegnen; und indem ich beides tue, verbinde ich Himmel und Erde und diene so Gott."

b) Hermann Gmeiner, der Gründer der SOS-Kinderdörfer, erhielt einmal in Seekirchen bei Salzburg den Besuch der britischen Königin Elisabeth. Er wusste, dass er laut Protokoll eine kurze Begrüßungsrede in englischer Sprache zu halten habe. Da er keine Fremdsprache beherrschte, hatte er die zwölf Zeilen genau eingeübt. Nach den beiden Nationalhymnen schritt Hermann Gmeiner zum Rednerpult, sah vergnügt in die Runde, zerknüllte den Zettel, breitete seine Arme aus und rief dreimal: „Welcome, welcome, welcome!" Dann eilte er auf die Königin zu, fasste sie an den Armen und rief nochmals „Welcome!" Das Eis war gebrochen; locker und heiter ging der Staatsbesuch über die Bühne, wenn auch der Protokollchef einem Nervenzusammenbruch nahe war. Einige Tage später sagte die Königin, nach dem schönsten Eindruck des Staatsbesuches befragt: „Die Begegnung mit Hermann Gmeiner!" Die Sprache des Herzens, die Sprache der Liebe überzeugt.

3. Symbolpredigten zum Evangelium: Lk 4,21–30

Vertreibung Jesu aus seiner Heimatstadt. –

a) Martin Luther King, Mahatma Gandhi, Bischof Romero usw. treten „live" auf und erzählen von ihrem Schicksal. Der ***gute Mensch*** ist oft in der Rolle des Schwächeren, hat aber den längeren Atem.

b) Eine ***Frühlingsblume*** (Schneeglöckchen, Krokus …) bohrt sich durch den Schnee des Widerstandes, wehrlos und schutzlos. Aber sie gewinnt, weil ihre Wurzeln tief im Boden verankert sind. Und sie hat ein Ziel: Sie will die Blüte voll entwickeln! Wie Jesus eine Wurzel und ein Ziel hatte. (Nach Erich Renz)

5. Sonntag im Jahreskreis

1. Symbolpredigten zum Evangelium: Lk 5,1–11

Der wunderbare Fischfang. –

a) Ein ***großes Fischernetz,*** in das Fotos von Missionsstationen in aller Welt gehängt werden. Das Netz wird von Punkten gehalten, die mit Christuszeichen gekennzeichnet sind. (Nach „Frisch C“)
b) Vor dem Altar sind die ***Umrisse eines Bootes*** zu sehen. Kinder bringen Symbole (Anker, Herz, Regenbogen, sich versöhnende Hände…), lesen einen entsprechenden Text über das, was Jesus uns gebracht hat, und legen sie dann ins Boot. Was uns in der Nachfolge über Wasser hält!
c) ***Fotos*** von Stars, zu denen sich viele Hände sehnsuchtsvoll recken. Von einem Menschen „gefangen“ sein ist zunächst etwas Positives: Ich begeistere mich für ihn, höre auf ihn, möchte gern in seiner Nähe sein … So „fing“ Jesus die Apostel. So sollen wir im Auftrag Jesu Menschen für Gott fangen. (Jetzt ein Jesusbild über den „Star“ heften.) (Nach „Dinzinger C“)
d) Siehe auch in diesem Buch Lesejahr A, 3. Sonntag i.J., a (Seite 46 und Lesejahr B, 2. Sonntag i.J., Nr.1 (Seite 124) und 3. Sonntag i.J., Nr. 2–4 (Seite 125f).

2. Symbolgeschichten

a) Mein Boot gerät in einen Strudel. Mir wird ein ***Seil*** (= Glaube an Jesus) zugeworfen. Lasse ich mich herausziehen?
b) Ein hilfsbereiter Mensch kam zu einem Rabbi und fragte: „Kannst du mir sagen, wie ich meinen Freund retten kann, der bei seiner Gratwanderung abgestürzt ist und in Schlamm und Abfall zu versinken droht?“ Der Rabbi antwortete: „Wer seinen Freund herausholen will, muss selbst in den Schlamm und Abfall hinabsteigen. Um zu verhindern, dass er selbst dabei versinkt, soll er sich

ein ***Seil*** umbinden, bevor er hinabsteigt." – Jesus stieg hinab. Das Seil, das ihn hielt: Gottvertrauen und Liebe. – Gut ist für uns, die wir nicht Jesus sind: Wenn oben noch andere Freunde stehen, die helfen, beide hochzuziehen.

6. Sonntag im Jahreskreis

1. Symbolpredigten zur ersten Lesung: Jer 17,5–8

Der Baum am Wasser. –

a) „Der ***Obstbaum***, der kein Obst bringt, wird unfruchtbar gescholten. Wer untersucht den Boden?" (Bert Brecht) Weiter siehe in diesem Buch 3. Fastensonntag, Lesejahr C, 3b, Seite 186f.
b) Die ***Auferstehungsblume*** (Rose von Jericho) zeigt, was geschehen kann, wenn Wasser ihre Wurzeln berührt: Auch nach Jahrtausenden Dürre öffnet sich diese Wüstenpflanze wieder.
c) Ein ***Bäumchen mit trockenem*** und ***mit grünem Zweig*** ist vorbereitet. Die Kinder äußern sich, schreiben die Ergebnisse auf Papptäfelchen und hängen sie in die Äste. (Nach „Frisch C")

2. Symbolpredigten zum Evangelium: Lk 6,17.20–26

Selig die Armen – Weh euch, ihr Reichen! *(2. Teil von mir eingefügt)*

a) Vom ***Vogel mit den zwei Köpfen***. – Aus einem großen Ei schlüpfte ein Vogel mit zwei Köpfen. Das hatte seine Vorteile: Er konnte mit zwei Köpfen beobachten und sich verteidigen, hatte immer einen zum Erzählen und Spielen. Während einer Dürre erwies sich der obere Kopf als stärker und geschickter: Er schnappte dem unteren die Würmer weg; da half auch kein Bitten und

Betteln. Schließlich musste sich der untere mit verfaulter Nahrung begnügen. In seiner Verzweiflung fraß er giftige Pilze. Zu spät bemerkte jetzt der obere Kopf, dass auch er schwach und krank wurde: Der ganze Vogel starb. – Diese symbolische Geschichte kann auf viele Situationen gedeutet werden!

b) Zu ***Collagen***, die Armut und Luxus zeigen, werden Texte vorgelesen, die den Reichtum der Armut und die Armut des Reichtums aufzeigen. (Nach „Frisch C“)

c) ***Heilige*** werden interviewt wie Charles de Foucauld oder Franziskus, die exemplarisch vorgelebt haben, wo mehr Reichtum zu finden ist.

3. Symbolgeschichte zum Evangelium

Eine indische Geschichte gibt Anweisung, wie man Affen fängt. Man nehme eine Kokosnuss, höhle sie aus, gebe etwas Reis hinein und binde sie an einen Baum. Das Loch soll gerade groß genug sein, dass ein Affe seine Pfote hindurchschieben kann. Wenn er sie nun mit Reis gefüllt hat, ist sie so groß geworden, dass er sie nicht mehr herausziehen kann. Er will aber um jeden Preis den Reis festhalten und ist daher gefangen. –
Der „Reiche“ hat die Hände voll und kann deshalb viele Werte nicht mehr annehmen. Auch sein Kopf ist besetzt, sodass er die Freiheit selten erlangt, die Gott schenken kann.

7. Sonntag im Jahreskreis

1. Symbolpredigten zum Evangelium: Lk 6,27–38

Von der christlichen Liebe. –

a) Das Böse durch das Gute überwinden. – An verschiedenen Stellen sind Stücke ***Stacheldraht*** befestigt. Dazu werden Texte vorgelesen oder Szenen gespielt, die aufzeigen, wie Gewalt und Hass einengen. Dann werden ***Rosen*** hineingesteckt und Texte gesprochen oder Szenen gespielt, die von Liebe und Versöhnen sprechen. (Nach „Frisch C“)

b) *Zu Lk 6,36:* Seid barmherzig. – Kleine ***Maßbänder*** (ca. 1 m) werden um die Köpfe von Kindern befestigt. Sie zeigen die Liebe der Menschen auf nach berechnender, wenn auch positiver Art („wie du mir, so ich dir" …). Die Liebe Gottes aber ist unendlich. Darum wird ein Maßband vom Altar durch den Mittelgang gelegt: Dagegen ist unsere Liebe klein! Die Barmherzigkeit Gottes wird dann an Gegenständen in der Kirche aufgezeigt: Taufbrunnen, Beichtstuhl, Ambo (= Wort Gottes), Altar (= neuer Bund mit Gott), Tabernakel, Kreuz (= egal wie und wer du bist, komm in meine Arme). (Nach „Frisch C")

c) *Zu Lk 6,38:* Gebt, dann wird auch euch gegeben werden. – Ein ***Korb voller Brötchen – mit Rosen bedeckt***. Das Rosenwunder der hl. Elisabeth wird erzählt: Sie teilte, ohne die Armen deren Armut spüren zu lassen. Wenn wir „Brot" mit „Liebe" austeilen, werden wir selbst beschenkt. – Beim Verteilen darauf achten, *wie* wir schenken.

d) Siehe auch in diesem Buch die Spruchkarte zum 3. Fastensonntag, Lesejahr C, Nr. 3b, Seite 186f.

2. Symbolgeschichten zum Evangelium

a) So einfach. – Einem sich ständig über andere beklagenden Schüler sagte der Meister: „Wenn du wirklich Frieden haben willst, versuche, dich selbst zu ändern, nicht die anderen. Es ist einfacher, deine Füße mit Hausschuhen zu schützen, als die ganze Erde mit Teppichen auszulegen."

b) Der Denkzettel. – „Die Nachbarn", argwöhnte der Herr der Villa, „schleichen rings um mein Haus. Tags gucken sie mir in die Töpfe, nachts in die Betten. Ich werde ihnen Denkzettel verpassen." Und er streute Reißzwecken aus. Mit welchem Erfolg? Dass er selbst nur auf dicken Sohlen hinausgehen konnte und sein Rad auf den Schultern zur Straße trug. (Katharina Seidel)

c) Ein Übel wird überlistet. – Der Besitzer einer Schafsfarm in Indiana war in großer Sorge wegen der Hunde seines Nachbarn. Immer wieder kamen sie auf sein Grundstück und rissen seine besten Tiere. Ein solches Problem wird gewöhnlich vor dem Gericht, mit einem Zaun aus Stacheldraht oder mit dem Gewehr gelöst … Dieser Mann aber ging anders vor. Er hatte eine bessere Idee: Er gab jedem Kind seines Nachbarn ein oder zwei junge Lämmer als Schoßtiere zum Spielen. Als nach einiger Zeit die Kinder nun ihre eigene kleine Herde besaßen, begannen sie auch ihre Hunde anzuleinen ... Und dies hat dann das ganze Problem gelöst. (J. Wallace Hamilton)

d) Siehe auch in diesem Buch 8. Sonntag i.J. C, Nr. 3a, s.u.

8. Sonntag im Jahreskreis

1. Symbolpredigt zur ersten Lesung: Sir 27,4–7

Zu Sir 27,4: Vom Sieb. – Das Verswort wird ins Positive gekehrt. Gezeigt werden ***drei Siebe***: Alles, was wir von einem anderen Menschen hören und worauf wir letztendlich unser Urteil gründen, muss zuerst durch drei Siebe geschüttelt werden: Erstens das Sieb der Wahrheit: Ist es wahr, was da erzählt wird? Zweitens das Sieb der Güte: Ist es gut, was du vom anderen erzählen willst? Drittens: Ist es notwendig, was du mir berichten kannst? – Wenn das alles nicht zutrifft, dann belaste dich und mich nicht damit! (Nach Sokrates)

2. Symbolpredigt zum Evangelium: Lk 6,39–45

Zu Lk 6,43–45: Vom Baum (= Mensch), der an seinen Früchten zu erkennen ist. – Jesus ist für uns der „gute Baum", der Baum des Lebens. Vorne steht ein ***Baum***; der Stamm ist Jesus Christus, die Wurzeln = Gott. Es werden verschiedenfarbige Blätter ausgeteilt, auf die alle ihre Gesichter malen oder ihren Namen schreiben und die dann im Jesusbaum befestigt werden = Mit Jesus verbunden, bringen wir gute Früchte (vgl. „Der Christusbaum" von Sigmunda May).

3. Symbolgeschichten zum Evangelium

a) Die Botschaft Jesu kehrt vieles um (vgl. auch vorigen Sonntag). – Ein ***Engel*** im Himmel flog immer mit dem Kopf nach unten, darum wurde er auch Engel „Kopfüber" genannt. Einmal gefragt, warum er anders sei als alle anderen im Himmel, antwortete er: „Das ist meine Berufung, anders zu sein. Ich soll alle daran erinnern, dass im Reiche Gottes alles andersherum ist: Im Reich der Menschen hassen die Menschen ihre Feinde oder betrachten die anderen im Fernglas, um ihre Fehler besser sehen zu können. Im Reich Gottes aber lieben die Menschen ihre Feinde, möchten nicht die Größten sein und suchen an den anderen zuerst das Gute …"

b) *Lk 6,39,* positiv gedeutet: Wir alle sind irgendwo blind oder lahm. Aber zusammen können wir den Weg um die Grube des Bösen finden. – Ein Blinder und ein Lahmer wurden von einem Waldbrand überrascht. Die beiden gerieten in Angst. Der Blinde floh gerade aufs Feuer zu. Der Lahme rief: „Flieh nicht dorthin!" Der Blinde fragte: „Wohin soll ich mich wenden?" Der Lahme: „Ich könnte dir den Weg vorwärts zeigen, so weit du wolltest, da ich aber lahm bin, so nimm mich auf deine Schultern, damit ich dir angebe, wo du den Schlangen, Dornen, dem Feuer und anderen Gefahren aus dem Weg gehen kannst, und damit ich dich glücklich in die Stadt weisen kann." Der Blinde richtete sich nach des Lahmen Worten und so gelangten die beiden wohlbehalten in die Stadt.

9. Sonntag im Jahreskreis

1. Symbolpredigten zum Evangelium: Lk 7,1–10

Der Hauptmann von Kafarnaum. –

a) *Der Glaube des Hauptmanns.* – Glaube ist wie ein – ***Feuerwehrschlauch***: Wenn unser Lebenshaus in Flammen steht – und der drohende Tod des geliebten Dieners bringt den Hauptmann aus der Fassung –, hilft nur das Löschwasser des Glaubens. Es gibt verschieden große Rohre, die das Wasser transportieren; ein spärlicher Glaube lässt nur Tropfen fließen; in der Not zu wenig. Der Schlauch muss (an Jesus) angekoppelt sein; auch muss der Druck immer wieder überprüft werden, damit das Glaubensrohr nicht schlapp herunterhängt. Bei einem großen Brand zapft die Feuerwehr alle möglichen Wasserquellen an … Es gibt auch für den Glauben verschiedene Wasserreservoirs: Liebe, Gebet, Bibel, Gottesdienst … Der Schlauch muss gepflegt werden, damit er im Ernstfall nicht platzt! (Nach Günter Lesinski in „Puk" 5/2000, S. 683)

b) Siehe auch in diesem Buch Ostern, Lesejahr C, Nr. 1b, Seite 193.

2. Symbolgeschichten zum Bittgebet

a) Die Nachricht vom drohenden Tod durch eine tückische Krankheit trifft jeden wie ein Fallbeil – vor allem, wenn das eigene Kind (oder der geliebte Hausgenosse wie beim Hauptmann) betroffen ist. So erging es auch einer Religionslehrerin, als sie von der schweren Krankheit ihrer neugeborenen Tochter erfährt. Traurigkeit, Angst und Zorn legen sich wie eine tödliche Schlinge um Herz und Verstand. Jetzt beten, Gott bitten? Unmöglich. Schließlich tut sie etwas für sie Ungewöhnliches: Sie greift zum ***Rosenkranz*** – um von der Last befreit zu sein, ihre Not auch noch in Worte pressen zu müssen. „In dieser Situation“, so erzählt sie Monate später, „habe ich zum ersten Mal begriffen, was Rosenkranz beten eigentlich bedeutet. Es war das einzige Gebet, zu dem ich noch fähig war, die einzige Brücke, die noch trug.“ (Nach Silvia Becker)

b) Der Chefchirurg von Bethel teilte Bodelschwingh bedauernd mit, ein Patient sei nicht mehr zu retten. Bodelschwingh platzte mit der Frage heraus: „Haben Sie schon um seine Rettung gebetet?“ Professor und Assistent lächelten diskret. Bodelschwingh aber lag wohl eine Stunde lang in seinem Zimmer auf den Knien und betete. Dann ging er wieder ins Zimmer des Patienten. Die pflegende Schwester sagte: „Seit einer halben Stunde geht es dem Kranken plötzlich besser.“ Als nach einigen Wochen der Kranke gesund war, meinte der Chirurg: „Nächstens lächle ich nicht mehr, wenn Sie zum Gebet auffordern!“ (Nach Heinz Schäfer)

10. Sonntag im Jahreskreis

1. Symbolpredigten zum Evangelium: Lk 7,11–17

Auferweckung des jungen Mannes von Naïn. –

a) Verschiedene brennende ***Kerzen*** sind aufgestellt, dazu werden Schicksale erzählt (Taufkerze: Kind mit Herzfehler musste früh sterben; Kommunionkerze: Kommunionkind von Auto überfahren; Ehekerze…, Sterbekerze) und die Kerzen am Ende ausgeblasen. Schließlich wird die Osterkerze oder eine „Jesuskerze“ dazwischengestellt und entzündet = In Jesus haben alle Hoffnung auf ein Auferstehn. Jetzt werden wieder alle Kerzen von der Jesuskerze her entzündet. (Nach „Frisch C“)

b) ***Symbole***, die auf die Auferstehung deuten, werden zusammengetragen und erläutert: ***Tauf- und Kommunionkleid*** („Du gehörst Christus an!"), ***Ewiges Licht***, ***Sterbekerze***, ***Siegeskranz***, ***Schmetterling*** usw. (siehe auch in diesem Buch Ostern, Lesejahr. C, Nr. 1a, Seite 192f). Sie alle sind uns Hoffnung auf das eigentliche Leben, das uns in Christus versprochen ist.

2. Symbolgeschichte zum Evangelium

Ein Mann beobachtet, wie ein Wasserkäfer mühsam an seinem Boot hochklettert und dann stirbt. In der heißen Sonne bricht nach einiger Zeit sein Panzer auf: Eine Libelle kommt zum Vorschein, die sich nach einiger Zeit in die Luft erhebt. – Vielleicht sahen die anderen Wasserkäfer in der Tiefe die Libelle auch, aber sie überstieg ihre Vorstellungen, während ihr beflügelter Verwandter alle Freiheit genoss. Der Mann, der berühmte Filmproduzent Cecil B. de Mille, kam zu dem Schluss: „Wird der Schöpfer des Universums das, was er für einen Wasserkäfer tut, einem Menschen verweigern?" (Verkürzt nach N.V. Peale)

11. Sonntag im Jahreskreis

1. Symbolpredigten zum Evangelium: Lk 9,51–62

Jesu Begegnung mit der Sünderin. –

a) Ein Salbungsgottesdienst mit ***Duftölen***. Wie die Sünderin Jesus salbte, so salben wir heute einander! Seit der Taufe sind wir Gesalbte. In vier Sakramenten spielt Öl eine Rolle, das der Seele gut tun will. Cremen und Ölen sind Streicheleinheiten für Haut und Gemüt (auch liebe Worte gehen runter „wie Öl"). Heiliges Öl spricht die Sprache der Zärtlichkeit Gottes. Wir salben einander die Handflächen mit Duftöl, das in kleinen Schalen weitergereicht wird. Auch hierbei nehmen wir einander an, wie wir sind – wie Jesus.
b) ***Dunkel getönte Brillen*** trugen die Gäste im Haus des Pharisäers, die nur die eigenen Mutmaßungen widerspiegelten. Jesus schaut die Frau mit der ***Herzbrille*** an, erkennt ihre Liebe, spricht in ihr das Positive an. Das verändert!
c) Am ***Kreuz*** (= Jesus) festhalten. Martin Luther schrieb einmal in

seiner inneren Not: „Mir ist es wegen angeborener Bosheit und Schwachheit unmöglich gewesen, den Forderungen Gottes zu genügen, aber ich hänge mich nicht wie Judas an einen Baum. Ich hänge mich an den Hals oder Fuß Christi wie die Sünderin. Und dann spricht er zum Vater: ‚Dies Anhängsel muss auch durch! Es hat zwar nichts gehalten von all deinen Geboten, Vater, aber es hängt sich an mich! Ich starb auch für ihn. Lass ihn durchschlüpfen!‘ Das soll mein Glaube sein!“ Sich am Kreuz Jesu festhalten, egal wie wir sind!

2. Symbolgeschichten zum Evangelium

a) Der ***Topf*** mit dem Sprung. – Ein Wasserträger in Indien trug täglich mit einem Joch zwei große Töpfe vom Fluss zum Haus des Herrn. Ein Topf war aber gesprungen und kam immer nur halb voll an, weshalb er sich zunehmend schämte und schließlich um Entschuldigung bat. Der Wasserträger aber sagte zu ihm: „Hast du die schönen Blumen an deiner Seite des Weges gesehen, nicht aber an der anderen? Ich wusste immer von deinem Sprung und dem Verlust und säte Blumensamen auf deiner Seite des Weges. Du hast ihn täglich bewässert und darum wuchsen dort schöne Blumen, die ich pflücken kann, um den Tisch meines Herrn damit zu schmücken.“ (Verkürzt nach Shelly Mc. Guire)
Jesus schreibt auf krummen Zeilen gerade!

b) Die wertvolle ***Perle***. – Ein Mädchen, das sich verstoßen fühlte, setzte sich traurig ans Ufer des Meeres. Da sah es ein funkelndes Etwas, sprang mutig ins Wasser und holte eine Muschel ans Land, die es mit geübter Hand vorsichtig aufbrach: Vor ihr lag eine herrliche Perle, die wie ein Tautropfen in allen Regenbogenfarben schimmerte. Plötzlich begann die Perle zu sprechen: „Eines Morgens stürzte ich als Tautropfen ins Meer und wurde von den Wellen mitgerissen. Die Schalen einer Muschel retteten mich im letzten

Augenblick, aber jetzt fühle ich mich auch eingesperrt, bis die weise Muschel zu mir sagte: ‚Auflehnung und Trotz machen nur ohnmächtig. Nimm alles an deinem Schicksal, das du jetzt nicht ändern kannst, geduldig an und du wirst von innen her immer fester, bis du ein kostbarer Schatz bist, der einen anderen glücklich machen kann.' Ich verstand das alles nicht. Aber ich lebte von da an zufriedener und spürte, dass etwas in mir wuchs, was mich stark machte. So wurde ich aus Leid und Schmerz das Wunder in deiner Hand." (Verkürzt nach Heriburg Laarmann, Mit Märchen und ihren Sinnbildern, Verlag Herder, Freiburg [8]1996, S. 82)

c) Siehe auch in diesem Buch 5. Sonntag i.J. C, Nr. 2b, Seite 210f.

12. Sonntag im Jahreskreis

1. Symbolpredigt zur zweiten Lesung: Gal 3,26–29

Ihr alle seid „einer" in Christus Jesus. –
Ein ***Blumenstrauß*** mit verschiedenen Blumen in Form, Farbe und Duft wird durch ein ***rotes Band*** (= Liebe, Taufe, Jesus) zusammengehalten. (Nach „Frisch C")

2. Symbolpredigten zum Evangelium: Lk 9,18–24

a) *Zu Lk 9,18–21:* Das Messiasbekenntnis des Petrus: Siehe in diesem Buch 21. Sonntag i.J. A, Symbole a–c, Seite 72f.

b) *Zu Lk 9,23:* Von der Nachfolge. –

A) Kinder sollen das (die) Kreuz/e aus der Wohnung mitbringen. Es werden Beispiele von Heiligen und heiligmäßigen Menschen erzählt, die ihr Kreuz ohne Wenn und Aber durchgetragen haben. Die Kinder schreiben auf kleine Papp-***Kreuze*** ihre Sorgen, ihr Kreuz und heften es dann vorne auf den Altar = Jesus soll beim Tragen helfen. (Nach „Dinzinger C")

B) ***Fußspuren*** führen überallhin: Sie werden nach einer Geschichte vom Kreuz („Kurzg. 1": Nr. 44: Sich in den Schatten des Kreuzes stellen; Nr. 46: *Sein* Kreuz annehmen; Nr. 47: Nichts vom Kreuz absägen wollen) aufgehoben und alle in Richtung Kreuz gelegt.

3. Symbolgeschichten zum Evangelium von der Nachfolge

a) Das geschändete und wiederhergestellte ***Kreuz***. – März 1938 im österreichischen Burgenland. Eine Gruppe von SA-Leuten treibt die Juden aus ihren Häusern und über die ungarische Grenze. Der katholische Geistliche schließt sich dem Zug der Juden an. Er wird darum Zeuge ihres Leidensweges. Er wird auch Zeuge, als der Anführer ein Holzkreuz herausreißt, es durch Annagelung von Holzbrettchen zu einem Hakenkreuz macht und den Rabbi auffordert, das geschändete Kreuz zu küssen. Aber da geschieht etwas Ergreifendes. Der jüdische Geistliche bricht langsam die Seitenbrettchen wieder ab und gibt mit einer Geste der Ehrfurcht das wiederhergestellte Kreuz dem katholischen Priester. In ihrer maßlosen Wut töten die SA-Leute den Rabbi. (Nach einer Novelle von Franz Werfel)

b) Rose Kennedy, Mutter des 1963 ermordeten amerikanischen Präsidenten John F. Kennedy, lernte das Kreuz kennen: Vier ihrer neun Kinder starben gewaltsam; ihre Tochter Rosemary war zeitlebens schwer behindert; das hemmungslose Sexualleben ihres Ehemannes konnte sie oft genug in den Zeitungen nachlesen. Und doch sagte sie mit 93 Jahren zu einem Reporter: „Ich habe immer daran geglaubt, dass Gott uns kein schwereres ***Kreuz*** auferlegt, als wir tragen können. Und ich habe unter allen Umständen immer geglaubt, dass Gott will, dass wir glücklich sind. Er will nicht, dass wir traurig sind. Vögel singen nach einem Sturm. Warum sollten wir das nicht auch tun?"

c) Das doppelte ***Kreuz***. – Im Religionsunterricht wurde auf das achtlos im Klassenraum hängende Kreuz eingegangen, das teilweise von einer Landkarte überdeckt war. Alle Kinder sollten nun ein Kreuz zeichnen. Filippo malte an seinem Kreuz zwei Christusgestalten. Nachdem er deswegen den Spott einiger Schulkameraden eingesteckt hatte („nix kapiert!"), sagte er nur: „Genau wie ich!" Auf das Lachen einiger hin wurde er deutlicher: „Genau wie ich: ausgeschimpft, rumgeschubst, angespuckt!" In der Klasse wurde es sehr still. (Gekürzt nach Willi Fährmann)

13. Sonntag im Jahreskreis

1. Symbolpredigten zum Evangelium: Lk 9,51–62

a) *Zu Lk 9,51–56:* Von den ungastlichen Samaritern. –
A) ***Heilige*** oder heiligmäßige Menschen erzählen „live" im Interview (z.B. Martin Luther King), warum sie ihren Weg der Gewaltlosigkeit gefunden haben und nicht mehr „Auge um Auge, Zahn um Zahn" dachten.
B) ***Brennnessel*** (= Symbol für „Auge um Auge") im Garten zu bekämpfen, bedeutet viel Arbeit. Aber wenn ich Sträucher und Bäume pflanze (= Symbol für positive Begegnung), nehmen sie den Brennnesseln das Licht und sie verkümmern. Das Positive ist immer stärker als das Negative, so wie alle Finsternis der Welt gegen *einen* Lichtstrahl nichts ausrichten kann.

b) *Zu Lk 9,57–62:* Zur Nachfolge. – Die Nachfolge fordert mich ganz – wie eine Bergbesteigung zum Gipfelkreuz. Wir nehmen im ***Rucksack*** mit, was wir unbedingt benötigen: ***Brot*** und ***Wasser*** als Verpflegung (= als geistige „Verpflegung" das eucharistische Brot und das Wort Gottes); ein ***Seil*** (Vertrauen, Gemeinschaft), das mich absichert oder mich mit anderen verbindet; einen ***Helm*** (= Glaube), der mich vor todbringenden Steinen (= Zweifel, Enttäuschungen) schützt; ***Eisschrauben*** und ***Steigeisen***, die sicheren Halt (= Hoffnung) schenken; eine ***Signallampe*** mit roten (= Hilferufe an Gott) und grünen (= Dank für Rettungsmannschaft; Dank „nach oben") Leuchtpatronen usw. (Nach Reinhold Stecher)

2. Symbolgeschichten

a) *Zur Feindesliebe:* Siehe in diesem Buch 7. Sonntag i.J. C, Nr. 2a–c, Seite 213f, und 8. Sonntag i.J. C, Nr. 3, Seite 214f.

b) *Zur Nachfolge:*
A) „Die Geschichte von der Maus im Laden" (by Thienemanns Verlag, Stuttgart 1969): Sie riecht all die guten Sachen im Laden und kann sich nicht entschließen, ob sie zuerst zum Speck oder zum Käse, zur Wurst oder Schokolade, zum Kuchen oder zur Butter soll. Sie rennt immer hin und her, bis es hell wird und die Leute in den Laden treten und sie verjagen. – Wer erst noch Tote begraben und Abschied nehmen will oder zurückblickt

auf alles, was ihm lieb und teuer ist, taugt nicht für das Reich Gottes. (Nach „Dinzinger C“)

B) Ähnlich: Das Innere des ***Herzens*** ist zu besetzt: Siehe in diesem Buch 3. Fastensonntag, Lesejahr B, Nr. 3, Seite 108f.

14. Sonntag im Jahreskreis

Symbolpredigten zum Evangelium: Lk 10,1–12.17–20

Die Aussendung der 72 Jünger. –

a) Es werden ***Leute interviewt***, die in der Pfarrei die verschiedensten Dienste ausüben: vom Küster über die Erzieherinnen bis zu den Seelsorgekräften. Auch die Kinder können direkt fragen. (Nach „Frisch C“)

b) Beispielhafte christliche ***Persönlichkeiten*** treten „live“ auf, die über ihre Sendung in die Welt berichten: Franziskus, ein Missionar oder (in meinem Buch „Bausteine für Familiengottesdienste. Besondere Anlässe“, Interviews mit:) Mutter Teresa, Sr. Emmanuelle von Kairo, Dr. Ruth Pfau, Abbé Pierre, Friedrich Joseph Haass, Janusz Korczak.

c) Ein ***Wolf*** und ein ***Lamm*** (letzteres in Obhut des Hirten). Über die Figur des Wolfes werden drei Begriffe geheftet: Besitz-, Macht- und Geltungs-, Sexualtrieb. All diese Triebe, die in uns herrschen können, minimieren und vernichten Menschen. (Obwohl das Sprichwort „Der Mensch ist des Menschen Wolf“ eine Beleidigung für den Wolf ist, denn ein im Kampf unterlegener Wolf, der dem Stärkern dann seinen Hals schutzlos darbietet, kann sich felsenfest darauf verlassen, dass der andere nicht zubeißt! Diese Ritterlichkeit schwindet zunehmend unter Menschen.) Gegen dieses „Wölfische“ haben die Orden mit den Gelübden Armut, Gehorsam und Keuschheit reagiert. Ignatius von Loyola hatte die Bibelstelle von heute genau studiert, denn Jesus schickt die Jünger als Arme (kein Geldbeutel, keine Vorratstasche, keine Schuhe) und Gewaltlose (sagt als Erstes: „Friede diesem Hause; esst, was euch vorgesetzt wird“) unter die „Wölfe“; vor diesen Waffen ducken sich sogar die „Dämonen“ (Lk 10,17). – Das Lamm hat trotzdem nur in der Obhut des Hirten eine Chance. Aber dessen Gegenwart hat unser Bruder Jesus Christus versprochen!

d) Anhänger mit dem ***Bild*** eines Hauses, auf dem „Friede diesem Haus!" (Lk 10,5) steht, und ein ***Öl- oder Palmzweig*** zum Darüberheften werden verteilt: Auch was wir in der Kirche feiern, soll zum Frieden in der Welt beitragen. (Nach Behnke/Bruns/Lorentz/Ludwig, Kinder feiern mit. Lesejahr C, Bernward-Verlag, Hildesheim)
„Dein Tagewerk sei die Fortsetzung der hl. Messe" steht über dem Ausgang der Kirche in Bergheim-Paffendorf.

15. Sonntag im Jahreskreis

1. Symbolpredigten zum Evangelium: Lk 10,25–37

Das Beispiel vom barmherzigen Samariter. –

a) ***Olivenöl*** ist eine heilende Medizin – wie die erste Hilfe am Überfallenen zeigt. In der Krankensalbung leuchtet die heilende Zuwendung Christi auf. Wir sind in der Taufe ebenfalls Gesalbte wie Christus, um Kranke nicht allein zu lassen und Kinder zu schützen. Ölbäume wuchsen am Ort des Blutschwitzens Christi. Das Öl der Nähe zu spüren, ist für jeden „Überfallenen" Balsam für die Seele.
b) ***Zwei Ruder*** oder ein Bild von einem Ruderboot im Rennen. „Attention – Set – Go!" heißt das Startkommando der Ruderer in aller Welt. Dann gilt: Volle Kraft voraus! Geben, was im Körper ist! Es beginnt mit dem Startsprint, geht über in eine ruhigere Zwischenphase und sollte im fulminanten Schlussspurt enden. Vergleichen wir unser Leben mit einem Ruderrennen, wissen wir allerdings nicht, wann die Schlussphase angesagt ist. In jeder Phase brauchen wir zwei Ruder, um in Gottes Augen vorwärts zu kommen: das Ruder des Vertrauens auf Gott und das der Liebe zu unseren Mitmenschen. Mit nur einem Ruder drehen wir uns um uns selbst. (Nach Ansgar Wessling, D-45171 Essen)
c) Ein ***Wegweiser***. Welche Freude, wenn in den Bergen, vor allem bei Schnee oder Nebel, ein Wegweiser auftaucht, der Orientierung schenkt. Aber was nützt er, wenn er schief steht, womöglich mit einem Arm auf den Boden weist und mit dem anderen in den Himmel? – Heranwachsende brauchen lebende Wegweiser, die Orientierung schenken als Eltern, ErzieherInnen, LehrerInnen oder Pastoralkräfte. Manche davon zeigen nur den Weg an, gehen ihn aber selbst nicht mehr. Die Orientierung durch das Hauptgebot

heißt: Steh zunächst einmal fest (= „lieben wie sich selbst"), dann lebe das Vertrauen auf Gott (= „liebe Gott") und die Liebe zum Nächsten. (Nach R. Stecher, J. Benisch, P.M. Zulehner)

d) Eine dreiseitige ***Pyramide*** der Liebe: Gottes-, Nächsten- und Selbstliebe. Das eine steht nicht gut ohne das andere. – Ähnlich: Die Brücke zu Gott hat drei Pfeiler: Gottes-, Nächsten- und Selbstliebe.
e) Interview mit einem Pfleger aus dem „***Arbeiter-Samariter-Bund***" über seine Arbeit – in Anspielung auf den „Samariter".
f) ***Weitere Symbole:*** Siehe in diesem Buch 30. Sonntag i.J. A, 1., Seite 84f, und 31. Sonntag i.J. B, 1., Seite 163f, die beide ebenfalls das Hauptgebot zum Thema haben.

2. Symbolgeschichten zum Hauptgebot

a) Vom ***Krug*** (= Liebe), der immer wertvoller wurde. – Eine große Dürre ließ alles sterben. Da machte sich zuletzt ein Mädchen mit einem Holzkrug auf, um für die kranke Mutter ***Wasser*** zu finden, aber vergeblich. Als es vor Müdigkeit und Enttäuschung eingeschlafen war und wieder erwachte, stand der Krug voller Wasser neben ihm. Es wollte etwas trinken, aber da fiel ihm die kranke Mutter ein und es machte sich eilig auf den Heimweg. Unterwegs stolperte es über ein Hündchen, das vor Durst kläglich winselte. Da goss es ein wenig Wasser in seine hohle Hand und ließ das Hündchen davon lecken. Als es wieder nach dem Krug griff, war er nicht mehr aus Holz, sondern aus Silber. Als es ihn dann schließlich der Mutter reichte, sagte diese: „Trink du lieber, ich muss ohnehin sterben." Da verwandelte sich der silberne Krug in einen goldenen. Und als ein Wanderer ins Zimmer trat und um einen Schluck Wasser bat, gab ihm das Mädchen den Krug. Da erschienen auf dem Krug sieben große Diamanten und aus jedem floss ein großer Strahl frischen, klaren Wassers. (Verkürzt nach Leo N. Tolstoi)
b) Die Bettler von Marrakesch. – In Marrakesch stehen zehn blinde Bettler in weißen Gewändern mit einer glänzenden Messingschale in den Händen und singen Verse aus dem Koran. Ein Pilger will jedem einen Dirham schenken, stellt dann aber fest, dass er einen halben Dirham übrig hat, einer bekam also nur einen halben. Der Gesang bricht ab, die Bettler prüfen die Münzen im Mund und erzählen sich von ihrem Fund. Sie lachen über das Missgeschick des einen. Dann langen neun in ihr Gewand, holen ein Fünf-Cen-

times-Stück heraus und geben es dem, der weniger bekommen hatte. Damit hat nun jeder 95 Centimes. – Welche Solidarität! (Nach Heinz Josef Lambertz)

c) Weitere Kurzgeschichten: Siehe in diesem Buch, 5. Fastensonntag im Lesejahr B, 3., Seite 111: „Das Fest auf dem Eis vor Husum", und 28. Sonntag i.J. B, 3c, Seite 160.

16. Sonntag im Jahreskreis

1. Symbolpredigten zum Evangelium: Lk 10,38–42

Maria und Marta. –

a) Ein ***Kreuz***, auf dem von oben nach unten geschrieben die Buchstaben MARIA stehen und von links nach rechts MARTA: Hören und Handeln sind notwendig, aber in diesem Augenblick, wo Jesus zu Gast ist, hat Maria „das Bessere" gewählt = Meditation ist hier vor der Aktion angesagt (siehe auch Symbolgeschichte). Darum auch das Sonntagsgebot: Sich Zeit nehmen für das Hören auf Jesus, damit von hierher die Arbeit den richtigen Akzent erhält: Der Längsbalken trägt den Querbalken des Kreuzes!

b) Ein ***Wandschmuck***, auf dem steht: ORA et LABORA. Beide Male wird das Wort ORA mit roten Buchstaben hervorgehoben. Die Worte auf dem Wandschmuck heißen übersetzt: Bete und arbeite. Aber im Lateinischen fällt etwas auf: zweimal ORA! Wer also seine Arbeit nicht als Job zum Geldverdienen ansieht, sondern als seinen Beitrag in der Schöpfung, der kann seine Arbeit zur Ehre Gottes einbringen. Die Arbeit ersetzt als „Gottesdienst" aber nicht das ORA: Ich brauche es, um mich daran zu erinnern; um gemeinsam mit den anderen an die Auferstehung zu denken; um meiner Seele Flügel zu schenken …

2. Symbolgeschichten zum Evangelium

a) Keine Zeit. – Als der Meister einmal eine hoch gestellte Persönlichkeit zur Meditation einlud, erhielt er von diesem die Antwort, er sei zu beschäftigt. Da sagte der Meister seinen Schülern: „Dieser Mann erinnert mich an einen Holzfäller, der Zeit und Kraft verschwendete, weil er mit einer stumpfen ***Axt*** arbeitete. Denn wie der Mann erschöpft sagte, habe er keine Zeit, die Schneide zu schärfen." (Anthony de Mello)

b) Der Eilige. – Ein Rabbi sah einen auf der Straße eilen, ohne nach rechts und links zu schauen. „Warum rennst du so?", fragte er ihn. „Ich gehe meinem Erwerb nach", antwortete der Mann.
„Und woher weißt du", fuhr der Rabbi fort zu fragen, „dein Erwerb laufe vor dir her, dass du ihm nachjagen musst? Vielleicht ist er dir im Rücken und du brauchst nur innezuhalten, um ihm zu begegnen, du aber fliehst vor ihm." (Martin Buber)

c) Beten und Handeln. – In Bert Brechts „Mutter Courage" müssen ein paar Bauern mit ansehen, wie im Dreißigjährigen Krieg die Häuser der Nachbarn in der Nacht überfallen werden sollen. Die Bauern ergeben sich in ihr Schicksal. Keiner wagt, die bedrohten Einwohner zu warnen. Sie sind eingeschüchtert vom Terror der Soldaten. Sie beten: „Vater unser ..., hör unser Gebet, ... lass die Stadt nicht umkommen, ... erweck sie, dass sie aufstehen, ... steh ihnen bei ..." Mitten in diesem Gebet steht das stumme Mädchen Kathrin auf, steigt mit einer Trommel auf das Hausdach und trommelt die Leute in der Stadt wach. Sie verliert das Leben. Aber die Menschen in der Stadt haben den Lärm gehört und sind gerettet.

d) Als der Apostel Johannes alt geworden war – so wird erzählt –, spielte er gern mit seinem zahmen Rebhuhn. Ein Jäger tadelte ihn deshalb, wie er so seine kostbare Zeit vertun könne. Johannes fragte lächelnd: „Weshalb ist der ***Bogen*** in deiner Hand nicht gespannt?" „Er würde doch seine Spannkraft verlieren", erwiderte der Jäger verwundert. Johannes antwortete: „Darum entspanne ich mich auch, um Kraft zu sammeln, wenn etwas ganz meinen Einsatz erfordert!"

e) Der Sonntag ohne Seele. – Kürzlich traf ich in den Straßen einer großen Stadt den Sonntag. Ich erschrak, denn er sah schlecht aus, krank und müde. „Ja, es geht mir gar nicht gut", meinte der Sonntag traurig. „Ich war bei vielen Professoren und Ärzten; auch sie sind ratlos und ihre Diagnose ist verwirrend. Manche von ihnen meinen, ich leide unter einer Neurose. Und denken Sie nur, einer sagte zu mir: ‚Du armer, alter Sonntag, die Menschen haben dir die Seele geraubt; du wirst bald sterben.'"
Da war ich neugierig und fragte ihn: „Hast du wenigstens noch die Apotheke Gottes?" „O ja", sagte er, „sie ist mein kostbarster ***Schatz***. Die Sonne und die Stille und die Freiheit und das Ausruhen und das Loslassen ... und all die vielen Kräuter als Angebote

zum Heilen der Menschen. Diese Apotheke Gottes habe ich noch, aber die Menschen fragen kaum mehr danach. Ganz schlecht geht es mit den Kräutlein ‚Ruhen' und ‚Beten' und ‚Glauben', ganz schlecht", murmelte der alte Sonntag und bog um die Ecke. (Aus: Hubert Rüenauver/Heribert Zingel, Den Sonntag feiern, Kösel-Verlag, München 1992)

17. Sonntag im Jahreskreis

1. Symbolpredigt zur zweiten Lesung: Kol 2,12–14

Unsere Schuldscheine sind getilgt. –
Auf „***Schuldscheinen***" steht klein „Ich bin schuldig". Es kann eine Gewissenserforschung erfolgen – vor allem unter dem Aspekt des Unterlassens –, nach der die Kinder ihre Unterschrift als Zeichen ihres Zugeständnisses auf den Zettel geben. Sie bringen sie nach vorne und heften sie an ein gezimmertes Kreuz. Von der Osterkerze her (= Vergebung Gottes) werden die Schuldscheine jetzt verbrannt.

2. Symbolpredigten zum Evangelium: Lk 11,1–13

Vom Beten und Bitten. –

a) *Lk 11,1–4:* Zum Vaterunser. Bei jeder Bitte wird eine brennende ***Kerze*** auf einen ***siebenarmigen Leuchter*** gestellt. Bei jeder Bitte wird auch durch einen anderen Sprecher ein Kommentar gesprochen, z.B. „Unser tägliches Brot gib uns heute" – Gib uns, Vater, was wir und alle Menschen jeden Tag zum Leben brauchen: Essen und Trinken. Auch das Brot für die Seele: Frieden und Freude und ein gutes Miteinander. (Nach „Dinzinger C")
b) Von der Leuchtkraft des Gebetes. – Dieses ***Starkstromkabel*** (oder Stromkabel) kann eine ganze Straße mit Licht versorgen: Dieser gelbgrüne Schutzleiter ist ohne Strom, in dieser braunen und der schwarzen Leitung fließt er hin, im blauen Null-Leiter zurück. So bleibt der Stromkreis, der gleich stark fließen muss, geschlossen. Genau in der Mitte der vier Kabel liegt der Beilauffaden, den ich „Seele" nennen möchte; er soll Verschiebungen verhindern. Ein wunderschönes Gleichnis für das Beten: Betende Menschen

machen die Welt ja heller. Der Schutzleiter, der das Ganze erdet, meint den Menschen, der mitten in Schuld und Sünde mit Gott in Kontakt treten kann. Die „Seele" des „Gebetskabels" ist das Vertrauen auf Gott. Die drei weiteren Kabel stehen für die drei bekannten Formen des Gebetes: Das *Dank- und Lobgebet*, das verhindert, dass uns bei all dem Wohlstand die Augen zuwachsen. Das *Bittgebet*, um das es im heutigen Evangelium besonders geht und das im Vaterunser die wichtigsten Bitten einfängt, und das Gebet der *Anbetung* – wie ein Gespräch zwischen zwei Liebenden: sprechen und zuhören; beide verweilen in der Stille; Einswerden mit dem anderen – wie das im Herzgebet des Bruders Klaus anklingt: „Ich in dir und du in mir!"
Das Gebet – wie ein Starkstromkabel: Es fließt etwas hin und her, das die Welt heller werden lässt; das mehr verändern kann als eine Aktion.

18. Sonntag im Jahreskreis

1. Symbolpredigt zur zweiten Lesung: Kol 3,1–5.9–11

Strebt nach dem, was im Himmel ist. –
Die ***Sonnenblume*** zeigt, wie das geht: Sie richtet sich an der Sonne Gottes aus und lässt die „Schatten" (= was belastet; über das wir nicht reden möchten) hinter sich. Sie leuchtet so aus der Kraft der Sonne bis in den August hinein. Ihre Kerne sind gesund und schmecken gut – bis in die Sonnenblumenkernbrötchen. Ihre Blätter ziehen sich wie eine Wendeltreppe um den Stängel: Daher nimmt kein Blatt dem anderen das Licht …

2. Symbolpredigten zum Evangelium: Lk 12,13–21

Vom reichen Kornbauer. –

a) Der Kornbauer ist reich, klug und vernünftig, aber all das macht nicht glücklich. Gott nennt ihn „Narr", weil er nur das Haben und Raffen im Kopf hat. Zufrieden wird ein Mensch erst, wenn er auch ein Auge für den Nächsten hat. Darum schenken wir dem Kornbauern einen ***Blumenstrauß*** der Freude. Jetzt werden Blumen überreicht, an denen Wortkarten hängen wie „Freude", „innere Ruhe", „Zufriedenheit", „Liebe" … und dazu wird jeweils gesprochen: „Gott will dir Freude schenken … innere Ruhe …" (Nach „Dinzinger C")

b) Christen haben Himmel und Erde zu verbinden, damit jetzt schon etwas vom Reich Gottes sichtbar wird. Dieser ***Reißverschluss*** zeigt die beiden Welten. Wir sind der Läufer in der Mitte … So müssen jetzt schon Gerechtigkeit und Teilen beginnen, damit alle etwas zu lachen haben.

3. Symbolgeschichten zum Evangelium

a) ***Geld*** macht Menschen arm. – Sie war steinreich. Und sie wollte tot sein. Ein Haus in Hamburg, eins in Paris und eins in London. Und sie wollte tot sein. Sie hat Tabletten genommen. Die Ärzte konnten sie retten. Zwei Stunden lang habe ich ihrer Geschichte zugehört. Und zum Schluss weinte sie: „Ich würde auf alles verzichten, ich würde alles aufgeben, wenn ich nur ein bisschen Zuneigung, ein bisschen Freundschaft erfahren hätte." (Phil Bosmans)

b) Die Schale des Verlangens. – Ein König wollte einem Derwisch einen Wunsch erfüllen. Der wünschte sich, dass er seine Bettelschale mit Goldmünzen füllen möge. Das erschien dem König ein Leichtes, aber sie erwies sich als ***Zauberschale***: Je mehr Geld hineingeschüttet wurde, umso leerer wurde sie. Bis der Derwisch von dem Geheimnis der Schale erzählte: „Diese Zauberschale kann ein jedes Menschenherz sein, das niemals zufrieden ist, ob du es mit Reichtum, mit Aufmerksamkeit, mit Liebe oder mit allem Wissen füllst." (Nach Haarat Inayat Khan)

c) Ein Kind hatte viele Wünsche, die seine Eltern auch sofort erfüllten. Das ging so manches Jahr. Doch dann zeigte sich, dass seine ***Hände*** viel schneller wuchsen als seine Gestalt; bald konnte es seine Schuhe im Stehen öffnen. Die Ärzte konnten nicht helfen; Vorübergehende lachten manchmal und das Kind schämte sich. Nur wenn es etwas wünschte, nahm es noch die verschränkten Arme nach vorne. Erst ein Weiser fand die Ursache, nachdem er sich lange mit dem Fall beschäftigt hatte. Er sagte den besorgten Eltern: „Sie haben Ihrem Kind immer nur viel geschenkt und das Kind hat immer genommen. Ihr habt das Wichtigste in der Erziehung versäumt: Das Geben-Lernen." – Betrachten wir jetzt unsere Hände, ob sie nicht ein klein wenig zu groß geraten sind … (Stark verkürzt nach Hermann Multhaupt)

d) John Rockefeller hatte mit 33 Jahren die erste Million Dollar verdient, mit 43 Jahren beherrschte er das größte Geschäftsunternehmen der Erde, mit 53 Jahren war er der reichste Mann und der erste Dollarmilliardär. Aber er war einsam und verhasst, ruhelos und wurde schwer krank. In langen schlaflosen Nächten kam er zur Besinnung. Er erkannte die Unsinnigkeit, ***Geld*** aufzuhäufen und selber daran kaputtzugehen. Er gründete die berühmten Rockefeller-Stiftungen, in denen seine Millionen für die ganze Menschheit zum Segen wurden; Krankheit, Armut, Hunger und Unwissenheit wurden vielfältig eingedämmt. Das Wunder geschah: Rockefeller konnte wieder schlafen und Liebe und Dankbarkeit fanden in seinem Herzen Platz. Er blühte auf zu einem erfüllten Leben und wurde 98 Jahre alt. (Verkürzt nach Axel Kühner) (Als Symbolpredigt siehe 26. Sonntag i.J. C, 1a, Seite 241f)
e) Eine Antigeschichte zum Evangelium: Zwei Brüder auf dem Berg Morija teilen nachts aus unterschiedlichen Gründen die geernteten Garben zu Gunsten des anderen, bis sie sich begegnen und erkennen, wie gut es jeweils der andere meint. Da umarmen sie sich herzlich. Und Gott sagt dazu: „Heilig ist mir dieser Ort. Hier will ich unter den Menschen wohnen." (Ausführlicher in „Kurzg. 1", Nr.124)

19. Sonntag im Jahreskreis

1. Symbolpredigten zum Evangelium: Lk 12,32–48

Was zählt, bis der Herr wiederkommt. –

a) *Zu Lk 12,22:* Fürchte dich nicht, du kleine Herde. – Wir sind unterwegs auf dem Meer der Zeit, um in den Hafen Gottes einzulaufen. An die Umrisse eines ***Segelschiffes*** werden Symbole geheftet, die Mut machen: Wir sind nicht allein; da ist der *Kapitän* (= Jesus), eine *Mannschaft* (= Christen), die ***Seekarte*** (= Hl. Schrift), der ***Anker*** (= Zeichen der Hoffnung auf Gottes Hilfe in Stürmen), ***Rettungsringe*** für alle, die über Bord gehen … (nach Familienmesskreis Bergheim)
b) *Zu Lk 12,33:* Der unvergängliche Schatz. – Um eine ***Schatztruhe*** liegen große Pappscheiben (= Gold- und Silbertaler) mit Gold- und Silberpapier beklebt, die auf der Unterseite beschriftet sind: ***Gold-***

taler mit „Liebe", „Geduld", „Ehrlichkeit", „Teilen" ..., ***Silbertaler*** mit „Schöne Kleider", „Geld" ... Die Kinder entscheiden mit, was in oder neben die Schatztruhe gelegt wird, was am Ende zählt und was nicht. Zum Schluss wird die Schatztruhe auf den Altar gestellt. (Nach „Dinzinger C")

c) *Zu Lk 12,35–40:* Wach sein! – Symbole, die auf Wachsamkeit verweisen, werden vorgestellt: ***Hahn*** (hervorragender Wächter; auf dem Kirchturm Künder des neuen Lichtes = Auferstehung), ***Sanduhr*** (die Zeit verrinnt – was bleibt?), ***Glocke*** (achtet darauf, was uns die Zeit schlägt), ***Palmzweig*** (Siegeszeichen in den Händen der Märtyrer, die auf das gesetzt haben, was bleibt) ...

2. Symbolgeschichten zum Evangelium

a) Zwei Mönche mussten voneinander Abschied nehmen, weil der Jüngere unerwartet zum Sterben kam. Der Ältere bewunderte die Heiterkeit des Sterbenden und befragte ihn deswegen. Da sagte der junge Mönch mit ausgehendem Atem: „Gott lieben heißt, sich fröhlich zu ihm auf die Reise zu machen." (Roland Breitenbach)

b) Jeden Tag mit dem Tod leben. – In den Walliser Alpentälern stehen in hölzernen Rechen ein paar Laibe Käse, die niemals angetastet, aber täglich gedreht und gebürstet werden; einer davon war zumeist ein Hochzeitsgeschenk. Sie warten, steinhart und krumig geworden, auf das eigene Totenmahl. (Nach Peter Eicher)

c) Beim „Jedermann"-Spiel in Salzburg bringt der Tod „Jedermann" vor Gottes Richterstuhl. Mitten im Genuss des Lebens und beim festlichen Bankett klopft ihm der Tod auf die Schulter. Eine Person darf er mitnehmen. Niemand will das, selbst der ***„Mammon"*** versagt sich ihm. Er findet nur in der zeitlebens verspotteten Schwester „Glaube" Geleit. Und der Funke Hoffnung auf Jesus genügt, um dem Teufel zu entkommen.

d) Als Zita, die letzte Kaiserin Österreichs, 1989 mit 97 Jahren stirbt, gelangt der prunkvolle Leichenzug ans Tor der Kaisergruft der Habsburger im Kapuzinerkloster in Wien. Aber das ***Tor*** bleibt verschlossen. Obwohl 54 Titel genannt werden, sagt der Wächter: „Kenne ich nicht!" Auch ein erneutes Klopfen mit dem Verweis auf die Kaiserin und Königin bewirkt nichts. Erst als der Zeremonienmeister sagt: „Zita, ein sterblicher, sündiger Mensch begehrt Einlass", öffnen sich die Flügeltüren zur letzten Ruhestätte.

20. Sonntag im Jahreskreis

1. Symbolpredigt zur zweiten Lesung: Hebr 12,1–4

Mit Ausdauer im Wettkampf laufen. – Dieser ***Stafettenstab*** kann uns deutlich machen, was für den Wettkampf (= Staffellauf) wichtig ist: Jeder Läufer nimmt zunächst keinen überflüssigen Ballast (= Schuld) mit, um frei und unbeschwert ins Ziel zu gelangen. Es kommt auf Werte wie Solidarität, gemeinsames Wegräumen von Hindernissen, Gemeinschaftserfahrungen an … (Nach „Essen 3“ und „Frisch C“)

2. Symbolpredigten zum Evangelium: Lk 12,49–53

Sich für Christus entscheiden. –

a) Feuer reinigt. – Einen ***Gold***- und ***Silberbarren*** mitbringen. Eine nicht so bekannte Aufgabe des Feuers ist die Reinigung = das Scheiden von Echtem und Unechtem in der Metallschmelze. Alle Schlacken (= Unentschlossenheit, Zweifel, Unglaube, Schuld) werden ausgeschieden und getrennt. Jesus will den entschiedenen Glauben mit diesem Vergleich von Feuer und der Spaltung ansprechen. (Nach „Frisch C“)

b) (Die Hände eines Kindes sind so weit auseinander gefesselt, dass ohne Gefahr die ***Fessel*** dazwischen verbrannt werden kann.) Ein gefesseltes Kind – gefesselt durch Bequemlichkeit, Wut, Angst … Jesus will, dass sein Feuer brennt. Darum nehme ich die ***brennende Osterkerze*** und befreie das Kind damit von seinen Fesseln. Jesus will uns zur Nachfolge befreien. (Zum Teil nach „Dinzinger C“)

c) Eine ***brennende Kerze***. Wenn ich in die Flamme schaue, erinnere ich mich an den brennenden Dornbusch, der Gottes Nähe verkündete; an die Feuersäule, die das Volk Israel vor den nachsetzenden Ägyptern sicherte; an die Osterkerze, die das Dunkel des Todes durch Christi Auferstehung erhellte. Heute denke ich daran, was ich mit dieser Kerze alles entflammen kann. Ich könnte die ganze Welt damit in Flammen setzen. Das wünscht sich Jesus von denen, die mit Wasser und Heiligem Geist getauft wurden! –
Ähnlich: ***Sieben Flammen*** (= Kerzen) des Hl. Geistes werden ***auf*** einen ***siebenarmigen Leuchter*** gestellt. Die einzelnen Bezeichnungen: Osterkerze – brennender Dornbusch – mit Wasser und Feuer getauft – Firmung – Edelmetalle werden in der Glut des Feuers von

allen Schlacken gereinigt – Pfingstfest = Hl. Geist, der alle Eispanzer schmelzen kann. Unsere Entscheidung *für* die Auseinandersetzung gegen alle Harmlosigkeit und allen faulen Frieden.

3. Symbolgeschichten zur zweiten Lesung: Hebr 12,1–4

Im Wettkampf gemeinsam ankommen: Siehe in diesem Buch 10. Sonntag i.J. B, Nr. 2a, Seite 135.

4. Symbolgeschichte zum Evangelium: Lk 12,49–53

Christenverfolgung unter den römischen Kaisern. – Der schmächtige und ängstliche Sohn des Stadtpräfekten von Rom steht im Verdacht, Christ geworden zu sein. In der Feuerprobe wird er versagen! Alle nehmen eine Hand voll ***Weihrauchkörner*** und sollen sie in die Glut vor dem Kaiserbildnis werfen, um sich dadurch als Götterdiener zu beweisen oder durch Verweigern als Christ zu bekennen. Der Vater redet dem Sohn gut zu. Dann führt ihn ein Soldat zur Glut. Aber die Faust des Sohnes bleibt fest verschlossen. Der Soldat fackelt nicht lange und drückt seine kleine Faust in die glühenden Kohlen. Ein fürchterlicher Schmerz durchfährt seinen Körper. Aber er gibt nicht auf. Des Todes schuldig! Er wird abgeführt. (Nach Theodor Schnitzler) – Ähnlich lebten es auch Oscar Romero, Dietrich Bonhoeffer, Nikolaus Groß … in unseren Tagen vor.

21. Sonntag im Jahreskreis

1. Symbolpredigten zum Evangelium: Lk 13,22–30

a) *Zu Lk 13,24:* Von der engen Tür.
   A) Eine ***Spirale*** legen, in deren Mitte eine brennende Jesuskerze steht. Während Kinder nacheinander langsam den Weg zur Mitte suchen, um ihr Licht an der Jesuskerze zu entzünden, wird kommentiert, wie eng der Weg werden kann, der ein breites Ich nicht mehr durchlässt oder in Zweifel und Mühsal vorzeitig zur Umkehr zwingt.

B) ***Bild*** vom Eingang zur Geburtskirche. Auch in Märchen tauchen enge Türen auf, die nicht problemlos passiert werden können. In die Geburtskirche kann nur der eintreten, der bereit ist, sich zu bücken ... – Die enge ***Tür*** kann Hilfsbereitschaft und Aufmerksamkeit bedeuten.

C) Eine durch Riegel auf der Rückseite verschlossene ***Tür***. Auf den Riegeln stehen Begriffe wie Neid, Streit, Egoismus ..., die erst beseitigt werden müssen. (Nach „Dinzinger C")

b) Die Ersten werden die Letzten sein. Ein ***Siegertreppchen***. – Manchmal aber werden die Sieger disqualifiziert (Regeln = Gebote verletzt), vielleicht waren sie gedopt (= überheblich, falsch, unehrlich), und andere rücken auf. Hier kann von der Salbung Davids zum König erzählt werden (1 Sam 16,1–12): Nicht die sieben Brüder, die schön, stattlich, klug ... waren, wurden erwählt, sondern das übersehene Kind David.

2. Symbolgeschichten zum Evangelium

a) Ein Bethaus war voller Menschen, die auf den Rabbi warteten. Auch eine Frau war darunter, die eilig von zu Hause aufgebrochen und jetzt in Sorge war, ob ihr Kind auch eingeschlafen war. Sie ging noch einmal zurück und traf in ihrer Wohnung auf den Rabbi. Der hatte das Kind auf den Arm genommen, weil es ängstlich weinte, und es beruhigt. Jetzt übergab er es der Mutter und ging zum Bethaus. (Nach den Erzählungen der Chassidim)

b) Wir werden uns im Himmel über Dreierlei wundern: Über die, die da sind; über die, die nicht da sind, und hoffentlich über uns, dass wir da sein dürfen.

c) Der „gute Mensch" am Höllen***tor***. – In der Hölle ist nur noch ein Platz frei, den soll der größte der Sünder bekommen, die dichtgedrängt am Eingang stehen. Alles, was der Teufel von ihnen hört, scheint ihm nicht abscheulich genug. Schließlich entdeckt er einen, der ganz allein für sich dasteht. „Ich bin nur aus Versehen hier", meint dieser vermeintlich gute Mensch und erzählt dann, wie er sich aus allem herausgehalten hat. „Wie?", fragt der Teufel, „Sie haben mit angesehen, wie Kinder verhungerten, Schwache gequält wurden ... und haben nichts dagegen unternommen? Dann gehört der Platz Ihnen!" (Nach Calderón)

d) Der Sterbende ergriff die Hand des Arztes: „Was wartet auf mich auf der anderen Seite?" „Ich weiß es nicht", antwortete der Arzt, ging aber auf die ***Tür*** zu und öffnete sie. Da sprang voller Freude sein Hund an ihm hoch. „Sehen Sie", sagte der Arzt, „mein Hund war noch nie hier, aber er wusste, dass sein Herr auf der anderen Seite der Tür ist und freute sich über das Wiedersehen. Ich weiß auch nichts Näheres, was nach dem Tod auf uns wartet; aber ich warte voller Freude auf meinen Herrn und Meister auf der anderen Seite der Tür." (Nach Pierre Lefèvre)

e) Die ***Tür*** auf dem Berggipfel. Siehe Christkönig, Lesejahr B, Nr. 2b, Seite 167.

22. Sonntag im Jahreskreis

1. Symbolpredigten zum Evangelium: Lk 14,1.7–14

Erhöht wird, wer sich erniedrigt. –

a) Auf eine ***Leiter*** (Haushaltsleiter) klettern alle, die Karriere machen wollen. Interessant, dass die Heilige Schrift, also Gott, das Auge auf die Kleinen und Niedrigen richtet: Da wird das Kind David zum König berufen, nicht seine großen, auch talentierten Brüder (vgl. 1 Sam 16,1–12); Maria, das einfache Mädchen, wird erhöht (Lk 1,48); bei Zachäus ist er zu Gast; den Zöllner Matthäus beruft er; die Sünderin wird von ihm verteidigt … (diese Personen können dargestellt werden und auf die Stufen der Leiter treten).

b) Bunte ***Tischkarten*** werden an die Kinder verteilt. Auf vier große Tischkarten wird gemäß Vers 13 „Arme", „Behinderte", „Lahme", „Blinde" geschrieben. Alle treten zur Gabenbereitung nach vorne und stellen ihre Tischkarten auf den Altar. Auch für die vier großen Tischkarten wird Platz gelassen. – Wie wäre es, zum nächsten Geburtstag auch ein Kind einzuladen, das nicht damit rechnet? (Nach „Dinzinger C")

c) Ein ***Spiegel***, eine ***klare Glasscheibe*** und ein ***Fensterbild*** aus farbigem Glas versinnbildlichen, was im Evangelium gemeint ist: Sobald Silber hinter Glas gelegt wird (= übermäßiges Streben nach Reichtum und Besitz), sieht man nur noch sich selbst. Durch das klare Glas kann ich hindurchsehen = Chance der Mitmenschlichkeit. Das bunte Bild erinnert an das himmlische Mahl in Gottes Herrlichkeit, wo alle Unterschiede aufgehoben sind. (Nach „Frisch C")

2. Symbolgeschichten zum Evangelium

a) Tischgemeinschaft auch mit Räubern. – Räuber baten Franziskanerbrüder um ***Brot***. Die diskutierten: „Räubern von unserem Brot geben?“ Als Franziskus dazukam, ließ er im Wald ein Tischtuch auslegen und Brot und Wein holen; dann lud er die Räuber zu Tisch – weil Gott auch uns („Räubern“) immer wieder den Tisch deckt. Das wiederholte sich. Durch diese Freundschaft änderten sich die Räuber; einige traten sogar dem Orden bei. (Nach Heriburg Laarmann)

b) Die Gestapo hat die jüdische Familie über ihnen aus der Wohnung herausgetrieben und deportiert. Nur der Junge hatte sich gut versteckt. Als die Luft wieder rein war, schickte mich Mutter ihn holen. Aber er rührte sich nicht. Da sagte der Vater deutlich und bestimmt: „Geh noch einmal! Hol deinen Bruder an den Tisch.“ Diesmal kam der Junge und aß auch mit uns. (Stark verkürzt nach Walter Bauer)

c) ***Brot***, das Freund und Feind miteinander versöhnt. Siehe Weißer Sonntag, Lesejahr C, Nr. 2, Seite 195.

23. Sonntag im Jahreskreis

1. Symbolpredigten zum Evangelium: Lk 14, 25–33

Entschieden nachfolgen. –

a) Eine ***Autobatterie***. Für das Auto, des Deutschen liebstes Kind, stellen wir vieles hintenan. Wir sorgen auch für die Wartung der Batterie, denn was wäre, wenn der Wagen für einen dringenden Termin nicht anspringt! Entschieden gehen wir zur Sache, ähnlich wie ein Kind, das für ein Mountain-Bike spart. Auf was es jetzt alles verzichten kann, um das Geld dafür möglichst schnell zusammenzukriegen! – Ein Forscher arbeitet Tag und Nacht, führt Tausende Experimente durch, injiziert Bedenkliches in den eigenen Körper, um endlich das zu entdecken, was der Menschheit weiterhilft. Oder ein Sportler, der aufs Treppchen kommen will: Er schindet sich, vernachlässigt Familie, Studium ... nur, um zu siegen. – Entschiedenheit fordert Jesus auch für die Nachfolge!

b) *Zu Lk 14,27:* Das Kreuz nachtragen. – In dieser großen ***Jakobus-***

(Pilger)muschel liegen Gegenstände, die uns auf dem Weg der entschiedenen Nachfolge helfen können: ***Brot***, das Kraft gibt für jeden Tag; das möchte Jesus auch im Brot des Lebens. ***Wasser***, das belebt; das möchte Jesus auch durch das Wort der Hl. Schrift. ***Salz***, das unseren Körperhaushalt stabilisiert; mit dem wir der Suppe dieser Welt die richtige Würze verleihen können; mit ***Blumensamen*** Hoffnung aussäen. Ein ***Engel***: an die Nähe Gottes glauben. Ein kleines ***Kreuz***, das uns die Richtungen weist, die Durchblick und Leben schenken: Gottes-, Nächsten- und Selbstliebe.

2. Symbolgeschichte

– von entschiedener Liebe, die nicht auf sich selbst achtet: Martinez hieß der Junge, der von manchen als dumm bezeichnet wurde, weil er nicht sonderlich rechnen, schreiben und lesen konnte. Aber in der Klasse Dienste übernehmen, das mochte er gern. Niemand konnte auch so gut mit dem verzwickten Kartenständer und der Schnur umgehen, wenn es galt, die Landkarte aufzuhängen. – Als dann die Schule brennt und das Feuer sich in die Klasse frisst, wäre für Martinez und Jo, der noch mit ihm das Aquarium sauber machen sollte, ein Sprung aus dem Fenster die einzige Rettung gewesen. Aber das lag acht Meter über der Straße. Da springt Martinez zum Kartenständer, holt die Kordel flink aus den Ösen und bindet sie Jo unter den Armen um die Brust. Vorsichtig seilt er Jo ab, der sich am Blitzableiter und Antennendraht hält. Dann muss er springen. Martinez hält die Schnur, die ihm scharf in die Hand schneidet. Jo wird gerettet. Bis die Feuerwehr eintrifft, haben die Flammen den dummen Martinez erreicht. Aber war er wirklich so dumm gewesen? (Verkürzt nach Josef Quadflieg)
Wie viele Menschen haben als Christen schon entschiedenen Einsatz und Liebe praktiziert, die zur Rettung führten!

24. Sonntag im Jahreskreis

1. Symbolpredigten zur ersten Lesung: Ex 32,7–11.13–14

Das Goldene Kalb. –

a) Ein ***Goldenes Kalb*** (= die Brustpartie des Esels aus der Krippe verstärken und Hörner aus Goldpapier) auf dem Altar wird mit Glücksbringern von heute behängt: Kleeblatt, Horoskop, Schornsteinfeger, Glücksschwein, Kettenbrief usw. Die Kinder erzählen, was sie von diesen „Göttern" halten. Nicht Gegenstände und Glücksbringer retten uns, sondern das feste Vertrauen auf Gott und seinen Sohn Jesus Christus. Aberglaube heißt dagegen „anders glauben". (Jetzt wird das Goldene Kalb neben den Altar und eine ***Christus-Ikone*** auf den Altar gestellt:) Wir glauben an den wiederkommenden Christus als wirklichen Herrn der Welt. An ihn hängen wir unser Herz.

b) Ein ***Sackgassen***- und ***Freie-Fahrt-Verkehrsschild***. Wer stand nicht schon in einer Sackgasse – wie Mose und sein Volk, das um den Ersatz-Gott tanzte! Da gibt's nur die radikale Umkehr. Dann haben wir wieder freie Fahrt. Gott bietet sie jederzeit an – das Umkehren aber ist unsere Aufgabe.

2. Symbolpredigten zum Evangelium: Lk 15,1–32

Das Verlorene finden. –

a) Eine ***brennende Herz-Kerze***, ein Symbol für eine Herz-Jesu-Darstellung, umschreibt sehr gut die Einstellung Jesu, die aus diesen Gleichnissen leuchtet: Gott hat ein Herz für uns; ein verzehrendes Herz, das uns Verzeihung entgegenleuchtet, egal, wie wir und wer wir sind. Wir brauchen nur auf dieses Angebot zu antworten.

b) Eine ***Abfalltonne*** am Beichtstuhl schockiert, umschreibt aber, was uns heute zugesagt ist: Wir dürfen allen Seelen- und Sündenmüll hineinwerfen, auch die geistigen Umweltverschmutzungen, die wir in Worten und Taten zulassen oder bei denen wir sogar mitmischen. Die Verzeihung Gottes ist eine Art Müllverbrennung. Darum stelle ich jetzt als Symbol der verzeihenden Liebe Gottes eine brennende Kerze auf die Tonne. (Nach Felicitas Hestermann)

c) Dieser ***Euro*** soll die verlorene Drachme darstellen. Der Kirchenvater Gregor von Nyssa sieht in den zehn Drachmen ein Bild für die

Ganzheit des Menschen; dann bedeutet die verlorene Drachme: Der Mensch ist aus seiner Mitte gefallen, hat sich verloren. In uns selbst können wir uns auf die Suche machen, was Gott uns als kostbare Menschenwürde geschenkt hat, ihm ebenbildlich zu sein. Zuerst müssen wir also aus unserem Herzen den Staub der Unachtsamkeit kehren, und wenn wir die Drachme gefunden haben, kommen die Seelenkräfte, die Freundinnen, um das Fest des Einswerdens mit Christus zu feiern, das im Empfang der runden Hostie die wiedergewonnene Ganzheit spiegelt. (Verkürzt nach Anselm Grün in „Christ in der Gegenwart" am 13.9.98)

d) Ein ***Türstock*** mit einer Tür ohne Klinke = bei Gott steht die Tür immer offen. Wir schlagen sie oft voreinander zu. Gott ist ganz anders. (Die Kinder dürfen durch die Tür gehen, um das Geschenk einzuüben.) Siehe zur selben Thematik auch den 4. Fastensonntag, Lesejahr C, Seite 187f.

3. Symbolgeschichten zum Evangelium

a) Der bekannte Evangelist Dapozzo hatte jahrelang in einem Konzentrationslager um seines Glaubens willen furchtbar gelitten. Einmal musste er halb nackt und verhungert an Weihnachten zusehen, wie sich der Lagerkommandant genüsslich allerlei Leckerbissen schmecken ließ, die sich Dapozzos Frau vom Mund abgespart hatte und die für ihren Mann gedacht waren. Er durfte noch nicht einmal daran riechen, um dabei an seine Frau und seine vier Kinder zu denken. – Nach dem Krieg suchte er den Lagerkommandanten zehn Jahre lang, bis er ihn gefunden hatte. Er sagte zu ihm: „Ich bin die Nummer 17351. Erinnern Sie sich an Weihnachten 1943?" Da bekam der ehemalige Kommandant Angst. Der Evangelist aber öffnete ein großes Paket mit einem herrlichen Kuchen, den sie dann schweigend aßen. Bis der Kommandant weinte und um Verzeihung bat. Aber Dapozzo versicherte ihm: „Ich habe Ihnen um Christi willen verziehen." (Verkürzt nach Axel Kühner)

b) Tausend bunte ***Tücher*** winken Vergebung entgegen. Siehe Taufe Jesu, Lesejahr A, Nr. 2, Seite 23.

25. Sonntag im Jahreskreis

1. Symbolpredigten zum Evangelium: Lk 16,1–13

Nicht zwei Herren dienen. –

a) Eine ***Waage mit zwei Schalen***. Jesus (wie Amos in der 1. Lesung) fordert zur Entschiedenheit auf: Wir können nicht an Gott *und* an den Reichtum unser Herz hängen. Was ist wichtiger? In die eine Schale werden nun Geldstücke oder -scheine gelegt, dazu werden Planungen aufgezählt und was ich alles damit kaufen kann. In die andere Schale werden kleine, rote Herzen (= Symbol der Liebe zu Gott und den Menschen), Anker (= Hoffnung auf Gott) und ein Kreuz (= Gott vertrauen, aber auch entschiedener für seine Sache eintreten) gelegt. (Nach „Frisch C")
b) Eine ***Schraube und eine Gewindestange*** sowie eine Schraube, die zwei Teile Holz fest zusammenfügt. Je größer die Ansprüche, umso höher muss ich die Schraube drehen. Manche kommen erst zur Besinnung, wenn kein Gewinde mehr da ist und die Schraube auf die Erde fällt *(zeigen!)*. Jesus sagt ganz klar: Schluss damit! Um zufrieden und glücklich zu werden, braucht es andere Wege. Entscheidet euch! Diese Schraube hier hat zum Beispiel das Gewinde genutzt, um jetzt die beiden Teile Holz fest miteinander zu verbinden. Und sie sitzt weiter fest und geht darin auf, anderes möglich zu machen. (Nach Hannelore Mittrowann in „PuK" 5/95, S. 611)
c) Ins „Guinness-Buch der Rekorde" gelangen? Gott schaut auf andere Dinge. Diese ***Lupe*** deutet es an: Im Kleinen erkennen wir die großen Dinge der Welt. Darum mehr mit der Lupe schauen: Das Zarte schützen, das Kleine ermuntern, das Übersehbare mehr in die Mitte rücken.

2. Symbolgeschichten zum Evangelium: Lk 16,1–8

Von der Klugheit. –

a) Die mächtige und stolze Eiche will dem Sturm trotzen; das bescheidene Schilfrohr möchte sich lieber beugen, um nicht zu zerbrechen. Nach dem Sturm stand das Schilfrohr aufrecht neben dem gestürzten Riesen. (Nach La Fontaine)
b) Herr Keuner hatte sich in der Versammlung gegen die Gewalt ausgesprochen. Als sie dann aber vor ihm stand, sprach er sich für

sie aus. Später verteidigte er sich vor seinen Schülern, indem er auf einen Mann verwies, der einen Agenten der Machthaber in seine Wohnung aufnehmen musste. Jahrelang diente er ihm und damit dem verhassten Regime. Als der Agent aber, von der Pflege dick geworden, nach einigen Jahren starb, wickelte er ihn in eine verdorbene Decke, schleifte ihn aus dem Haus und sagte: „Nein!" (Verkürzt nach Bertolt Brecht)

26. Sonntag im Jahreskreis

1. Symbolpredigten zum Evangelium: Lk 16,19–31

Vom reichen Mann und dem armen Lazarus. –

a) Zwei ***Luftballons***: auf dem einen steht „Spitze" und der andere zeigt ein Herz. – Ich erzähle euch heute die Geschichte eines wirklich reichen Mannes, von John Rockefeller, der 1937 starb. *(L. pustet den Ballon nach jeder Angabe weiter auf:)* Er war als junger Mensch stark und unverwüstlich. – Er trieb sich als Geschäftsmann gnadenlos zu Höchstleistungen an. – Mit 33 Jahren hatte er die erste Million Dollar verdient. – Sein Ehrgeiz wurde krankhaft. – Mit 43 Jahren beherrschte er das größte Geschäftsunternehmen der Erde. – Mit 57 Jahren war er der erste Dollarmilliardär, der reichste Mann der Welt. *(Jetzt ist der Ballon aufgeblasen; das Wort „Spitze" zeigen. Im Folgenden immer etwas Luft ablassen:)* Aber seinen Erfolg hatte er mit seiner Gesundheit erkauft. Er wurde schwer krank. – Ihm war auch die Lebensfreude abhanden gekommen. – Er verdiente zwar pro Woche eine Million Dollar, aber sah aus wie eine Mumie. – Er war einsam und verhasst. – Ruhelos und ausgemergelt. – Er konnte nur noch Milch mit Zwieback schlürfen. – Die Zeitungen hatten schon seinen Nachruf bereitliegen. *(L. lässt den Rest des Ballons los, sodass er mit negativem Geräusch wegfliegt und zu Boden fällt.)* Ja, so kaputt war er! – Gott gab ihm eine neue Chance! *(L. pustet jetzt den* ***Herz-Ballon*** *auf:)* Er kam in langen schlaflosen Nächten zur Besinnung. – Er setzte sein Vermögen gegen die Nöte der Welt ein. – Er gründete die berühmten Rockefeller-Stiftungen. – Seine Millionen wurden in der ganzen Welt zum Segen. – Sie halfen, das Penicillin zu entdecken und damit Malaria, Tuberkulose und Diphtherie zu besiegen. Armut,

Hunger und Unwissenheit wurden mit seinem Geld bekämpft. – Dann geschah das Wunder: Bitterkeit und Egoismus wichen aus seinem Herzen. – Auch Groll und Hass. – Es war Platz für Liebe und Dankbarkeit. – Er konnte wieder schlafen. – Er blühte auf zu einem erfüllten Leben. – Er wurde 98 Jahre alt. (Nach Axel Kühner)
(Der aufgeblasene Herzballon wird jetzt verknotet und im Altarraum gut sichtbar festgemacht.)

b) Kinder aus der so genannten Dritten Welt treten auf, zeigen Produkte, die dort billig durch sie hergestellt werden, beschreiben ihre Arbeitsbedingungen und sagen jeweils zu Beginn und als Schlusssatz: „Wir sind euch nahe!“ Zum Beispiel zeigt ein Kind einen ***Teppich***: „Dieses Stück haben wir Kinder Knoten für Knoten geknüpft. Der feine Wollstaub sitzt in unseren Lungen fest. Wir bekamen mehr Schläge als Lohn. Denkt ihr daran, wenn ihr mit euren Füßen über einen weichen Teppich geht?“ *Oder:* „Diese ***Chips*** für euren Kassettenrekorder haben wir bei schlechtem Licht zusammengesetzt.“ – „Das Zinn für eure ***Konservendosen*** haben wir in dunklen Stollen aus dem Felsen geschlagen.“ – „Die ***Banane***, die ihr schält, haben wir gepflückt und konnten deshalb keine Schule besuchen usw.“ (Nach Hans Martin Große-Oetringhaus)

2. Symbolgeschichte zum Evangelium

a) Ein wohl genährter Herr im Erste-Klasse-Abteil eines Zuges in Nagpur, einer Drehscheibe Indiens, warf nach seinem Frühstück die Reste durchs Fenster; darunter ein schönes, rundes „Chappatti“, eine Art ***Brotkuchen***. Zwei Lebewesen rannten danach über die Schienen: ein nackter, abgemagerter, schmutziger Junge und ein struppiger Hund. Der Junge gewann den Wettlauf und hob das Brot freudig hoch. Traurig schaute der Hund zu ihm auf. Da setzte sich der Junge, lud den Hund zum Sitzen ein und teilte das Brot in zwei Hälften. Beide aßen und stillten etwas den schlimmsten Hunger. Geschwisterlich wurde geteilt! (Verkürzt nach „Schule und Mission“ 1/87, Aachen)

b) Ein weiser Mann hatte gerade den Dorfrand erreicht, als ein Bewohner angerannt kam und um den kostbaren Stein anhielt. „Welcher Stein?“, fragte der Weise. „Letzte Nacht hatte ich einen Traum“, sagte der Dorfbewohner, „bei Einbruch der Dunkelheit träfe ich auf einen Weisen, der mir einen kostbaren Stein geben würde, sodass ich für immer reich wäre!“ Der Weise durchwühlte seinen Rucksack und gab ihm einen Stein, den er vor wenigen Tagen auf einem Waldweg gefunden hatte. Es war ein großer und kostbarer ***Diamant***. Beglückt ging der Mann damit heim. Aber er konnte vor Aufregung und Angst vor Dieben überhaupt nicht schlafen. Darum brachte er den Diamant am nächsten Morgen zurück und sagte: „Nimm den Stein wieder an dich. Aber gib mir stattdessen bitte von dem Reichtum, der es dir möglich machte, mir diesen Stein gestern so leichten Herzens zu geben."

27. Sonntag im Jahreskreis

1. Symbolpredigten zum Evangelium: Lk 17,5–10

Von der Macht des Glaubens. –

a) *Zu Lk 17,6:* Wenn wir nur so viel Glauben wie ein Senfkorn hätten! – ***Heilige***, die im Glauben alles wagten, treten „live" auf: *Franziskus* ging von der Stadt Gubbio auf die Bestie Wolf zu, die schon Durchreisende zerrissen hatte, und handelte mit ihm einen Vertrag aus: genug zum Fressen an die Stadtmauer legen und er bleibt friedlich.
Klemens Maria Hofbauer (Apostel Wiens †1820) ging sammelnd für seine Armen mit seinem Hut durch die Wirtschaften. Einmal passierte es dabei, dass ihm einer ins Gesicht spuckte. Hofbauer säuberte ruhig sein Gesicht und sagte bescheiden: „Das war für mich. Nun bitte noch etwas für meine Armen!", und hielt erneut den Hut hin.
Don Bosco (†1888 in Turin) gab einem jungen Dieb, den Freunde mitgebracht hatten, den Tresorschlüssel und bat ihn, hunderttausend Lire aus dem Kassenschrank zu holen. Die Versuchung war riesig: abhauen, gut leben? Er brachte Don Bosco das Geld und begann eine Lehre als Schreiner usw.
b) Im festen Vertrauen darauf, dass Gott uns hält, in die ***Schaukel*** des Lebens steigen. – Ein Maler bekam von einem Fabrikanten den Auftrag, „das Leben" darzustellen. Sehr verwundert starrte er dann wenig später auf das Ölgemälde, das eine – Schaukel zeigte, die gerade zum Aufschwung ansetzte. Der Künstler führte aus: „Sitzen Kinder oder Verliebte darauf, ist sie ständig in Bewegung wie alles Leben. Ihr Prinzip ist das Auf und Ab, gleich den Höhen

und Tiefen, die in jedem Dasein vorkommen." Nach einer Pause setzte er hinzu: „Wenn man es sehen will, hat das Leben mehr Höhen als Tiefen." Dann schwieg er länger und meinte nach der Pause mit fester Stimme: „Aber auch wenn ich ein Tief durchmache, habe ich die Gewissheit, dass ich gehalten werde." (Stark gekürzt nach Heribert Haberhausen)

c) Weitere Symbolpredigten zum ***Senfkorn*** des Glaubens, das zum Baum werden kann: Siehe 16. Sonntag i.J. A, Symbol b, Seite 65, und zwei Geschichten, siehe 11. Sonntag i.J. B, Nr. 4a und 4b, Seite 136f.

2. Symbolgeschichten zur Macht des Glaubens

a) Eine jüdische Frau im Güterzug ins KZ Auschwitz wurde fast irrsinnig vor Angst. Sie entdeckte schließlich einen alten Rabbi und bat um Hilfe. Der legte der Frau seine Hand auf und sprach: „Das Geheimnis unseres Volkes lautet wie damals: Es geht kein ***Weg*** um das Rote Meer herum; der Weg geht mitten hindurch. Leg nur deine Hand in Gottes ***Hand***, geh ins Wasser hinein und du wirst staunend erleben, dass das Wasser zurückweicht." Da fiel die irre Angst von ihr ab. (Verkürzt nach Axel Kühner)

b) Der Junge springt in die Arme des Vaters. Siehe Taufe des Herrn, Lesejahr B, Nr. 2, Seite 103. Weitere ähnliche Geschichten im Jahreskreis B: 5. Sonntag, 2a; Seite 128; 12. Sonntag 2b; Seite 138; 13. Sonntag 2a, Seite 139.

28. Sonntag im Jahreskreis

Symbolische Geschichten zum Evangelium: Lk 17,11–19

Wer dankt, ist Gott nahe. –

a) Ein „Aussätziger" und Abgeschobener unserer Tage wurde im Arbeitszimmer eines Psychiaters beim Einbruch ertappt. Beide erschraken und standen sich wie gelähmt gegenüber. Der Psychiater fand zuerst seine Fassung wieder und bat ihn, sich zu setzen, damit sie miteinander reden könnten. Dann berichtete der Gefragte nach einigem Schweigen hastig, dass er als uneheliches

Kind niemanden hatte, dem er sich anvertrauen konnte; niemand, der sich für ihn interessierte. Er sprach von den ersten Ladendiebstählen, der Einweisung in ein Erziehungsheim, den Strafen, mit denen er auch schließlich bis ins Gefängnis traktiert wurde. Der Psychiater hörte nur zu, gab keine Kommentare und verzichtete auf Ermahnungen. Schließlich sagte der Einbrecher: „Sie sind der erste Mensch, der mir wirklich zugehört hat. Wenn ich früher solchen Menschen begegnet wäre, wäre vielleicht aus mir etwas geworden." Schließlich verabschiedete er sich verlegen. Nach einigen Tagen erhielt der Psychiater von ihm einen Krankenschein und ein „Danke!" (Verkürzt nach Jörg Bopp)

b) Der Konzertpianist Arthur Rubinstein († 1982) erzählte, dass er im Alter von ungefähr zwanzig Jahren ganz am Ende war: Er hatte kein Geld mehr, er war nicht verliebt, die Eltern waren auseinander und seine Karriere schien am Ende. Da wollte er sich erhängen. Aber es klappte irgendwie nicht. Nachher auf der Straße fühlte er sich als neuer Mensch, der die Welt plötzlich mit dankbareren Augen ansah. Selbst wenn er wegen seiner Schulden ins Gefängnis käme, könne er dort noch an seine geliebte Musik denken oder ein Buch lesen. Und selbst krank im Spital könne er doch auch wieder gesund werden. Fortan freute er sich jeden Morgen, wenn er aufstand, dass er noch sehen, hören und riechen konnte und noch die wunderbaren Geschenke der Sinne besaß! Er sah die großen kostenlosen Geschenke des Himmels deutlicher und dankbarer.

c) Die Novizenmeisterin lehrte die jungen Schwestern, was eine Mutter die Kinder lehrt: dankbar zu sein. „Nicht allein Gott – das ist ja euer Beruf –, sondern auch seinen Dienern und Geschöpfen." Eine Schwester kam eben vom Fluss von der Wäsche. Sie setzte den Korb hart auf die Erde und sprach: „Soll ich dem Fluss etwa für sein Wasser danken?" „Eigentlich nicht bloß dem Fluss", erwiderte eine der Schwestern, „sondern auch seiner Quelle." Eine andere darauf: „Auch den Wolken, denn ohne Regen wäre die Quelle nicht." Und wieder eine: „Den Wäldern auch und den Wiesen, aus deren Hauch die Wolken entstehen."
Und so ging es fort: der Sonne, der Erde, dem Meer, allen gebühre Dank. „Wie aber", fragte die mit dem Korb, „sollen wir es bewältigen, so vielen Wesen zu danken?" Darauf die Meisterin: „Indem Dankbarkeit unser Wesenszug wird." (Katharina Seidel, Kurze Geschichten. Für Unterricht, Predigt und Gemeindearbeit, rex verlag, Luzern 1996)

29. Sonntag im Jahreskreis

1. Symbolpredigten zum Evangelium Lk 18,1–8 und zur ersten Lesung Ex 17,8–13

Vom beharrlichen Bittgebet. –

a) Holzschnitt von den erhobenen Händen des Mose zeigen: Walter Habdank, 24 Holzschnitte zur Bibel, Kösel Verlag, München 1978, S. 19 (in Ausleihstellen nachfragen). Ähnlich ***„Betende Hände“*** von Dürer mitbringen und Beispiele beharrlichen Gebetes erzählen, wie zum Beispiel von der hl. Monika, die viele Jahre im Gebet um ihren missratenen Sohn Augustinus ringt, der später ein hoch angesehener Kirchenvater wurde und bestätigte, dass das ständige Gebet seiner Mutter seine Umkehr bewirkt habe. Oder: Bevor Konrad Adenauer 1955 nach Russland reiste, um durch Verhandlungen die letzten Kriegsgefangenen herauszuholen, verbrachte er eine ganze Nacht in einer Kirche im Gebet. Oder: Die Gebete und Bittkerzen vor der Wende 1989 waren stärker als die Waffen der Kampftruppen.

b) Das ***Bild „Der lange Weg“*** von Friedensreich Hundertwasser zeigen. So lang und beharrlich muss auch das Gebet sein – wie die Witwe im Evangelium den Richter pausenlos angeht.

c) Gebet – wie ein ***Starkstromkabel***; darin auch das Bittgebet: Siehe 17. Sonntag i.J. C, 2b, aber auch 2a (= Vaterunser), Seite 227f.

d) Sind Aktionen alles? Je nach geschätzter Anzahl der BesucherInnen sind ***Gebetsketten*** (Rosenkränze) ***aus Holzperlen*** vorbereitet. Dazu wird die folgende Geschichte erzählt: Bevor der Eiserne Vorhang fiel, wurde in Ungarn eine Studentenführerin wegen „christlicher Umtriebe“ verhaftet und zu Gefängnis verurteilt. Vor Antritt der Strafe traf sie sich noch einmal mit ihren Mitstudentinnen, zerschnitt ihren ***Rosenkranz*** und gab jeder eine Perle. Sie selbst behielt das Kreuz. Sie bat alle darum, für sie zu beten, damit sie die Gehirnwäsche und die eventuelle Folter bestehen werde. Doch schließlich verleugnete sie ihren Glauben. Als die Studentinnen davon erfuhren, trafen sie sich an einem geheimen Ort, knüpften die Perlen wieder zu einem Rosenkranz zusammen und schickten ihn ihrer ehemaligen Leiterin, die inzwischen entlassen worden war. Die war davon so betroffen, dass sie zum Glauben zurückkehrte. – Bittgebete, besonders in Gemeinschaft gesprochen, haben schon oft Kranken Heilung gebracht, Geiseln befreit usw. Wer in einem Anliegen bitten möchte (nennen!), kann sich eine Perle nehmen (Rosenkränze zerschneiden [lassen] und Perlen in Körbchen anreichen) und eine Zeit lang im Bittgebet Gott bestürmen.

2. Symbolgeschichte zum Evangelium vom beharrlichen Bitten

Beppo hat einen roten ***Luftballon*** von seinem ersparten Geld gekauft und einen Brief daran geheftet, in dem steht: „Lieber Gott! Wir sind schon sechs Geschwister und bald kommt noch ein kleiner Bruder. Wir schlafen schon zu dritt in einem Bett, weil wir nicht genug Bettzeug haben. Kannst du nicht was schicken? Ich wohne in Arcole in Süditalien. Dein Beppo Sala." Beppo wartet, bis der rote Punkt am Himmel verschwunden ist. Tagelang hofft und betet er. Am sechsten Tag bringt der Postbote ein schweres Paket, das der Vater gar nicht annehmen will, weil er nichts bestellt hat. Doch die Adresse stimmt und es fehlt ein Absender. Da öffnen sie das Paket. Es schimmert weiß heraus: Windeln, Bettzeug, Kinderwäsche. Nicht alles neu, aber ganz sauber. – Beppo schleicht leise hinaus und schickt ein Dankgebet zum Himmel. (Verkürzt)

30. Sonntag im Jahreskreis

1. Symbolpredigten zum Evangelium: Lk 18,9–14

Gegen die Überheblichkeit (Pharisäer und Zöllner). –

a) Ein ***Seil***. Wer hat sich noch nicht gestritten? Bitte aufzeigen! Sie sind also einverstanden, wenn ich in dieses Seil für jeden Streit einen Knoten mache? *(Den **Knoten** lose schlingen, damit das Auflösen nachher nicht schwer fällt.)* Im Evangelium haben wir erfahren, dass Überheblichkeit auch unser Miteinander stören kann *(L. schlingt immer wieder einen neuen Knoten)* oder Neid oder mangelndes Selbstvertrauen oder Vorurteile … Sehen Sie, wie das Seil viel kürzer geworden ist, wie unser Leben verkürzt wird, wenn wir nichts entgegensetzen? Heute setzt Jesus entgegen, dass Gott gut und barmherzig zu uns allen ist. Bei ihm haben wir nicht nötig, uns aufzublasen, anzugeben, auszugrenzen. Keiner braucht sich erniedrigen, keiner darf sich erhöhen, dann gelingt das Miteinander *(L. löst bei den letzten Sätzen die Knoten und legt das Seil über den Querbalken eines Kreuzes).*

b) Ein ***Siegerpodest*** ist aufgestellt. Einige Kinder kommen und brüsten sich, wie toll sie sind: Ich bin die Nummer eins in der Stadt; arbeite rund um die Uhr, spende stattliche Summen!“, „Ich habe noch keinen umgebracht; gehe jeden Sonntag in die Kirche; ich bin besser als die anderen!“, „Ich verkehre nur mit der ‚High Society‘; ich bin nicht so wie die da; ich habe eine Ehrenmedaille verdient.“ Einer kommt, bleibt unten stehn, zieht den Kopf zwischen die Schultern und sagt: „Ich – ich mache genug Fehler. Ich schäme mich auch dafür. Ich bitte, dass wenigstens Gott mich versteht und gut zu mir ist.“ L. holt ihn zum ***Altar***: „Du brauchst dich nicht zu erniedrigen. Gott liebt dich so, wie du bist!“ Die anderen protestieren. L.: Alle sind eingeladen, aber wenn ihr nicht von eurem Podest herunterkommt, könnt ihr nicht mitfeiern. Sie steigen herunter und stellen sich auch um den Altar. (Nach „Dinzinger C“)

c) Siehe die Symbolpredigt mit der ***Handy-Attrappe***: „Mehr scheinen als sein“, Lesejahr A, 31. Sonntag i.J., Nr. 1a, Seite 86.

d) Vielleicht kann auf einer ***Spruchkarte*** das Gedicht von Maria Nels mitgegeben werden: „Wenn man von außen den Menschen misst,/ ich weiß von mir, wie falsch es ist:/Da scheint oft arm, was innen reich;/da scheint oft hart,/ was innen weich;/ da scheint oft eng, was innen weit;/da scheint oft Lust,/was innen Leid;/da scheint oft schwarz, was innen Licht – /drum: RICHTE NICHT!“ Geeignet auch das Gebet Helder Camaras: „Welch großer Trost, Herr, zu wissen, dass du keine Erfolge forderst, keine Erträge eintreibst. Aber du verlangst, dass wir uns nicht schonen; dass wir unser Bestes geben; ohne Überheblichkeit, ohne Eitelkeit, ohne Stolz, die alles zunichte machen. Vielleicht zählt für dich in unserem Leben vor allem der Wunsch, froh, gelassen, glücklich zu dir zu gelangen, ohne den Ruhm des Siegers.“

e) Auf die ***Figur eines Pharisäers*** werden die Worte geschrieben: „Gebote gehalten“, „findet sich gut“, „wird hoch eingeschätzt“. Auf die ***Figur eines Zöllners*** wird geschrieben: „Sünder“, „bittet um Gottes Erbarmen“, „von Mitmenschen als schlecht eingestuft“. Der Pharisäer wird höher auf eine Wandtafel geheftet. – Gott aber hat ein anderes Bewertungssystem: Nur der Zöllner geht gerechtfertigt nach Hause *(Zöllner höher heften!).* Ungerecht? Bei Gott ist es so: Wer sich an Jesus orientiert, braucht sich nicht mit anderen zu vergleichen oder muss nichts Ungeheures leisten; er darf sich ehrlich Gott anvertrauen, seine Geschenke annehmen und frohen Herzens seine Wege gehen. (Nach Pfarrei St. Theresia, Düsseldorf)

3. Symbolische Geschichten zum Evangelium

Zur Demut. –

a) Eines Tages wollte ein Kind der kranken Mutter einen ***Blumenstrauß*** im Garten pflücken. Aber die Rose wollte nicht gepflückt werden und streckte dem Kind ihre Dornen entgegen: „Ich bin die Königin der Blumen. Ich will nicht in einem Krankenzimmer verwelken.“ Auch Rittersporn, Sonnenblume und Lilie zeigten sich eingebildet und unnahbar. Da ging das Kind zu den Gänseblümchen. Die streckten ihm freundlich ihre Köpfchen entgegen und ließen sich pflücken. Und die kranke Mutter erfreute sich daran. (Verkürzt nach Behnke/Bruns/Lorentz/Ludwig, Kinder feiern mit. Lesejahr B, Bernward-Verlag, Hildesheim)

b) Der ***Topf*** mit dem Sprung. Siehe 11. Sonntag i.J. C, 2a, Seite 218.

c) Von der Rettung des abgestürzten Freundes. Siehe 5. Sonntag i.J. C, 2b, Seite 210f.

d) Vom schwarzen ***Schaf***. Siehe 31. Sonntag i.J. C, 2b, Seite 250.

31. Sonntag im Jahreskreis

1. Symbolpredigten zum Evangelium: Lk 19,1–10

Jesus im Hause des Zachäus. –

a) Ein ***Puzzle*** aus wenigen Teilen; eins fehlt. – Das Puzzle versinnbildlicht die Gemeinschaft einer Großfamilie, einer Klasse oder Gruppe. Ein Teil ist herausgefallen. Was könnte da passiert sein? *(Antworten einholen)* Im Evangelium ist auch einer aus der Gemeinschaft herausgefallen, auch durch eigenes Versagen, durch Betrügen und Habgier. Doch Jesus sagt: Das stimmt zwar, aber du bestehst nicht nur aus Fehlern. Du hast auch Liebenswertes. Ich möchte bei dir zu Gast sein. – Weil Zachäus umkehrt, den neuen Anfang sichtbar macht, darum darf ich das herausgefallene Puzzleteil einfügen. Das Puzzle sieht jetzt viel schöner aus!

b) ***Ein schwarzes*** und ein ***weißes Schaf***. – Ein Schaf litt darunter, dass es das einzige schwarze in der Herde war und von den weißen ausgegrenzt wurde; besonders schlimm trieb es ein großes weißes Schaf *(das weiße dreht dem schwarzen den Rücken zu)*. Aber das wanderte eines Tages aus. Es traf auf seiner Reise viele Schafherden, die es neugierig oder gelangweilt anschauten. Schließlich traf es auf eine Herde von lauter schwarzen Schafen! Es schüttelte sich vor Lachen und kam sich zunächst mit seiner weißen Farbe sehr schön und wichtig vor. Aber die Herde glotzte es ganz komisch an, und ein schwarzes Schaf, größer und stärker als das weiße, sagte: „Habt ihr schon einmal so was Komisches gesehen? Na, du weißer Schafsbock, dir werden wir das Fell über die Ohren ziehen, um zu sehen, ob du darunter eine anständige Farbe hast!" Die ganze Herde lachte es aus. Da bekam das weiße Schaf Angst und rannte weg, so schnell es konnte. – Zuletzt kam es zu einer Herde, da gab es schwarze, weiße, rote und bunte Schafe. Es wollte schon wegrennen, als ein schwarzes Schaf zu ihm sagte: „Komm doch her! Hast du etwa Angst vor uns? Du kannst bei uns bleiben, wenn du willst. Bei uns kann jeder bleiben!" Ein paar Tage blieb es. Dann wollte es wieder zurück zur eigenen Herde. Zum Abschied sagte es: „Ihr seid die schönste Herde der Welt! Ich wusste gar nicht, dass es auch rote und bunte Schafe gibt. Ein schwarzes haben wir auch bei uns daheim!" (Quelle unbekannt)
Wie wird das weiße jetzt dem schwarzen Schaf begegnen? – Mit dieser Geschichte können die Dimensionen der Gedankenwelt auch der örtlichen Gemeinde gesprengt werden, die noch oft genug in Schwarz-Weiß denkt.

2. Symbolgeschichten zum Evangelium

a) In der Haltung der Demut andere beurteilen. – Der Klosterbruder einer Wüsteneinsiedelei war in schwere Sünde gefallen. Man hielt eine Versammlung ab und schickte zu Altvater Moses. Der aber wollte nicht kommen. Daraufhin sandte ihm der Priester den Auftrag: „Komm, denn das Volk erwartet dich!" Moses erhob sich und kam. Er nahm einen durchlöcherten ***Korb***, füllte ihn mit ***Sand*** und nahm ihn auf die Schulter. Die Brüder gingen ihm entgegen und sagten zu ihm: „Was ist das, Vater?" Da sprach der Greis zu ihnen: „Das sind meine Sünden. Hinter mir rinnen sie heraus und ich sehe sie nicht, und nun bin ich heute gekommen, um fremde

Sünden zu richten." Als sie das hörten, sagten sie nichts mehr zu dem Bruder, sondern verziehen ihm. (Sprüche der Väter)

b) Ähnlich ohne Demut wie a): Die Gerechten stehen eng gedrängt vor der ***Pforte*** des Paradieses, trippelnd vor Ungeduld, begierig einzutreten, ihrer Plätze gewiss. Doch plötzlich entsteht Unruhe unter ihnen. „Was, auch denen wird vergeben?", fragen sie, mucken auf. Dann empörte Rufe: „Sollen wir uns dafür im Leben gequält haben? Wenn wir das gewusst hätten!" Sie protestieren. Schmährufe gegen Gott werden laut. Und in der gleichen Sekunde sind sie verdammt. (Nach Jean Anouilh)
c) Siehe oben 1b): Ein schwarzes und ein weißes Schaf.

32. Sonntag im Jahreskreis

1. Symbolpredigten zum Evangelium: Lk 20,27–38

Die Macht Gottes hat in der Auferstehung das letzte Wort. –

a) Dieser dürre ***Dornzweig*** soll an ein Märchen erinnern, das alle kennen: Da lag ein Fluch über einer Königstochter, der sich erfüllte, als sie sich an einer alten Spindel stach und sie in einen hundertjährigen Schlaf sank. So wie über uns allen ein Fluch liegt: Irgendwann stechen wir uns an der Spindel und müssen sterben – nein, nicht sterben, wir werden in den „Gottesacker" gelegt und sollen dort aufwachen wie ein Samenkorn. Der Tod als Schlaf in Gott. Dann wuchs die fast undurchdringliche Dornenhecke. Aber ein Königssohn konnte die Hecke des Todes überwinden, küsste das Mädchen Dornröschen wach und die große Hochzeit begann. Darum auch dieses ***(Busch-)Röschen***: Wir glauben, dass aus Dornen Rosen wachsen können und die Feier des himmlischen Hochzeitsmahles vor uns liegt.
b) Ein ***Kastanienzweig***, an dem die letzten bunten Blätter hängen: Christen dürfen hinter die bunten Blätter dieser Welt schauen (= am Ende steht der Tod) und bereits die Knospen sehen, die auf ein neues Aufbrechen hinweisen. Auch wenn Menschen – wie die Sadduzäer – darüber nur geringschätzig lächeln. Wir glauben an die Auferstehung in Christus.

Hinweis: Siehe in diesem Buch auch die Symbole unter „Ostern" der Lesejahre A–C, Seite 34f, 113f, 192f.

2. Symbolgeschichten zum Evangelium

a) „Glauben Sie an ein Leben nach dem Tod?“, fragte ich Helen. „Selbstverständlich!“, sagte sie nachdrücklich. „Der Tod ist nichts weiter als ein Gang von einem Raum in den anderen.“ Wir saßen schweigend da. Die Hitze und der schwere Duft der Blüten machten uns schläfrig. Auf einmal sprach Helen wieder. Langsam und sehr bestimmt sagte sie: „Aber für mich gibt es da einen Unterschied. Denn in dem anderen Raum – da werde ich sehen können!“ (Die blinde Helen Keller im Gespräch mit der Schauspielerin Lilli Palmer)

b) Zu dem englischen Physiker Isaac Newton kam ein Zweifler und fragte: „Wie will Gott das machen, dass er den Leib wieder zusammensetzt, nachdem er zu Staub zerfallen ist?“ Newton ging lächelnd auf die Frage ein, nahm eine Menge Staub, mischte feinste Eisenfeilspäne darunter und fragte: „Wie kann man jetzt den Eisenstaub vom Sandstaub trennen?“ So etwas wollte der Frager gerade wissen, deshalb nahm Newton einen ***Magneten*** und hatte im Nu die beiden Staubarten voneinander abgesondert. Dazu sagte er: „Gott hat den Menschen geschaffen und den Magneten. An der Kraft des Magneten zweifeln Sie nicht, aber an der Kraft Gottes wollen Sie zweifeln?“ (Rolf Sättler)

c) „Mama, wie ist das mit dem Sterben?“ „Wenn du schon einmal länger aufbleiben durftest und schließlich im Sessel eingeschlafen bist, dann habe ich dich mit Liebe über die Schwelle in dein Bett getragen. So ist das auch mit Gott: Er trägt uns im Tod über die Schwelle und jenseits wartet auf uns, was uns glücklich macht.“ (Nach Ernst Sieber)

d) „Mama, wo ist der Großvater jetzt? Ist es nicht kalt für ihn im Grab?“ Solange wir leben, brauchen wir den Körper wie ein Kleid, das uns warm hält und schön macht. Abends, wenn wir schlafen gehen, ziehen wir das Kleid aus und hängen es über einen Stuhl. – Wenn jemand stirbt, zieht er seinen Körper aus wie ein Kleid. Das Kleid legt man in die Erde. Man braucht es nicht mehr. Wir bekommen von Gott ein neues Kleid und das ist noch schöner als das, was wir hier getragen haben. Da unten im Grab liegt also nicht der Großvater, nur sein Kleid. Wir gehen aber immer wieder hier hin und schmücken es mit Blumen, weil wir ihn noch immer lieben und an ihn denken. Und wir danken Gott, dass wir den Großvater in Gottes Hände geben durften. (Nach Jörg Zink, Dornen können Rosen tragen)

33. Sonntag im Jahreskreis

1. Symbolpredigten zum Evangelium: Lk 21,5–19

Wer standhaft bleibt, gewinnt ewiges Leben. –

a) Verschiedene ***Brillen*** mit roten und schwarzen Gläsern, eine Prisma-Brille (bei Mengenrabatt eventuell für jeden eine für ca. 50 Cents bei Astro Media, Pilziggrundstr. 67, D-97076 Würzburg, Tel. 09 31 / 27 33 55, Fax -/27 33 95) und eine ***Uhr*** mit großen Zeigern. – Kind mit roter Brille: „Ich sehe rot. Rot heißt Gefahr. Schreckliche Dinge kommen. Alarm! Stellt die Uhr auf fünf vor zwölf!" Kind mit schwarzer Brille: „Ich sehe schwarz. Es gibt keine Rettung aus den Katastrophen, die kommen. Egal, was die Uhr anzeigt: Wir können doch nichts mehr ändern." L. mit Prisma-Brille: „Ich sehe alles in wunderbaren Regenbogenfarben, besonders die Lichtquellen. Gott ist das Ziel der Zeit. Die Hoch-Zeit liegt vor uns. Erhebt die Häupter: Wer standhaft bleibt, gewinnt ewiges Leben!" (Vers 19) (Zum Teil nach Heinrich Löwenstein)

b) Eine große ***Collage*** wird angefertigt: Unten werden Bilder von Katastrophenmeldungen aufgeklebt; oben strahlt die „Sonne der Gerechtigkeit" (GL 644); auf ihren Strahlen, die bis über die Katastrophenbilder reichen, stehen Begriffe wie Geborgenheit, Zuversicht, Freude, ewiges Leben, Wiederkunft Christi. (Zum Teil nach „Frisch C")

c) ***Bild*** von einem Erwachsenen, der ein Kind an der Hand führt – eventuell für jeden: So will Gott uns an der Hand halten, was auch kommen mag, damit die Angst ganz klein wird. Die Vertrauensübung wird gezeigt: Ein Kind mit verbundenen Augen lässt sich fallen und wird vom Kreis aufgefangen. Geschichten vom Vertrauen auf Gott erzählen, wie die vom Kind, das bedenkenlos springt, wenn der Vater ruft „Spring!" – auch wenn es ihn nicht sieht.

d) Weitere Symbole: Siehe Lesejahr A, 1. Advent, Nr. 3b, Seite 13; Lesejahr B, 33. Sonntag i.J., a–c, Seite 165f; Lesejahr C, 1. Advent, Nr. 1c, Seite 172.

2. Symbolgeschichten zum Evangelium

Wer glaubt, braucht nicht zu zittern. –

a) Varenka, eine Witwe, lebte glücklich und zufrieden in den Wäldern Russlands – bis ein Krieg ausbrach und die Leute ihr sagten: „Du musst fliehen!“ Doch sie antwortete: „Das geht nicht! Wer will die Tiere im Winter füttern, den durstigen Wanderern zu trinken geben und Kindern helfen, die sich verirrt haben?“ Als sie den Kanonendonner hörte, betete sie: „Guter Gott, ich habe solche Angst. Bitte baue eine ***Mauer*** um mein ***Haus,*** damit die Soldaten mich nicht finden!“ Aber Gott kam nicht und baute keine Mauer. – Immer mehr Menschen nahmen in dem schrecklichen Krieg Zuflucht in Varenkas Haus. Ihre Angst wuchs, weil der Kanonendonner immer näher kam. Wieder betete sie – mit allen in ihrem Haus – um eine ***Mauer*** um ihr ***Haus***. Im Herzen wurde sie ruhiger. Es schneite die ganze Nacht, und als die Soldaten am nächsten Tag anrückten, zogen sie an dem Haus vorbei, das ganz unter dem Schnee versteckt lag. (Genaue Quelle unbekannt)

b) Die Angst der Maus vor der Katze. Siehe Lesejahr B, 1. Advent, Nr. 3, Seite 94f.

Christkönigssonntag

1. Symbolpredigten zum Evangelium: Lk 23,35–43

Ein verspotteter König. –

a) Von der ***Krippe*** zum ***Kreuz***, auf dem Jesus zuletzt „thront“; eine ungewöhnliche Karriere für einen König. Wir dürfen nicht vergessen, dass sein Königstitel auf einem Holzbrett geschrieben war, das an einem Balken des Kreuzes festgenagelt wurde. Wer diesem König nachfolgen will, muss also zunächst alle Zacken aus der eigenen Krone brechen – wie die hl. Elisabeth, von der berichtet wird, dass sie trotz des Protestes am Hofe jedes Mal die Krone abnahm, wenn sie die Kirche betrat. (Nach Barthel Held)

b) Wenn ich den ***Bilderrahmen*** von diesem Bild entferne, fällt das Bild zu Boden (jetzt wird der Rahmen so auseinander genommen, dass er an den zwei diagonal gegenüberliegenden Ecken bricht). So hat auch Jesus alle menschlichen Vorstellungen von einem Weltenkönig gesprengt; trotzdem durchbrach er als ohnmächtiger König den Teufelskreis von Gewalt und Tod. Aber schaut, was aus diesem zerbrochenen Rahmen entstehen kann: ein Kreuz *(die beiden Teile übereinander schieben)*! Wer dieses Zeichen über sich legt, darf versuchen, so in ihn vernarrt zu sein, dass er sich für ihn zum Narren machen lässt. Mit ihm kann ich auch weiter sehen – wie aus einem ***Fensterkreuz***: über den Horizont dieser Welt hinaus. Bis der Weltenkönig kommt! (Zum Teil nach Raymond Roob in „PuK“ 6/92, S. 735f; Uridee von Ernst Sieber)

c) Was passt besser zu einem König: dieser ***Besen*** oder diese ***Krone***? Wir verehren heute einen König, der die Schuld der Welt fortgefegt hat. (Nach „Frisch C“)

d) Diesen ***Corpus*** von einem Kreuz hat eine Frau im Müll gefunden und mir gebracht. Irgendwie für mich ein symbolischer Vorgang: Die Kraft, aus der die Großeltern lebten, werfen heute viele Enkel über Bord. Die Erfahrungen in anderen Ländern zeigen aber: Wenn Gott „weggeworfen“ wird, glauben die Menschen an alles Mögliche – dort werden Astrologen und Handleser die neuen „Priester“. Darum lasse ich diesen Corpus jetzt durch Ihre Hände wandern, damit Sie – wir – uns bewusst entscheiden: In den Müll damit oder ihm einen Platz an der Wand geben? Wer sich jetzt nach oben verneigt, tritt nicht so leicht nach unten.

2. Symbolgeschichte zum Evangelium

Eine russische Legende erzählt von einem vierten König, der auch den König in einem Stall beschenken wollte. Aber unterwegs begegneten ihm so viele Menschen in Not, dass er bereits unterwegs seine Edelsteine verschenkte. Schließlich bot er sich selbst als Lösegeld an und wurde für viele Jahre ein Galeerensträfling. Grau war sein Haar, als er schließlich im Heiligen Land eintraf. Plötzlich steht er in einer Menschenmasse, die einer Hinrichtung beiwohnt, der Hinrichtung Jesu. Als sein Blick den des Gekreuzigten trifft, da weiß er, dass er diesem König schon lange in den Ärmsten gedient hat. Das Gipfeltreffen der Könige fand ganz anders als erwartet statt.

Dreifaltigkeitssonntag

1. Symbolgeschichte zum Geheimnis Dreifaltigkeit

Ein König wollte Gott sehen. Als die Weisen mit ihren ungenügenden Antworten verzweifelten, kam ein Hirte und führte den König aufs freie Feld. Er zeigte ihm die ***Sonne*** und bat ihn, hineinzuschauen. „Willst du, dass ich erblinde?“, rief der König. Darauf der Hirte: „Wie willst du *Ihn* aushalten können, wenn du einen schwachen Abglanz seiner Herrlichkeit in der Schöpfung nicht ertragen kannst?“ – Gott ist und bleibt ein Geheimnis.

2. Symbolpredigten zum Geheimnis Dreifaltigkeit

a) Ein Gott in drei Personen wie ***Wasser, Eis, Dampf.*** Wer kann folgendes Rätsel lösen: Es ist weich und schwer und viele spielen gern damit (= Wasser); es ist hart und sehr kalt und viele laufen gerne darüber (= Eis); es schwebt in der Luft und versperrt die Sicht. Das kann große Unsicherheit herbeiführen (= Nebel). Und: Es ist ein und dasselbe! (Es ist Wasser.) – Auch Gott ist ein Rätsel, das sich uns vielfältig zeigt. Wir sagen *ein* Gott in *drei* Personen. (Nach „Dinzinger C“)

b) Ein ***Dreieck*** (= Dreifaltigkeit; jede der drei Personen ist eng mit den anderen verbunden; jede ist wichtig für das Ganze; oben kann stehen: „Vater“ als Schöpfer; linke Ecke: „Jesus Christus“, Erlöser und Bruder der Menschen; rechte Ecke: „Heiliger Geist“, er stärkt zum Guten) in einem ***Kreis*** (= Gott; er ist uns ganz nah, ohne Anfang und Ende).

c) Statt des Symbols des Kleeblatts die ***drei Hasen*** im Fenster des Doms zu Paderborn.

Jeder der drei Hasen hat zwei Ohren, aber insgesamt sind es nur drei Ohren. Damit möchte uns der Künstler etwas vom Geheimnis der Dreifaltigkeit ahnen lassen; es gibt eben Vergangenheit, Gegenwart und Zukunft als *die Zeit* oder Morgen, Mittag und Abend als *den Tag* – es kann das eine nicht ohne das andere geben. (Nach H.J. Hövelborn in „PuK“ 4/2000, S. 456).

d) Eine ***große Sonne mit Strahlen über*** roten ***Herzen***: Die Liebe Gottes umgreift, hält und erhellt uns; durch die Liebe oder den Hl. Geist werden wir mit Gott verbunden. Seine Liebe möchte uns durchdringen und auch durch uns weiterstrahlen. (Nach „Frisch C“)

Hinweis: Siehe auch Dreifaltigkeitssonntag im Lesejahr A, Seite 90f, und im Lesejahr B, Seite 167f.

Register der verwendeten Symbole, Zeichen und ausgewählter Geschichten

Die Zahlen beziehen sich auf die Seitenzahl in diesem Buch.